다 이유가 있습니다

다 이유가 있습니다

지은이 | 김양재
초판 발행 | 2021. 6. 23
등록번호 | 제1988-000080호
등록된 곳 | 서울특별시 용산구 서빙고로65길 38
발행처 | 사단법인 두란노서원
영업부 | 2078-3352   FAX | 080-749-3705
출판부 | 2078-3331

책값은 뒤표지에 있습니다.
ISBN 978-89-531-4022-6 04230
ISBN 978-89-531-2441-7 04230(세트)

독자의 의견을 기다립니다.
tpress@duranno.com   www.duranno.com

두란노서원은 바울 사도가 3차 전도여행 때 에베소에서 성령 받은 제자들을 따로 세워 하나님의 말씀으로 양육하던 장소입니다. 사도행전 19장 8-20절의 정신에 따라 첫째 목회자를 돕는 사역과 평신도를 훈련시키는 사역, 둘째 세계선교(TIM)와 문서선교(단행본잡지) 사역, 셋째 예수문화 및 경배와 찬양 사역, 그리고 가정·상담 사역 등을 감당하고 있습니다. 1980년 12월 22일에 창립된 두란노서원은 주님 오실 때까지 이 사역들을 계속할 것입니다.

거룩을 키우시는

하나님의 훈련

김양재 목사의
큐티강해

사무엘상 3

다 이유가 있습니다

김양재 지음

두란노

목차

/
프롤로그 • 6

/ Part 1 /

사울을 통해 우리 속에 거룩을 키워 가십니다

01 준수함보다 거룩이 조건입니다 *16:1-13* • 10

02 성령으로만 회개가 가능합니다 *16:14-23* • 42

/ Part 2 /

천천 만만 사건이 인생에 끝없이 오고갑니다

03 두려워 주눅 들어도 믿음으로 물리칩니다 *17:1-30* • 70

04 삶의 간증이 승리의 비결입니다 *17:31-54* • 100

05 구원을 위해 죽는 것이 참사랑입니다 *17:55-18:5* • 130

06 시기를 이기면 이름이 심히 귀하게 됩니다 *18:6-30* • 158

/ Part 3 /

내 삶의 항해의 끝이 예수님 되기 위함입니다

07 도망자 신세가 되었을 때 살길을 여십니다 *19:1-24* • 188

08 가장 좋은 길은 영생을 준비하는 삶입니다 *20:1-42* • 216

09 어떤 죄를 지어도 우리를 받아 주십니다 *21:1-15* • 242

10 '내 탓이로다' 한마디면 됩니다 *22:1-23* • 270

"목사님, 믿는 제게 왜 이런 시련들이 끊임없이 찾아옵니까? 하나님이 나를 버리신 것만 같습니다."

하루에도 수십 명의 성도들이 제게 질문합니다. 인생에서 이해할 수 없는 풍랑을 만나고서 도무지 헤어날 길을 알 수 없어 믿음조차 거친 풍랑을 따라 흔들리는 것이죠. 하나님을 믿고 살아가는 우리에게도 날마다 사건이 찾아옵니다. 예수 믿으니 이제 꽃길만 걸으면 좋겠는데 어쩐지 가시밭길만 더 펼쳐지는 것 같습니다.

그런데 가시밭길 인생으로 치자면 다윗에 비할 사람이 있겠습니까? 다윗이 어떤 사람입니까? 사울은 세상 왕을 원하는 백성의 떼 부리는 기도에 하나님도 어쩔 수 없이 응답하셔서 세우신 왕이지만, 다윗은 하나님이 친히 택하시고 기름을 부으신 왕입니다. 모두가 골리앗 앞에 메뚜기같이 쪼그라져서 벌벌 떨 때 만군의 여호와의 이름으로 나아가 물맷돌 하나로 골리앗을 물리친 다윗입니다. 하나님께 "내 마음에 맞는 사람"(행 13:22)이라는 전무후무한 칭찬을 받은 인물이기도 합니다.

그러면 그 인생에 탄탄대로가 기다리고 있어야 하잖아요. 그런데 정작 다윗의 인생 여정은 어땠습니까? 다윗은 그야말로 시련과 고난의 아이콘입니다. 난공불락 골리앗을 물리치고, 악령 들린 사울을 치료해 주었는데도 도리어 사울에게 미움받고 도망자 신세로 전락했습니다. 십 년간 열다섯 광야를 떠돌며 죽을 고비도 여러 차례 넘겼습니다. 우리는 하나님께 묻습니다. "하나님, 잘 믿는 다윗에게 도대체 왜 이런 일들이 일어납니까?"

그러나 '왜 나에게 이런 일이 생기는가?' 하는 이해할 수 없는 일이 일어날 때, 그 일로 괴로워 죽을 것 같을 때 우리는 하나님과 교제하게 됩니다. 이해할 수 없는 고난 속에서 외로움을 경험해 보지 않으면 결코 주님을 만날 수 없습니다. 누구도 예외가 없습니다. 이해할 수 있는 일이라면 무슨 훈련이 되겠습니까? 이해할 수 없는 일이기에 훈련이 됩니다. '주님의 뜻이 무엇인가?' 궁금해서 날마다 말씀 보고 기도하다가 주님을 만나는 것입니다. 미궁 같은 인생 속에서 매일 깊고 깊은 곳의 말씀을 길어 올리며 고난과는 비교할 수 없는 보석을 캐내게 되는 것입니다. 하나님이 다윗에게 원하신 것도 이것이었습니다.

인생의 해답을 찾지 못해 방황합니까? 다 이유가 있습니다. 하나님은 "네 인생에 이해할 수 없는 일이 일어난 지금 이때에 나를 만나라!" 하십니다. 끊임없이 오고가는 고난 속에서 거룩을 훈련하라고 하십니다. 인생의 풍랑 속에서 이제 말씀을 길어 올리십시오. 어떤 환경에서도 말씀을 캐내는 사람은 일곱 번 넘어져도 여덟 번 일어납니다. 어떤 때에도 '하나님의 이유', 구속사를 깨달아 하나님의 마음에 맞는 여러분이 되기를 소원합니다.

2021년 6월

우리들교회 담임목사 김양재

Part 1

사울을 통해

우리 속에 거룩을

키워 가십니다

01

준수함보다 거룩이 조건입니다

삼상 16:1-13

사람은 죄의식이 들면 올바른 행동이 하고 싶어집니다. 사울에게는 그것이 제사였습니다. 그래서 예배중독자처럼 열렬히 예배를 드렸습니다. 안타까운 것은 그 예배가 회개로 이어지지 않았다는 것입니다. 사울은 예배밖에 모르는 것 같았지만 속이 인본주의로 꽉 차 있었습니다. 백성이 자기를 세웠다고 생각해서 그들에게 잘 보이려고 안달이 나 있었습니다. 그러니 얼마나 사람들의 말에 귀를 기울였겠습니까? 얼마나 사람들의 비위를 맞춰 주려고 애썼겠습니까? 하지만 그 속에는 사람에 대한 두려움이 가득했고, 인생이 힘들었습니다.

이처럼 끝까지 복을 받지 못하는 사람의 특징은 사람을 의식하는 것입니다. 매사에 피해의식에 사로잡혀 살아갑니다. 그래서 누가 한마디만 바른 소리를 해 주면 '저것이 감히! 내가 자기한테 어떻게 했는데!' 하며 원수가 됩니다. 사람에게 소망을 두지 말아야 사람을 분별할 수 있는데 그게 안 됩니다. 이것이 인간의 한계입니다. 사람은 믿음의 대상이 아닙니다. 사람에게 잘할 생각 말고, 서로 하나님 안에서 이야기해야 합니다.

결국 하나님은 사울을 왕으로 세운 것을 후회하십니다. 그리고 사무엘에게 새로운 지도자를 세우겠다고 하십니다. 이제는 하나님께서 직접 왕을 세우시겠다는 것입니다. 사무엘 입장에서는 얼마나 낙심이 됐겠습니까? 백성이 원해서 왕을 세웠더니 실패한 것 아닙니까? 과연 하나님은 어떻게 왕을 세우실까요? 그 왕은 어떻게 세워질까요?

세상 왕 세운 것을 슬퍼할 때 새 왕을 준비하십니다
사무엘상 15장 마지막 절은 이렇게 끝이 납니다.

> 사무엘이 죽는 날까지 사울을 다시 가서 보지 아니하였으니 이는 그가 사울을 위하여 슬퍼함이었고 여호와께서는 사울을 이스라엘 왕으로 삼으신 것을 후회하셨더라 삼상 15:35

누군가를 지도자로 세우고, 일꾼으로 세우고, 예수를 믿게 하는 데는 굉장한 긴장이 따르는 것 같습니다. 심각한 슬픔이 오기도 하지요.

지금 사무엘에게도 슬픔이 왔습니다. 이 슬픔은 사울을 위한 슬픔이라고 합니다. 생각해 보세요. 사울은 이스라엘을 위해 처음으로 세운 지도자였습니다. 사무엘은 하나님께 순종함으로 그에게 기름을 부었고, 사울이 왕위에 오르는 모습을 지켜봤습니다. 기대도 있었겠지요. 끝까지 잘해서 하나님께 칭찬을 받았다면 더없이 기뻤을 것입니다. 그런데 사울은 점점 잘못된 길로 빠졌고, 사무엘은 그의 타락을 지켜봐야만 했습니다. 결국 하나님께서 후회하셨다고 합니다. 그 사실을 누구보다 안타깝게 여겼을 사람이 사무엘이었을 것입니다.

하나님의 슬픔을 나의 슬픔으로 받아들이고 있습니다. 이 슬픔을 온몸으로 느껴야 영적 침체에서 일어날 수 있습니다. "나는 괜찮다"고, "그런 게 뭐 문제가 되느냐"고 이 슬픔을 등한시해서는 안 됩니다. 성품으로 받아들여서도 안 됩니다. 그런 사람은 지도자가 될 수도, 지도자를 세울 수도 없습니다.

역대하 22장에서 아합과 이세벨의 딸 아달랴에게도 슬픈 사건이 닥칩니다. 하루아침에 아들 아하시야가 죽게 된 것입니다. 아달랴는 북이스라엘 왕 아합의 딸로 태어나 남유다 왕 여호람에게 시집을 갔습니다. 시아버지, 친정아버지가 다 왕이고 남편에 아들까지 왕이었습니다. 그런데 아들 왕이 죽으니 "어떻게 내 아들이 죽을 수 있느냐, 있을 수가 없는 일이다. 내가 뭘 잘못해서 내 아들이 죽어야 하느냐, 내가 뭐가 부족하냐?"고 원망을 했습니다. 믿는 집에 시집을 와서 지금까지 살아온 것도 하나님의 은혜라고 생각해야 할 텐데 믿음은커녕 뼛속 깊이 세상에 물든 짐승의 가치관을 가지고 있었습니다.

결국 아달랴는 일어나서 왕의 씨를 진멸하고자 합니다. 그 왕의 씨가 어떤 가문입니까? 앞으로 예수님이 오실 유다 가문 아닙니까? 그러니 예수 씨를 진멸하고자 한 것입니다. 아달랴는 하나님의 일을 막고자 일어난 것입니다. 그래서 하나님이 "하지 말라" 하시는 일은 안 해야 합니다.

그런데 아달랴는 피해의식, 고정관념, 열등감, 낙심, 분노, 보복, 미움, 슬픔으로 가득 차서 "다 죽이고, 내가 왕이 될 거야" 합니다. 길이 없다고 생각하니까 슬퍼하다가 연민으로, 사탄의 생각으로 가득 차게 된 것입니다. 예수의 씨를 진멸하는 일에 동참하게 된 것입니다. '지금 내게 닥친 사건이 나와 무슨 상관이 있는가' 생각하면서 말씀을 적용해야 하는데, 세상 왕을 세우기 위해 하나님께서 싫어하시는 일을 골라 가며 하는 것입니다.

우리는 어떻습니까? 인생에 어떤 문제가 왔다고 앞뒤 분별도 없이 감정적으로 일을 해결하려고 하지는 않습니까? 잘못하다가는 아달랴처럼 예수님이 오시는 길을 진멸하려고 애쓰는 꼴이 될 수 있습니다. 문제가 일어나면 잠잠히 기다리면서 하나님이 하시는 일을 봐야 합니다.

사무엘인들 슬프지 않았겠습니까? 인생이 실패한 것 같았을 것입니다. 낙심했을 것입니다. 왕을 세우기 전에는 자식 교육의 실패를 경험했습니다. 아들들이 뇌물을 받고 판결을 굽게 했다는 이유로 백성들이 그에게 "사사에서 물러나라" 했습니다. 그리고 "당신 대신 왕을 세워 달라"고 요구했습니다(삼상 8장). 기분이 좋지 않았지만 하나님께서 "준수한 사울을 왕으로 세우라" 하시니 순종했습니다. 그런데 지금 그 사울을 왕으로 세운 일 또한 실패한 것입니다. 자기는 점점 늙어 가는데, 지금까지 여호와의 집에 살면서 말씀만 붙잡고 살았는데 된 일이 하나도 없는 것 같다는 생각이 왜 안 들었겠습니까? 사무엘 입장이 되어 생각해 보니 기가 막혔을 것 같습니다. 평생 열심히 예수 믿어도 이런 일이 올 수 있구나 싶습니다.

우리들교회의 한 집사님도 하나님을 위해 평생 교회를 섬기고 헌신했는데 아들이 개인회생을 신청하고, 실직까지 당했다고 합니다. 그 슬픔과 낙담은 당해 보지 않은 사람은 평생 모를 것입니다. 그러나 그런 때일수록 우리 인생의 목적은 행복이 아니라 거룩이라는 말을 뼛속 깊이 새겨야 합니다.

이처럼 우리 인생에는 슬픈 사건들이 닥쳐옵니다. 피할 도리가 없습니다. 사무엘도 슬펐고, 아달랴도 슬펐습니다. 문제는 이 슬픔의 종류가 달랐다는 것입니다. 물론 두 사람 다 사람 때문에 겪은 슬픔입니다. 사무엘은 개인적으로 아끼던 사울 때문에 슬펐습니다. 이 슬픔은 사울의 죄를 위한 슬픔이고, 교회를 위한 슬픔이고, 나라를 위한 슬픔입니다. 이스라엘 백성을 위한 슬픔, 이타적인 슬픔입니다. 물론 자기를 위해서도 슬펐겠지만, 어디까지나 구원을 위한 슬픔입니다.

그러나 아달랴의 슬픔은 무엇입니까? 엄마로서 아들과 이별하는 데서 오는 찢어지는 마음도 있었겠지만, 그것보다도 자기 안위를 걱정하는 슬픔이었습니다. 왕의 어머니라는 자리에서 이제 내려오게 생겼으니, 자신의 권력에 흠이 가게 되었으니 그것이 두려워 슬펐던 것입니다. 그래서 아달랴는 유다 가문을 풍비박산 내고, 스스로 왕의 자리에 앉았습니다. 따라서 이것은 절대적으로 이기적인 슬픔입니다.

'슬픔'이라는 단어에는 '정신적인 고통이 지속되는 일'이라는 뜻이 있습니다. 마치 죽은 자를 애도하듯 심하게 괴로워한다는 것입니다. 사무엘과 아달랴는 똑같이 슬퍼했지만 하나님께서는 아달랴의 슬픔에 속지 않으셨습니다. 반면에 사무엘의 슬픔은 이타적 슬픔이라는 것을 아시고 그에게 찾아오십니다. 그리고 "기름을 채우고 베들레헴에 가서 새 왕을 세우라"고 하십니다. 이처럼 우리가 이타적 슬픔을 느낄 때 여호와께서는 새로운 시작을 주기 위해 찾아오십니다. 방문해 주시고 말씀해 주시고 사명을 주십니다.

> 여호와께서 사무엘에게 이르시되 내가 이미 사울을 버려 이스라엘 왕이 되지 못하게 하였거늘 네가 그를 위하여 언제까지 슬퍼하겠느냐 너는 뿔에 기름을 채워 가지고 가라 내가 너를 베들레헴 사람 이새에게로 보내리니 이는 내가 그의 아들 중에서 한 왕을 보았느니라 하시는지라 삼상 16:1

하나님이 사무엘에게 베들레헴으로 가서 왕이 될 자를 찾아 기름을 부으라고 명령하셨습니다. 그런데 참 이상한 것은, 베들레헴은 사무엘이 성경을 가르쳤던 라마 같은 성읍이 아니라는 사실입니다. 그곳은 이름 없이 초라한 곳입니다. "하나님, 거기는 왕이 날 동네가 아닙니다" 하고 토를 달아도 이상하지 않은 곳입니다. 물론 우리는 룻기를 통해 베들레헴이 메시아가 나실 동네라는 것을 알고 있습니다. 천 년 전, 유다 가문에서 왕이 나올 거라는 예언도 있었습니다. 그러나 그동안 이 가문이 너무 미약했습니다. 그런데 이제야 다윗을 통해 그 역사적인 일이 일어나게 됐다는 것을 눈치챌 수 있습니다.

늘 하나님의 말씀을 듣고 살았던 사무엘은 그 명령이 초라하든 말든 즉시 순종합니다. 다윗에게 기름을 부어 예수가 오실 길을 곧바로 닦습니다. 그러나 사울은 계속 세상적인 생각을 합니다. 그러니 하나님 말씀이 들릴 리가 있겠습니까? 하나님의 계획과 그분의 크신 일에 동참할 수 있겠습니까? 도리어 사람들 말에 귀를 기울이다가 두려움과 죄악에 빠집니다.

원어 성경을 보면 "내가 그의 아들 중에서 한 왕을 보았느니라"(삼상 16:1)라고 하신 말씀에서 '보았다'는 의미로 '라아'라는 히브리어 동사를 씁니다. 여기에서는 특별히 '준비하다'라는 뜻으로 쓰입니다. 사무엘상 16장에서는 이 '라아'를 명사, 동사 다 합쳐 아홉 번이나 쓰고 있습니다. 하나님께서 보시기에 너무 기뻐서 만세전부터 택정하고 예비하고 준비하셨다는 의미가 있는 것입니다. 즉 사무엘에게 "너 울고 있니? 내가 준비한 왕이 있다. 일어나라. 내가 준비했다" 하시는 것입니다. 백성들이 왕을 구할 때는 "그들을 위하여 왕을 세워라" 하셨지만, 이제는 "내가 직접 왕을 세우겠다" 하십니다.

이것이 하나님께서 일하시는 방법입니다. 하나님은 내가 다른 사람의 죄와 불신앙 때문에 슬퍼 울 때 "내가 예수 왕을 만세전부터 택하였으니 너는 이제 그만 슬퍼하고 일어나라"고 하십니다. 심각하라고 주신 사건에서 진정으로 슬퍼하고 있습니까? 혹시 내 감정에 매여서 하나님의 일을 지연시키고 있지는 않습니까? 내 이기적인 감정에 빠져서 분해하며 눈물 흘리고 있지는 않습니까? 그런 감정이 하나님의 뜻을 방해하는 걸림돌이라면 그 자리에서 속히 일어나야 합니다. 내 슬픔은 이기적인가, 이타적인가를 생각해 봐야 합니다.

　+ 나는 어떤 순간에 슬퍼합니까? 다른 사람의 죄 때문에 죽을 것처럼 슬퍼했던
　　경험이 있습니까?

+ 교회 안의 불신앙 때문에 심히 슬퍼해 본 적이 있습니까?

새 왕을 세우기 위해 목숨 걸 때 지혜를 주십니다

2 사무엘이 이르되 내가 어찌 갈 수 있으리이까 사울이 들으면 나를 죽이리이다 하니 여호와께서 이르시되 너는 암송아지를 끌고 가서 말하기를 내가 여호와께 제사를 드리러 왔다 하고 3 이새를 제사에 청하라 내가 네게 행할 일을 가르치리니 내가 네게 알게 하는 자에게 나를 위하여 기름을 부을지니라 삼상 16:2-3

말씀이 안 들리면 말씀 들려주는 사람을 원수처럼 여깁니다. 사울은 이미 사무엘과 원수 관계가 되었습니다. 그러니 사무엘도 죽는 날까지 사울을 다시 가서 보지 않았습니다. 사울은 사무엘이 자신을 위해서 그렇게 슬퍼하고 있는데도 자기편을 들어 주지 않는다고 미워합니다. 더 나아가 죽이려고 합니다. 자기를 왕으로 세우고 수십 년 지도해 준 사무엘이지만, 한 번도 자기 말을 들어주지 않고 편들어 주지 않으니 사울이 섭섭해합니다. 사무엘도 이제는 자기를 죽이려 하는 사울이 두렵습니다. 그래서 하나님께 "아직 그가 왕으로 건재한 상황에서 어떻게 내가 다른 사람을 왕으로 세울 수 있습니까?" 하고 묻습니다.

역사적으로 왕들이 잘못된 길로 가려고 할 때 선지자들이 가서 "왕이여 그러시면 안 됩니다" 하고 이야기하면 무사하지 못했습니다. 선견자 하나니는 옥에 갇혔고, 미가야는 뺨을 맞았고, 스가랴는 돌로 쳐 죽임을 당하지 않았습니까? 정말이지 되었다 함이 없습니다. 아무리 여호와를 경외하던 왕들도 누가 옆에서 한마디만 싫은 소리를 하면 가만두지를 않은 것입니다. 그러니 서로 바른 소리를 주고받을 수 있는 관계는 보통 관계가 아닙니다. 저도 처음에는 은혜 받았다며 다가왔다가도 나중에는 제 말이 듣기가 싫어서 모르는 척하는 사람들을 많이 만났습니다. 그런데 사실 모르는 척하는 것은 감사해야 할 일입니다. 죽이지 않는 것만 해도 그게 어디입니까? 사울도 "죽는 날까지 안 보겠다" 하는 사무엘의 결정이 사랑인 줄 알아야 하는데, 그걸 모르니 앙심을 품습니다.

지금 사무엘은 죽음을 무릅쓰고서라도 다윗에게 기름을 부으러 가야 합니다. 그 길은 '예수 왕'을 세우기 위한 하나님의 계획입니다. 이처럼 예수 왕을 세우려면 목숨을 걸고 그 길을 가야 합니다. 목숨 걸 각오로 나아가면 하나님은 반드시 우리가 갈 길을 열어 주십니다. 하나님은 사명을 주시기만 하고 그 과정에는 무관심한 분이 아닙니다. 사무엘이 걱정하니 하나님은 "네가 제사장이니 암송아지를 끌고 가서 이새에게 제사 드리러 왔다고 해라. 막간을 이용해 다윗에게 기름을 부어라" 하며 방법을 알려 주십니다.

그렇다고 하나님이 사무엘에게 속임수를 쓰라고 지시하신 것은 아닙니다. 다만 제사의 목적을 사울이 모르게 하라는 것뿐입니다. 사무엘은 진정한 제사를 드리러 간 것입니다. 그리고 하나님은 "네가 순종만 하면 너의 할 일을 가르치겠다" 하십니다. "이것은 네 일이 아니라 내 일이다" 하십니다. 우리도 내 일을 하나님의 일이라고 생각하면 마음이 편합니다. 그런데 내가 하려고 하니 사울처럼 사람에게 비위 맞추려고 하다가 지옥을 사는 것입니다.

어떤 사람은 "'다윗에게 기름을 부으러 간다'고 이야기해야 하지 않습니까? 그것이 솔직한 것 아닙니까?" 합니다. 그러나 그렇지 않습니다. 예수님께서도 십자가 지시는 것이 큰 과업이었지만 때가 될 때까지는 자신을 나타내지 않으시고, 십자가를 지러 가시는 것도 알리지 않으십니다. 솔직한 것만 따질 필요 없습니다. 하나님께서 아주 지혜로운 방법을 알려 주셨는데 뭐 하러 미주알고주알 다 꺼내 놓고 설명합니까?

물론 매사에 솔직해야죠. 그러나 그 모든 과정은 하나님이 결정하십니다. 우리는 하나님께서 하라는 대로만 하면 됩니다. 하나님은 지혜롭게 말하라 하셨는데 나는 그저 미련하게 솔직하겠다고 우기는 것도 구원에 반역하는 일입니다. 안 믿는 사람에게도 마찬가지입니다. 가서 쓸데없이 교회의 안 좋은 이야기를 해서는 안 됩니다. 그것은 지혜가 아닙니다. 안 믿는 사람에게는 예수 믿고 천국 가시라는 이야기만 하면 됩니다. 지옥이 있다는 이야기만 하면 되는데 그렇게 솔직한 것만 따지면 안 됩니다.

하나님이 지금 사무엘의 힘든 마음을 모르시겠습니까? 제 생각에는 하나님도 사무엘에게 미안하셨을 것 같습니다. 어릴 때부터 평생 부모와 떨어져 여호와의 집에서 살면서 엘리 제사장에게 혹독한 훈련을 받았던 사무엘입니다. 나중에는 자기 아들도 등지고 하나님의 명령에 순종해 사울을 왕으로 세우기까지 했습니다. 그런데 이제는 사울을 버리고 또 다른 왕을 세우라니, 이처럼 하나님은 사무엘이 얼마나 힘든 지경에 처했는지 아십니다. 항상 중심을 보시는 하나님이시기에 내가 어떤 마음으로 괴로워하는지 다 아십니다. 그래서 사무엘에게 무사히 이새의 아들을 찾아갈 지혜를 주십니다. 몸 조심히 가서 이새를 청하라고 하십니다.

우리도 새 왕을 세우기 위해 이새를 찾아갈 일이 생깁니다. 또 그 일을 위해 미리 계획해야 할 것들이 있습니다. 구원의 일은 일촉즉발로 달라지기 때문에 그때마다 걸음을 바꾸시는 하나님의 인도를 받아야 합니다. 내가 해야 할 일을 하나님께서 가르쳐 주신다 하십니다. 성령의 인도는 너무도 구체적입니다. 구원을 위해 해야 할 말이 있고 하지 말아야 할 말도 있습니다. 그런데 우리가 성령의 인도를 놓치고, 무조건 인본주의로 나가면 무슨 말을 해야 할지 모릅니다. 말씀을 안 놓치고 가야 합니다. 말씀을 잘 붙잡고 가야 합니다. 목숨을 내놓고 가는데 하나님께서 얼마나 놀라운 지혜를 주시겠습니까?

+ 내 가족의 구원을 위해 해야 할 말은 무엇이고 하지 말아야 할 말은 무엇입니까?
+ 구원을 위해 목숨을 내놓고 가야 할 길은 무엇입니까?

새 왕의 조건은 준수함이 아니라 평강과 거룩입니다

4 사무엘이 여호와의 말씀대로 행하여 베들레헴에 이르매 성읍 장로들이 떨며 그를 영접하여 이르되 평강을 위하여 오시나이까 5 이르되 평강을 위함이니라 내가 여호와께 제사하러 왔으니 스스로 성결하게 하고 와서

나와 함께 제사하자 하고 이새와 그의 아들들을 성결하게 하고 제사에 청
하니라 삼상 16:4-5

교만한 사람에게는 말씀을 주시지 않습니다. 사랑하는 사람에게만 열
어 주십니다. 사무엘은 하나님의 말씀을 듣고도 앞일이 하나도 보이지
않았지만, 여호와의 말씀대로 행하기 위해 베들레헴으로 갑니다. 이것이
큐티의 적용입니다. 비록 모르는 길이라도 말씀에 응답해서 나가는 것입
니다.

그랬더니 사무엘을 보고 장로들이 떨었다고 합니다. 자기들이 내쫓았
던 사람이 왔으니 그랬을 것입니다. 사무엘더러 "당신의 아들들은 사사
를 할 자격이 없다" 하고 "새로운 왕을 세우라" 했던 장로들입니다. 그런
데 자기들이 원했던 그 왕이 평강을 가져다주기는커녕 더 큰 불안을 안
겨 주고 있습니다. 왕이 있으면 다른 나라가 침략해 오지 않을 줄 알았는
데, 외세의 침략이 여전합니다. 게다가 이제는 사울까지 미쳐 날뜁니다.
그제야 장로들도 자신들이 얼마나 큰 실수를 했는지 알았을 것입니다.
그러니 사무엘을 보고 떨었을 것입니다.

이처럼 말씀에 반하는 사람은 항상 말씀대로 행하는 사람을 보면 떨
리고 무섭습니다. 다가와서 내 죄를 꿰뚫어 보듯 처방을 하니 가까이 올
수록 무서운 것입니다. 지금 장로들도 그렇습니다. 사무엘을 보니 얼마
나 떨렸겠습니까? 또 얼마나 미안했겠습니까? 한편으로는 혹시나 사무
엘이 자기들 앞에서 다른 왕을 세우면 사울이 그걸 알고 자기들도 가만
두지 않을 테니 두려움도 있었을 것입니다. 그러니 그 떨림이 참 복합적

입니다. 그런 상황에서 장로들은 사무엘에게 "평강을 위해 오셨느냐"고 묻습니다. 사무엘이 "평강을 위해서 왔다. 여호와께 제사하러 왔으니 스스로 성결하게 하고 와서 나와 함께 제사하자"고 합니다.

사람은 누구나 평강을 원합니다. 지금 사무엘을 맞이한 장로들도 그렇습니다. 평강은 내가 하나님께 순종하고 제사 드리면, 예배드리면 옵니다. 그런데 지금 장로들은 항상 제사 드리면서도 계속 불안해합니다. 제사를 드리는데, 예배를 드리는데 뭐가 불안합니까? 예배를 드리면서도 순종은 안 하니 너무나 불안한 것 아닙니까? 평강은 성결함만으로 가능합니다. 구별된 가치관을 가져야만 평강합니다. 구별된 가치관이 바로 거룩입니다. 그러니 평강에는 거룩이 큰 조건이고, 중요한 덕목입니다.

새로운 하나님 나라의 왕은 준수함보다는 성결과 거룩이 조건입니다. 준수함 가지고는 나라를 다스릴 수 없고, 예수를 믿을 수도 없습니다. 구별된 가치관이라는 것은 사소한 것부터 말씀에 순종하는 것입니다. 이기고 또 이기려는 세상 가치관과는 구별된, 즉 죽어지고 썩어지고 밀알이 되는 가치관을 갖는 것입니다. 그런 사람이 예수를 믿을 수 있습니다. 새 왕을 세운다는 것은 이런 가치관으로 내 속을 채우겠다는 이야기입니다. 새로운 예수 왕을 내 속에 세우겠다는 이야기입니다.

우리들교회 집사님이 교회 홈페이지에 나눔을 올려 주었습니다. 하루는 남편이 집에 들어오자마자 "저렇게 에어컨 밑에 화분을 두면 다 죽잖아? 좀 옮겨라!" 했답니다. 그래서 이 집사님이 "당신은 손이 없어? 당신이 해!" 했다고 합니다. 잠시 후 남편이 또 냉동실 손잡이를 보면서 "먼지 좀 닦아라!" 하더니 "거실 매트 방향 좀 바꿔라!" 하면서 계속 잔소리를 했답니다. 이 집사님이 집에서 종일 살림하는 것도 힘든데 잔소리까지 듣고 있자니 속이 끓어올라 순종하기가 어렵더랍니다.

저도 그랬습니다. 아침부터 저녁까지 땀 흘려 집안일을 했는데 남편이 저녁에 집에 와서는 "종일 집에 있으면서 먼지도 안 닦았냐?" 하면 정말 기가 막혔습니다. 청소 대마왕이 남편 안에 자리 잡고 있어서 아무리 깨끗이 청소해도 잔소리가 끊이지 않았습니다. 먼지가 있는 곳을 기가 막히게 찾아내는 것입니다. 지금 같으면 "거기에도 먼지가 있었어요?" 하면서 닦고 말았을 텐데, 그때는 너무나 자존심이 상했습니다.

시어머니도 제가 과일을 깎기만 하면 사람들 앞에서 "손은 씻었니?" 하시는데, 그 말이 얼마나 창피했는지 모릅니다. 과일 깎기 전에 손도 안 씻을 정도로 위생 관념이 없는 사람처럼 보일까 봐 정말 속상했습니다. 그런데 나중에는 과일을 가져다 놓고 순종하는 마음으로 "어머니, 손 씻고 올게요" 했습니다. 지혜롭지 않습니까?

남편 잔소리를 따갑게 듣던 이 집사님도 큐티를 하면서 남편에게 다음과 같이 문자를 보냈다고 합니다.

"하나님의 영이 나에게 임하여 이르시기를 '너의 머리로 세운 너의 남편에게 순종하라' 하시기로 '내가 무엇을 하여야 하리이까?' 하니 '화분을 에어컨 밑에서 저리로 옮기라' 하시고, '내가 또 무엇을 하리이까?' 물으니 '냉동실 손잡이의 먼지를 닦으라' 하시고, 마지막으로 '내가 또 무엇을 하리이까?' 물으니 '거실 매트의 방향을 바꾸어 깔라' 하시더라. 이에 내가 하나님의 영이 이르신 세 가지 일을 모두 행하니 비로소 주의 평강이 나에게 임하였느니라. 아무개행전 29장 1절. 아멘."

그러니 남편이 너무 기뻐했다고 합니다. 우리의 적용이 너무나 기발합니다. 하나님의 말씀은 너무나 놀랍습니다.

+ 하나님 앞으로 나아갈수록 두렵고 무서운 것은 무엇입니까?
+ 가정의 평강을 위해 오늘 내가 적용해야 할 것은 무엇입니까?

택함 받는 자는 내 죄와 부족을 볼 줄 압니다

6 그들이 오매 사무엘이 엘리압을 보고 마음에 이르기를 여호와의 기름 부으실 자가 과연 주님 앞에 있도다 하였더니 7 여호와께서 사무엘에게 이르시되 그의 용모와 키를 보지 말라 내가 이미 그를 버렸노라 내가 보는 것은 사람과 같지 아니하니 사람은 외모를 보거니와 나 여호와는 중심을 보느니라 하시더라 삼상 16:6-7

사무엘이 이새의 아들 중에서 장자인 엘리압을 딱 보고는 첫눈에 반해 버렸습니다. 사울처럼 준수한 자가 또 있구나 싶었던 것입니다. 지금으로 보면 일류대학을 나와 똑똑한 데다가 키도 크고 우람하기까지 합니다. 게다가 예수님이 오실 유다 가문으로 신종 로열패밀리입니다. 그야말로 모든 것을 다 갖추었습니다. 그래서 사무엘이 "하나님, 찾았습니다" 합니다. 그랬더니 하나님이 "용모와 키를 보지 말라" 하십니다. 사울 때 그렇게 혼나고도 또 용모와 키를 보느냐는 것입니다. 우리는 보는 것이 용모와 키밖에 없습니다. 우리는 그 두 가지를 인생 사전에서 지워 버려야 합니다.

우리가 백날 용모와 키를 볼 때 하나님은 무엇을 보십니까? 바로 중심입니다. "내가 이미 그를 버렸노라" 하신 말씀에서 '그'는 엘리압을 지칭하는 것이기도 하지만 사울이기도 합니다. 용모와 키에 가려진 사울은 끝까지 교만했습니다. 하나님은 그런 그를 버렸다 하시면서 동시에 엘리압을 거절하십니다.

사람은 외모를 볼 수밖에 없는 한계를 가졌습니다. 그 누가 외모를 안 보겠습니까? 볼 수 없어서 못 보는 일은 있어도 볼 수 있는 환경에서는 오직 외모만 봅니다. 어느 TV 프로그램에서 바람둥이 남편을 둔 사연 많은 여자가 성형수술을 한 후 완전히 바뀐 외모를 하고 집 나간 남편을 만났는데, 이 남편이 돌아오겠다고 합니다. 그러면 배우자가 바람피웠을 때 우리가 다 성형수술을 해야 합니까? 그러면야 성형외과 의사들은 좋겠지요. 정말 외모만 보는 사람의 나약함이 적나라하게 드러나는 방송이 아니었나 싶습니다. 사람이 외모를 안 보기까지는 얼마나 낮아지고 처절해져야 하는지 모릅니다.

8 이새가 아비나답을 불러 사무엘 앞을 지나가게 하매 사무엘이 이르되 이도 여호와께서 택하지 아니하셨느니라 하니 9 이새가 삼마로 지나게 하매 사무엘이 이르되 이도 여호와께서 택하지 아니하셨느니라 하니라 10 이새가 그의 아들 일곱을 다 사무엘 앞으로 지나가게 하나 사무엘이 이새에게 이르되 여호와께서 이들을 택하지 아니하셨느니라 하고 삼상 16:8-10

사무엘이 하나님께 야단맞고 정신을 차린 후 다시 이새의 아들들을 살펴봅니다. 둘째부터 일곱째까지 사무엘 앞을 다 지나갔습니다. 그들은 정말 뛰어난 자들이었습니다. 특별히 이새의 아들들 중에서 셋째 아들까지는 이름도 거론됩니다. 그들은 가문 좋고 학벌 좋고 외모도 준수하고 키도 큽니다. 게다가 그들 모두 군인이었습니다. 군인은 당시 최고로 인정받는 직업입니다. 전쟁에 나가 골리앗과 싸워야 하니 그랬습니다. 이새의 세 아들이 모두 생긴 것도 준수한데 직업까지 완벽합니다. 선망의 대상으로 삼는 조건을 다 갖추고 있습니다. 아마도 이새는 자랑스럽게 이 아들들을 사무엘에게 선보였을 것입니다. 그러나 사무엘은 여호와께서 이들을 택하지 않으셨다고 말합니다. 왜 하나님은 이렇게 강력하게 거절하시는 걸까요? 이들은 왜 선택받지 못했을까요? 중심이 바르지 않았기 때문입니다. 기회가 왔는데 중심이 바르지 않아서 왕이 될 기회를 놓치고 있습니다. 기회를 주지 않는다고 불평하지 마십시오. 바다 밑 깊은 곳에 숨어 있을지라도 하나님은 찾아가서 그 사람을 쓰십니다. 그렇지만 아무리 외모가 준수하고 조건이 훌륭해도 중심이 준비되어 있지 않으면 일상 속에 기회가 와도 선택받지 못합니다.

또 사무엘이 이새에게 이르되 네 아들들이 다 여기 있느냐 이새가 이르되 아직 막내가 남았는데 그는 양을 지키나이다 사무엘이 이새에게 이르되 사람을 보내어 그를 데려오라 그가 여기 오기까지는 우리가 식사 자리에 앉지 아니하겠노라 삼상 16:11

사무엘이 이새에게 "네 아들들이 다 여기 있느냐?" 하고 묻습니다. 그랬더니 이새가 "양을 치는 아이가 하나 더 있기는 한데, 왜 그러십니까?" 합니다. 그랬더니 사무엘이 "그 아이를 데려와라. 그가 여기 오기 전까지 식사하지 않겠다" 합니다. 당시 형제 서열로 막내아들은 무시의 대상이었습니다. 게다가 다윗은 나이도 열다섯 정도 밖에 안 되고 키도 작고 직업도 없고 배운 것도 없이 양치기나 하고 있으니 그 대단한 군인 형들로부터 얼마나 무시를 당했겠습니까? 아버지조차 어디 내놓을 만한 감이 전혀 안 되는 아들이라고 생각했습니다. 그러니 "오죽하면 안 보여드리겠느냐"면서 사무엘에게 보여 줄 생각조차 하지 않은 것입니다. 내 자식이라고 내가 다 아는 것이 아닙니다. 부모도 모르는 내 자식의 뛰어남이 있습니다. 그러니 자식을 무시하면 안 됩니다.

생각해 보세요. 베들레헴은 그야말로 시골 동네입니다. 그런 곳에 그 대단하다는 선지자 사무엘이 왔습니다. 이만한 사건이 또 언제 있겠습니까? 온 동네에 잔치가 벌어졌을 것입니다. 모든 장로와 마을 사람들이 나가서 반겼습니다. 이새와 그의 아들들도 다 나와서 그를 맞았습니다. 그런데 그런 자리에 다윗만 없습니다. 다윗인들 사무엘이 보고 싶지 않았겠습니까? 게다가 그 사무엘이 자기 집에 와서 식사를 하는 이 영광스러운 순간에 양을 치러 들로 나가고 싶었겠습니까? 그러나 이새는 다윗이 이 자리에 함께하는 걸 허락하지 않았습니다. "네 주제에 같이 있을 자리가 아니니 너는 나가 하던 일이나 마저 해라!" 한 것입니다. 정말 못된 아버지입니다. 어떻게 자기들끼리만 축제를 즐깁니까? 형들도 마찬가지입니다. 좋은 일이 있으면 형제와 함께 나눠야지 무시한 것도 모자라 기회까지 모두 빼앗아 버렸습니다. 그것만 보아도 이새와 그의 아들들은 하나님께 선택받지 못할 일을 행한 것입니다.

외모가 훌륭하면 뭐 합니까? 장자면 뭐 하고, 직업 훌륭하면 뭐 합니까? 하나님 앞에서는 한결같이 제외되는 인생인데 말입니다. 혹시 내 가족, 이웃을 무시하고 업신여기고 있지는 않습니까? 다윗처럼 나보다 조금 못한 사람이 있으면 '제깟 게 뭘 안다고!' 하면서 무시하지는 않습니까? 저는 어릴 때 어른들에게 "너는 네 방에나 가 있어라" 하는 말을 종종 들었습니다. 손님들이 집에 오면 옆에서 어른들 하는 이야기를 듣고 싶은데, 친척 언니들은 어른들 옆에서 재미있게 놀고 있는데 제가 거기에 좀 끼려고 하면 "쪼끄만 게 어딜 끼어들어?" 했습니다. 그럴 때마다 저는 상처를 받아 집 밖에서 혼자 놀고는 했습니다. 어떤 집은 막내라고 온 가족 사랑을 독차지했다던데, 저는 매일 소외당한 기억밖에 없으니 서러웠습니다. 언니들이 많다 보니 옷도 늘 물려 입었습니다. 새 교복을 입어 본 일이 없습니다. 게다가 언니들 심부름하다 보면 하루가 다 갔습니다. 특히나 아들이 귀했던 그 시절에 딸 부잣집 막내딸은 아무도 귀한 줄 몰랐습니다. 저는 그 설움을 알기 때문에 다윗을 보면 '아, 하나님이 그래서 막내를 쓰시는구나. 설움 많은 어린 아들을 쓰시는구나' 하는 생각을 합니다.

> 이에 사람을 보내어 그를 데려오매 그의 빛이 붉고 눈이 빼어나고 얼굴이 아름답더라 여호와께서 이르시되 이가 그니 일어나 기름을 부으라 하시는지라 **삼상 16:12**

다윗이 얼굴이 붉었다는 것은 낯빛이 굉장히 어렸다는 뜻입니다. 그리고 얼굴이 아름답다고 합니다. 용모를 안 보시는 하나님께서 다윗을 가리켜 '아름답다'고 하시니, 이게 무슨 말씀일까요? 이것은 그저 겉모습만의 아름다움을 말씀하시는 것이 아닙니다. 그에게 성령이 임해 아름다운 것입니다. 그저 예쁜 것과 성령이 임해 아름다운 것은 다릅니다.

특별히 눈이 빼어났다고 합니다. 눈은 마음의 등불이라 합니다. 그리고 말씀은 '내 발에 등'이라 합니다. 그러니까 눈이 빼어나려면 말씀을 깊이 묵상해서 내 죄와 부족을 봐야 합니다. 그런 사람의 눈은 초롱초롱 빛납니다. 그러니 아름다울 수밖에 없습니다. 우리는 사람을 볼 때 눈을 가장 먼저 보게 됩니다. 무엇보다 눈이 살아 있어야 합니다. 내 죄와 부족을 보는 겸손함이 있어야 합니다.

그렇다고 눈에 힘을 주고 말씀을 파기만 한다고 눈이 살아 있는 것은 아닙니다. 어떤 분은 나이가 들어 할 일이 없어 계속 성경만 보는데, 역대하의 "왕들이 열조의 묘실에 묻혔다"라는 구절만 그렇게 눈에 들어오더랍니다. 그래서 자식들에게 "그만큼 조상이 중요하니 조상에게 효도해야 복 받는다"는 이야기만 한다고 합니다. 처음에는 잘나가던 왕들이 나중에 어떻게 타락하는지 보면서 내 죄와 부족을 봐야 하는데, 그래야 눈이 빛나고 빼어나게 되는데 그게 참 어렵습니다. 우리 내면에서 영성의 말, 겸손의 말이 나와야 아름답습니다. 이것은 속일 수 없습니다.

+ 사람을 만나면 첫눈에 무엇을 봅니까?
+ 용모와 키를 보며 사람을 쉽게 평가하고 있지는 않습니까?

하나님이 세우신 자에게 성령의 감동을 주십니다

사무엘이 기름 뿔병을 가져다가 그의 형제 중에서 그에게 부었더니 이날
이후로 다윗이 여호와의 영에게 크게 감동되니라 사무엘이 떠나서 라마
로 가니라 삼상 16:13

사무엘은 자기 위치를 압니다. 왕이 되고 싶은 마음 하나 없이 공식적
으로 마지막 사역이라 생각하며 돌아갑니다. 사울에게는 사무엘이 떠난
지금이 위기입니다.

그리고 하나님께서는 다윗에게 사역을 시키기 전 성령을 먼저 주십니
다. 성령의 감동을 주셔야만 우리가 자신이 아닌 하나님을 더 깊이 의지
할 수 있습니다. 그것이 성령의 역할입니다. 우리는 성령으로 봉사하고
있는지 내 힘으로 봉사하고 있는지 생각해 보아야 합니다.

제 이름 '양재'에는 '기름 붓는다'라는 뜻이 있습니다. '어질 양' 자에
'있을 재' 자를 씁니다. 원래는 아들이 태어날 때를 위해 목사님이 지어
주신 것이라고 합니다. 비록 이 이름이 아들에게 붙여지지는 못했지만,
저는 늘 제 이름을 떠올리면서 '나는 성령의 기름부음을 받은 사람'이라
고 다잡습니다.

다윗이 기름부음을 받고 여호와의 영에게 크게 감동이 되었다 합니
다. 그다음부터는 사울에게 혹독한 훈련을 십 년간 받습니다. 그뿐만이
아닙니다. 다윗은 기름부음을 세 번 받습니다. 사무엘에게 처음으로 받
고, 유다 왕으로 세워질 때 받고, 이스라엘 왕으로 오를 때 받았습니다.

반면에 사울은 한 번 기름부음을 받고 나중에 여호와의 영이 떠났다고 했습니다(삼상 16:14). 생각해 보면 저도 혹독한 훈련을 받으면서 여러 번 기름부음을 받았던 것 같습니다. 첫 번째는 하나님을 만날 때였고, 두 번째는 남편의 구원을 위해 생명을 내놓고 기도했을 때였습니다. 그렇게 생명을 내놓고 기도하니 남편이 구원을 받았고, 지금의 우리들교회가 기적처럼 세워졌습니다. 주님은 저를 혹독하게 훈련시키시면서 상한 심령들을 많이 치유해 주셨습니다. 이것은 하나님의 기름부음이 있었기 때문이라고밖에 설명할 수가 없는 기적입니다. '제 주제에' 어떻게 예수를 세울 수 있었겠습니까?

중학교 1학년 아이가 큐티 캠프에서 다음과 같이 간증했습니다. 어떤 신학 박사가 이렇게 간증을 할 수 있을까요? 그 내용을 소개합니다.

"저는 중학교 1학년으로 모태신앙인입니다. 제가 어릴 때 아빠는 바람이 나서 엄마와 늘 심하게 싸우곤 하셨습니다. 저와 형은 방에서 울면서 하나님께 제발 아빠가 엄마를 구타하는 것을 멈추게 해 달라고 기도한 적도 있습니다. 결혼 생활이 힘드니 아빠가 먼저 엄마에게 이혼하자 하셨고, 이혼 소송을 했습니다. 이런 결정을 하시기 훨씬 전인, 제가 네 살 때부터 부모님은 따로 사셨습니다. 그러다가 제가 초등학교에 다니던 시절, 엄마가 갑자기 우리들교회 휘문 성전에 저를 데리고 예배에 참석했습니다. 다른 교회와 달리 속마음을 이야기할 수 있어 좋았습니다. 하나님께서 우리 가정을 살리기 위해서 이곳으로 인도하셨다는 생각을 합니다.

저는 부모님의 별거 이후 마음에 상처가 커져서 컴퓨터와 핸드폰 게임에 빠져 저의 힘든 현실을 잊어 보려 했습니다. 물론 아직도 게임 중독에서 벗어나지는 못했지만 이것이 저의 힘든 현실을 벗어나게 해 줄 수 없다는 사실만큼은 알게 되었습니다. 한때 이렇게 사는 것이 너무 힘들어 아빠를 원망했습니다. 엄마도 불쌍하긴 하지만 원인 제공을 했다고 생각해서 많이 미워했습니다. 하지만 중등부 예배와 목장을 통해 엄마와 아빠의 별거가 우리 집안과 저를 위해 꼭 있어야 할 사건이었다는 것과 아빠가 수고하고 계시다는 것이 이해가 되었습니다. 그러면서 예수님이 달리셨던 십자가의 의미를 알게 되었고 그 구원 사건이 믿어졌습니다.

아빠는 청년 시절 교회에서 교사로 섬겼다고 합니다. 용돈을 쪼개 가난한 아이들에게 악기를 사 주며 찬양팀을 만들고 잠깐 동안 신학공부를 했을 정도로 신앙이 좋았다고 합니다. 그런데 지금은 교회에 잘 나오지 않아 마음이 너무 아픕니다. 엄마와 아빠는 우리들교회에 오기 전 3년 동안 이혼 재판을 했습니다. 엄마는 목사님을 통해 이혼만은 절대로 안 된다는 말씀을 듣고 가정을 지키려고 했습니다. 1차 재판 때는 변호사의 도움을 받았는데, 2차 때는 돈이 없어 혼자 재판을 하셔야 했습니다. 그런데도 하나님의 도우심으로 재판에서 이겨 아빠는 엄마와 이혼할 수 없게 되었습니다. 하지만 최근 아빠가 다시 엄마에게 이혼을 요구해 오고 있습니다. 너무 오래되니 엄마가 아빠를 만나 마지막으로 우리들교회 목장예배와 주일예배에 한 달만 나오라고, 그래도 마음의 변화가 없다면 이혼해 주겠다고 제안했다고 합니다. 결국 아빠도 지난 2주간 우리들교회에 나왔고, 지금은 목장에도 나오고 있습니다. 아빠는 요즘 아주 힘든 시간을 보내고 있습니다. 작은아빠가 술 때문에 쓰러져서 돌아가셨습니다. 아빠가 그렇게 우는 것을 처음 보았습니다. 아빠가 얼마나 마음이 아플까 하는 생각이 듭니다. 그리고 아빠가 요즘 사업이 힘든 것 같아 너무 불쌍합니다. 하나님이 우리 아빠를 살려 주셨으면 좋겠습니다.

엄마와 아빠가 약속한 시간이 3주 남았습니다. 시간이 없어서 초조합니다. 저는 원래 간증을 하지 않으려 했습니다. 그러나 제가 간증하면 하나님이 저의 마음을 보시고 혹시라도 아빠의 마음을 바꾸어 주시지 않을까, 이제라도 아빠가 예배를 회복하고 집으로 돌아오셔서 같이 살 수 있지 않을까 하는 소망을 가지고 이 자리에 서게 되었습니다. 형도 예전에 큐티 캠프에서 간증을 했는데, 소년부 주보에 실려 담임목사님께서 대예배에서 읽어 주셨습니다. 그때 형이 우리 가족과 외할머니가 우리들교회에 나와 영적 제사장 가족이 되었으면 좋겠다고 했습니다. 할머니께서 그 설교 방송을 재방송까지 세 번이나 듣고 교회에 나오셨습니다. 1년 전에 등록하셨고 올해 4월에 세례를 받으셨으며 은빛목장에도 참석하십니다. 하나님께서는 이렇게 형의 간증을 통해 외할머니를 구원해 주셨는데, 이제는 저의 간증을 듣고 아빠를 구원해 주실 거라 믿습니다.

아빠에게 꼭 하고 싶었던 이야기가 있습니다. 맨날 아빠가 무서워서 이야기하지 못했지만 용기를 내고 싶습니다. '우리 가족은 절대 아빠를 미워하지 않아요. 아빠를 외롭게 해서 너무 미안해요. 이제라도 회개하고 하나님께 돌아와서 예배드리면서 함께 살아요. 예수님께서 아빠를 위해서 이 땅에서 십자가 지시고 돌아가셨다는 것을 절대 잊지 마세요. 아빠, 사랑합니다. 하나님, 감사합니다.'"

이 아이의 아빠가 하루속히 가정으로 돌아오기를 원합니다. 이 아이가 우리들교회 중등부에서 큐티를 하면서 인생을 다 해석했기에 자기 가정을 세우려 용기를 냈습니다. 갖은 지혜를 다 짜서 하나님과 같이 궁리하여 간증한 것입니다. 하나님께서 반드시 이 가정에 예수 왕을 세우실 줄 믿습니다.

우리는 세상 왕을 세운 것 때문에 슬퍼해야 합니다. 그러기 위해서 목숨을 건 사명이 있어야 합니다. 하나님은 외모보다 중심을 보십니다. 평강과 거룩함의 사람을 세우십니다. 구별된 가치관을 가지고 내 죄와 부족을 보는 사람을 택하십니다. 약한 자를 세우셔서 성령의 감동을 주십니다. 나를 구속하여 주시는 하나님의 은혜를 알기 원합니다.

+ 내 안에 세운 세상 왕은 무엇입니까?
+ 그 세상 왕을 허물고 성령의 감동으로 담당해야 할 하나님의 일은 무엇입니까?

저는 소록도에서 초등학교 시절을 보냈습니다. 아버지가 의사라는 이유로 친구들의 부러움을 한 몸에 받기도 했고, 따르는 친구들도 많았습니다. 그러다가 초등학교 5학년 가을, 아버지가 서울로 전직을 하시면서 우리 가족은 서울로 이사를 왔는데, 그때부터 친구들에게 괴롭힘을 당했습니다. 중학교에 들어와서는 돈이 필요할 때만 나를 불러 내는 친구들이 있었는데, 저는 혹시나 그 친구들과 멀어질까 봐 두려워 항상 돈을 준비하고 다녔습니다. 그러면서도 내가 친구들에게 이용당하고 있다는 피해의식에 괴로웠습니다.

초등학교 시절 한센병 환자를 돕겠다는 사명감으로 의사가 되고 싶었는데, 나중에는 오직 돈을 많이 버는 의사가 되는 것으로 꿈이 바뀌기 시작했습니다. 각고의 노력 끝에 의사가 되었고, 결혼을 해 두 자녀를 둔 가장이 되었습니다. 그러나 옛날의 수치심을 떨쳐 버리려고 돈을 버는 데만 신경을 쓰고 살았습니다. 여기저기에 투자를 하여 망하기도 하고 남에게 돈을 꿔 주었다가 못 받기도 했습니다. 주식에 손댔다가 깡통도 차 보았습니다. 그런데도 돈을 우상시하는 마음은 여전히 제 내면 깊은 곳에 있었습니다. 오직 내가 경제적으로 성공해야만 나를 무시했던 친구들에게 복수를 하는 거라 여기며 살아왔습니다. 그런데 그러면 그럴수록 점점 부채만 많아졌습니다. 경제적인 어려움에서 벗어나지 못하자 비참함과 외로움을 많이 느꼈고 매사에 짜증이 났습니다. 아내와 가족들이 내 맘에 안 든다고 큰소리치며 화를 자주 내어 마음에 상처를 많이 주었습니다. 그러다가 2년 전 아내의 손에 이끌려 우리들교회에 등록했고, 아내의 거듭되는 부탁으로 부부목장에도 참석했습니다. 억지로 참석한 것이었는데, 이상하게 편안하다는 생각이 들었습니다. 목자님의 말씀과 목원들이 죄를 오픈하는 것을 들으며 나를 대신해서 오픈하는 것 같은 마음이 들었습니다.

주님은 세상 왕 세운 것에 대한 슬픔을 느끼라고(삼상 16:1) 저에게 찾아오셔서 성령의 기름부으심과 감동을 주셨습니다(삼상 16:12-13). 그 결과 모든 것이 내 열등감에서 출발했다는 사실을 깨달았습니다. 하나님이 기뻐서 만세전부터 택정하시고 준비하신 새 왕을 내게 세우시려 하는데, 내 감정에 매여 지연시키고 있었습니다. 이제라도 남 탓하지 않고 가족들에게도 하나님의 말씀으로 행하며 돈의 우상을 떨쳐 버릴 수 있도록 노력하겠습니다. 사람에게 소망을 두고 사람을 의식해서 내 힘으로 이기고 또 이기려는 가치관으로 지옥을 살았는데, 이제는 죽어지고 썩어지는 구별된 가치관으로 평강과 거룩의 사람으로 살기 위해 말씀에 순종하며 가겠습니다(삼상 16:4-5). 가짜 슬픔에서 일어나게 도와주신 하나님, 사랑합니다.

말씀으로 기도하기

맨날 외모밖에 볼 줄 모르는 우리는 늘 세상 왕을 세웁니다. 그러나 세상 왕 세운 것 때문에 슬퍼해야 합니다. 그럴 때 하나님은 우리 슬픔을 분별해 보시고 사명을 갖게 하십니다. 우리가 할 일은 그저 토 달지 않고 순종하는 것입니다. 방법은 하나님이 가르쳐 주십니다. 순종할 때 우리는 새 왕을 세우시는 하나님의 일을 볼 수 있습니다.

세상 왕 세운 것을 슬퍼할 때 새 왕을 준비하십니다(1절)

가정에 사건이 오고 자식에게 문제가 생기면 내가 뭘 잘못했느냐고, 뭐가 부족해서 이런 일을 당해야 하느냐고 원망했습니다. 내가 한 것이라고는 봉사하고 기도하고 예배한 일밖에 없는데 하나님도 참 너무하다고 생각했습니다. 그러나 그것은 이기적 슬픔이라는 사실을 알았습니다. 이제는 믿음 없는 가족의 구원을 위해 슬퍼하기 원합니다. 하나님이 새 왕을 세우시는 구원 역사에 동참하기를 원합니다.

새 왕을 세우기 위해 목숨 걸 때 지혜를 주십니다(2-3절)

복음 들고 나아가고자 하니 두려움이 앞섭니다. 가정에서, 직장에서 일이 잘못될까 봐, 복음을 받아들이기는커녕 관계만 틀어질까 봐 두렵습니다. 그런데 그 대단한 사무엘도 말씀에 순종하기 전 두려워했다는 것을 알았습니다. 그가 한낱 사람인 사울을 두려워할 때 하나님은 놀라운 지혜로 그에게 방법과 행할 일을 가르쳐 주셨습니다. 나도 말씀대로 순종하며 나아갈 때 하나님께서 놀라운 지혜를 주실 것을 믿습니다.

새 왕의 조건은 준수함이 아니라 평강과 거룩입니다(4-5절)

사무엘이 오니 베들레헴의 장로들이 떨면서 평강을 위해 오셨느냐고 묻습니다. 우리도 이 땅에 살면서 평강을 간구하지만 늘 두렵습니다. 세상이 두렵고 사람이 두렵고 내일이 두렵습니다. 그러나 하나님께 예배하는 자, 구별된 가치관을 가진 자는 평강하다고 합니다. 구별된 가치관을 내 속에 채우는 것이 새 왕, 예수 그리스도를 채우는 것이라고 합니다. 사람에게 소망을 두지 않고 오직 예수 그리스도가 내 안에 새 왕으로 세워지기를 간절히 원합니다.

택함 받는 자는 내 죄와 부족을 볼 줄 압니다(6-12절)

하나님은 출중한 외모와 조건을 갖춘 이새의 아들들을 택하지 않으셨습니다. 대신 아버지와 형제들마저 업신여긴 다윗을 택하셨습니다. 우리는 백날 외모를 보느라 바쁜데, 중심을 보시는 주님은 눈이 빼어난 자, 나와 내 부족의 죄를 볼 줄 아는 자를 택하신 것입니다. 우리의 눈도 다윗을 닮아 나와 내 부족의 죄를 볼 줄 알게 하여 주옵소서. 교만함으로 외모만 보면서 사람을 판단하고 업신여기다가 하나님께 선택받는 기회를 놓치지 않게 하여 주옵소서.

하나님이 세우신 자에게 성령의 감동을 주십니다(13절)

다윗은 왕의 자리에 오르기 전에 기름부음을 받습니다. 그때 성령의 감동하심도 함께 받습니다. 반면에 사울은 여호와의 영이 떠났다고 합니다. 과연 나는 성령의 감동하심으로 하나님의 일을 하고 있는지, 아니면 내 힘으로 애쓰다가 지쳐 가고 있지는 않은지 생각해 봐야겠습니다. 성령님이 내 안에 계실 때 나를 통해 복음이 전해지고 상한 심령들이 치유될 줄로 믿습니다. 내 안에, 그리고 다른 사람 안에 예수 그리스도가 세워질 줄로 믿습니다.

영혼의 기도

하나님 아버지, 하나님께서는 사울 때문에 슬픈 사무엘을 찾아오셨습니다. 그의 슬픔이 이기적인지 이타적인지 정확히 분별하셨습니다. 그리고 이타적인 슬픔으로 주저앉은 그에게 새 왕을 세우라는 사명을 주고 일어나라 하셨습니다. 다른 사람의 죄 때문에, 교회의 죄 때문에 우는 우리에게도 사명을 주실 주님을 믿습니다.

저 역시 목숨을 내걸고 남편의 구원을 위해 기도했지만 한편으로는 사무엘처럼 외모를 취하는 부분도 있었습니다. 그러나 하나님은 속지 않으시는 분입니다. 주님 오실 때에 알아보지 못하고 스쳐 지나가는 한 사람이 되지 않도록 붙잡아 주옵소서. 제가 다윗처럼 아무도 주목하지 않는 양 치는 자리에 있었을 때도 주님은 제 인생을 봐 주셨습니다. 끝까지 주님께 부름받는 인생이 되기를 바랍니다.

다윗은 앞으로 받을 훈련이 고되게 남아 있습니다. 그러나 별 인생이 없는 것을 알고 있습니다. 우리도 별 인생이 없는 것을 깨닫기 바랍니다. 새 왕 예수를 내 인생에도 세우고 다른 사람 인생에도 세우는 사람이 되기를 바랍니다. 설령 이혼을 마음먹었더라도 다시 가정으로 돌아오기를 원합니다. 모든 가정이 회복되기를 원합니다. 말씀을 듣고 회개하고 회복되어서 가정이 중수되게 하옵소서.

예수님 이름으로 기도합니다. 아멘.

02

성령으로만 회개가 가능합니다

삼상 16:14-23

신약시대에는 오순절 마가의 다락방에 성령이 임하신 후 지금까지 성령의 역사가 대단하지만, 구약시대에는 성령 받은 사람이 희소합니다. 그래서인지 구약시대 사람들은 하나님을 믿다가도 너무나 빨리 우상을 섬기는 길로 갑니다. 하나님이 다시 돌아오게 하셔도 또 빠른 걸음으로 우상에게 갑니다.

또한 구약시대는 성령이 하나님의 사명을 받은 사람에게 부어졌다가도 그 사람이 말을 듣지 않으면 거두어 가셨습니다. 영구적이 아닌 일시적으로 부어지는 것이었습니다. 그래서 사무엘이 다윗에게 기름을 부을 때는 "다윗이 여호와의 영에게 크게 감동되니라"(삼상 16:13) 하지만, 바로 다음 절에서는 "여호와의 영이 사울에게서 떠나고"(삼상 16:14) 하면서 대조적 관계를 보여 줍니다. 그렇다면 과연 여호와의 영이 임한 자와 떠난 자에게는 어떤 차이가 있는 걸까요? 사울과 다윗은 무엇이 다릅니까?

여호와의 영이 떠나면 악령의 지배를 받습니다

14 여호와의 영이 사울에게서 떠나고 여호와께서 부리시는 악령이 그를 번뇌하게 한지라 15 사울의 신하들이 그에게 이르되 보소서 하나님께서 부리시는 악령이 왕을 번뇌하게 하온즉 삼상 16:14-15

왕직 수행을 위해 사울에게 여호와의 영이 임재했습니다. 그런데 사울은 치명적인 불순종 때문에 하나님께 버림받았습니다. 거듭 성령의 지도를 거부했기 때문에 더 이상 성령이 머물 필요가 없어진 것입니다. 그 결과 여호와의 영은 사울을 떠나고, 대신 하나님께서 부리시는 악령이 그를 지배하게 되었습니다.

과연 사울은 하나님의 영이 자신에게서 떠난 것을 알았을까요? 사실 사울은 이미 번뇌할 조건을 다 갖고 있었습니다. 사무엘이 15장 26절에서 "왕이 여호와의 말씀을 버렸으므로 여호와께서 왕을 버려 이스라엘 왕이 되지 못하게 하셨음이니이다" 하지 않았습니까? 사울이 여호와의 말씀을 버렸다는 것은 순종하지 않았다는 것이고, 여호와께서 사울을 버리셨다는 말씀은 성령이 그에게서 떠났다는 뜻입니다. 게다가 더는 이스라엘 왕이 되지 못하게 하시겠다는 것은 다른 왕을 세우시겠다는 말씀이니, 굳이 악령이 지배하지 않았더라도 사울은 밤잠을 설치면서 번뇌했을 것입니다.

사울의 처음과 지금 모습이 정말이지 너무도 다릅니다. 변함없는 믿음은 복의 근원인데, 처음 왕위를 받을 때와 비교하면 왕이 되고 난 후 사울은 너무 달라졌습니다. 왜 성령이 떠났겠습니까? 하나님 앞에 범죄를 했으니 그랬겠지요. 그가 어떤 죄를 지었는지는 사무엘상 15장에서 정확하게 설명하고 있습니다. 하나님 말씀에 순종하지 않은 데다가, "왜 순종하지 않았느냐, 회개하라"고 경고했더니 더더욱 회개하지 않았습니다. 이 죄가 아주 심각했다는 것입니다.

결국 하나님의 영이 떠난 사울의 텅 빈 영에는 악령이 깃들게 되었습니다. 악령은 생명과 평안의 영이 아니라 번뇌로 이끄는 파괴의 영입니다. 하나님이 없는 인생은 파괴를 경험할 수밖에 없습니다. 사실 사울이 번뇌했다는 것에 대해서 우리는 속속들이 알 수 없습니다. 다만 여기에서 사용한 히브리어 '바아트'라는 단어를 통해 그의 상태를 유추해 볼 수는 있습니다. 이 단어가 하나님의 백성에게 쓰일 때는 하나님을 경외하는 두려움을 뜻하지만, 악인에게 쓰일 때는 '형벌의 두려움 때문에 번뇌한다'는 의미를 담고 있다는 것입니다.

사울은 지금 극한 공포에 빠졌습니다. 누군가 자기 자리를 뺏을까 염려되고 짜증이 나서 잠을 못 잡니다. 불안하고 초조하고 히스테리와 불면증을 일으키는 정신적인 질환이 발병한 것입니다. 이러한 사울의 번뇌는 하나님에 의한 것이 아닙니다. 하나님이 그의 마음에 악령을 불어넣은 것도 아닙니다. 여호와의 영이 떠난 사울의 마음을 악령이 지배한 것입니다. 이것은 비슷하게 들리지만 굉장히 다른 말입니다. 그런데 사무엘상 16장 14-23절 말씀을 보면 '하나님께서 부리신 악령'이라는 말이 무려 네 번이나 나옵니다.

그러고 보면 사울은 참 변명과 합리화를 많이 하는 사람입니다. 우리는 유독 그런 사람들이 정신질환에 쉽게 걸리는 것을 봅니다. 우리도 생존경쟁의 현장에서 이기지 못하면 불안과 초조함을 느끼면서 짜증을 내고 히스테리를 부립니다. 어떤 사람들은 현실을 명확히 받아들이지 못하고 가족이나 주변 사람들을 괴롭힙니다. 시기 질투가 하늘을 찔러서 꼭 사울처럼 반응합니다. 혹시 지금 내 상태가 사울과 비슷하지는 않습니까? 그러면 '나에게 악령이 임했구나' 하고 생각해 봐야 합니다. 하나님의 영이 없는 사람들은 정신적으로 안정될 수가 없습니다. 게다가 사울처럼 하나님을 알고 성령의 은혜를 맛보았던 사람이 갑자기 은혜에서 멀어지면 영적으로나 정신적으로 십중팔구 악령에게 사로잡힙니다. 그래서 믿음 좋은 사람들이 더 정신질환에 많이 걸리는 것입니다.

그런데 우리는 여기에서 '하나님이 부리신 악령'이라는 말에 집중해 볼 필요가 있습니다. '하나님의 악령'이 아니라 하나님이 '부리신' 악령인 것입니다. 이 말은 곧 사탄의 모든 일이 하나님의 지배 아래 있음을 보여 줍니다. 여호와의 영이 떠나도 악령이 역사하는 배후에는 하나님이 섭리하신다는 것을 알아야 합니다.

욥기 1장에 보면 사탄이 하나님께 와서 욥을 고발합니다. "욥이 이유 없이 하나님을 섬기겠어요? 주께서 집도 주고 돈도 주고 그 많은 복을 주시니까 섬기는 거죠. 다 뺏어 봐요. 틀림없이 주를 욕할 겁니다" 하는 것입니다. 그랬더니 하나님께서 "그러면 그의 소유를 다 가져가 봐라. 다만 욥의 생명에는 손대지 말아라" 하십니다. 그러니까 사탄도 하나님께서 정해 주시는 범위 안에서만 활동할 수 있는 것입니다. 지금 고난이 닥쳤습니까? 이 고난 때문에 죽을 것 같습니까? 하나님의 자녀는 죽지 않고 삽니다. 하나님은 자녀만 간섭하십니다. 불신자는 간섭하시지도 않습니다.

새번역 성경은 사무엘상 16장 14절을 이렇게 번역합니다.

사울에게서는 주님의 영이 떠났고, 그 대신에 주님께서 보내신 악한 영이
사울을 괴롭혔다

사울이 괴롭고 싶어 괴로운 것이겠습니까? 지금 주님의 영이 떠난 데다가 그 자리에 악령이 들어왔기 때문에 괴로운 것입니다. 이것을 구속사적으로 적용해 보아야 합니다. 다윗은 이후 십 년이 넘게 사울에게 괴롭힘을 당합니다. 그런데 이것이 구속사를 위해 필요한 과정이라는 것입니다. 사울이 없었으면 지금의 다윗이 있을 수 있었겠습니까? 사울 같은 힘든 사람이 옆에 있었기 때문에 다윗이 예수님의 조상이 되어 크게 쓰임받은 것 아니겠습니까? 하나님은 사울의 질병을 통해 다윗을 자연스럽게 왕궁에 들이시고 이스라엘을 끌고 갈 왕으로 준비시키십니다. 이 모든 과정 곳곳에 구속사가 깔려 있는 것입니다.

혹시 우리 가정에 악령이 들어 나를 괴롭히는 사람이 있습니까? 그는 나와 우리 가정의 구속사를 위해 꼭 필요한 사람이라는 사실을 깨달아야 합니다. 그 모든 과정이 하나님의 간섭하심이라는 사실을 알아야 합니다. 그러니 "왜 우리 집에 이렇게 아픈 사람이 있는 거야?" 하지 말고 "우리 가정의 구원을 위해 이런 일이 필요한 거구나" 생각하십시오. 우리 가정에 악령 들린 사람이 있으면 이 가정을 구원하시려는 구속사가 곳곳에 깔려 있다고 믿기 바랍니다. 그 힘든 한 사람 때문에 온 집안의 구원이

이루어질 줄 믿습니다. 그 가정 때문에 온 나라와 교회와 전 세계가 구원
될 줄 믿습니다.

+ 지금 내 집안에 악령이 들어 나를 괴롭히는 사람은 누구입니까?
+ 그 힘든 한 사람 때문에 온 집안의 구원이 이루어질 줄 믿습니까?

악령의 역사에서 벗어나는 길은 회개밖에 없습니다

원하건대 우리 주께서는 당신 앞에서 모시는 신하들에게 명령하여 수금
을 잘 타는 사람을 구하게 하소서 하나님께서 부리시는 악령이 왕에게 이
를 때에 그가 손으로 타면 왕이 나으시리이다 하는지라 삼상 16:16

신하들은 지금 사울의 증상이 하나님이 부리시는 악령 때문이라는 것
까지는 진단을 잘했습니다. 그런데 그 병을 치료하기 위해 음악치료를
제안합니다. 병의 원인은 정확히 알았는데 처방은 세상적인 방법으로 한
것입니다. 음악치료도 좋지요. 지금도 정신질환을 치료하기 위해 음악치
료법을 많이 사용합니다. 실제로 정신질환을 겪는 사람에게 음악을 들
려주거나 연주하게 하면 불안감이 감소하고 신체적 기능에도 영향을 미
쳐 긍정적인 결과를 가져온다고 합니다. 그밖에도 미술치료나 독서치료,
놀이치료 등 다양한 현대의학이 있는데, 다 그 나름의 효과가 있다고 합
니다.

그런데 지금 사울의 병은 그런 방법으로 치료할 수 있는 것이 아닙니다. 정서적으로 내적 또는 외적 충격을 받아 생긴 정신질환과는 원인이 다릅니다. 폭력이나 사고를 당한 것도 아닙니다. 저도 처음에는 사울의 우울증을 의학적으로 접근해서 풀어 보고 싶었지만, 그게 아니라는 것을 알았습니다. 그래서 성경을 한 절 한 절 읽어 가면서 성령의 음성을 듣기로 했습니다. 그랬더니 말씀에 답이 있었습니다. 성경은 그리 복잡하고 어려운 책이 아닙니다.

사울은 왕의 자리에 있다가 하나님께 불순종했습니다. 그러니까 그의 질병은 하나님 앞에서 지은 죄로 인한 정신질환이기 때문에 세상 방법으로는 근원적으로 치료할 수가 없는 것이었습니다. 죄와 관련된 질환을 어떻게 세상 방법으로 고칠 수가 있겠습니까? 세상 방법으로는 오늘 조금 괜찮아지는 것 같아도 금세 재발합니다. 물론 모든 정신 질병이 죄와 관련되었다고 볼 수는 없지만, 사울만큼은 하나님이 부리신 악령이 괴롭혔다고 성경에 분명하게 기록하고 있습니다.

우리도 우울증이나 불면증 같은 증상이 생기면 병원을 찾습니다. 그러면서 원인이 무엇일까 고민합니다. 어릴 적 트라우마 때문인가, 부모로부터 받은 상처가 원인인가 계속 분석해 보는 것입니다. 경우에 따라 음악치료도 받고 미술치료도 받습니다. 그 나름의 효과도 얻을 수 있습니다. 그러나 사울이 겪고 있는 것과 같이 '악령의 역사'라고 하는 정신병이 있습니다. 실제로 정신과 환자들 중에는 의학적 방법으로는 어찌할 수 없는 병을 앓고 있는 사람이 많습니다. 사울처럼 죄 때문에 악령에 사로잡혀 있는 것입니다.

이런 정신질환은 어떻게 고쳐야 할까요? 성령이 임해야 합니다. 악령이 들렸으니 성령만이 고칠 수 있는 것 아니겠습니까? 그래서 지금 다윗이 등장합니다. 하나님이 부리신 악령을 물리치려고 여호와의 영에 감동된 자가 등장하는 것입니다.

그런데 성령이 임하려면 먼저 회개가 이루어져야 합니다. 오직 하나님 앞에 자백하는 것밖에 방법이 없습니다. 하나님의 능력을 구하지 않고는 치료가 어렵습니다. 죄의 삯은 사망이라고 하지 않았습니까? 죄에 빠져 있으면 심각한 눌림이 있을 수밖에 없습니다. 그래서 오직 죄의 문제를 해결할 방법은 자백밖에 없습니다. 회개밖에 길이 없습니다. 우리 안에 더러운 것들이 얼마나 많습니까? 그것을 꺼내 놓아야 눌린 것들이 자유로워질 수 있습니다. 회개기도야말로 나를 살리는 기도입니다. 시편 32편 5절에 "내가 이르기를 내 허물을 여호와께 자복하리라 하고 주께 내 죄를 아뢰고 내 죄악을 숨기지 아니하였더니 곧 주께서 내 죄악을 사하셨나이다(셀라)" 했습니다.

회개를 하려면 성령님의 도움이 절대적으로 필요합니다. 내 마음대로 안 되는 것이 회개입니다. 제가 성령께서 함께하시는 회개를 해 보아서 압니다. 남편이 천국 갈 때도 그 사람이 입으로 하는 회개와 성령이 시키는 회개가 천지차이였다는 것을 경험했습니다. 제가 남편더러 회개하고 천국 가야 한다 하니 "하나님, 잘못했습니다. 하나님, 용서해 주세요" 하고 기도했는데, 그것은 성령께서 시키는 회개가 아니었습니다. 참 안타까웠습니다. 그런데 계속 성령께서 시키시는 회개를 못 하다가 마지막 세 시간 전 구체적으로 회개를 했습니다. 모든 사람을 모아 놓고 눈물을 흘리며 이렇게 고백했습니다.

"저는 산부인과 의사로 낙태를 했습니다. 그런데 이렇게 매를 맞습니다. 살려 주셔도 감사하고 살려 주시지 않아도 할 말이 없습니다."

회개에는 통곡이 나오는 것 같습니다. 그것은 성령이 임하시지 않으면 안 되는 것입니다.

사울은 성령의 지도를 계속 거절했습니다. 이제 성령이 떠나고 악령이 들어왔으니 회개할 길이 없어졌습니다. 고침받을 기회를 놓친 것입니다. 그러니 얼마나 슬픈 일입니까? 이때에 신하들은 음악치료를 청했습니다. 마치 사울을 굉장히 위하는 것처럼 이야기하지만 이것은 일시적인 방법이지 근본적 치유책은 아닙니다. 그 자리에 사울을 진정으로 사랑하는 신하가 없었다는 말입니다. 만약 진정으로 사울을 사랑하는 신하였다면 그의 앞으로 나아가서 "왕이시여, 당신은 악령이 들었으니 지금이라도 빨리 회개하고 하나님 말씀에 순종해야 합니다" 했어야 합니다. 그런데 어느 누가 목숨을 걸고 그런 일을 할 수 있었겠습니까? 사무엘의 충고도 듣지 않은 사울이 아닙니까? 역대기에 보니 처음에는 선지자의 말을 잘 듣던 왕들도 나중에 강성해지면 누가 나와서 "왕이시여, 말씀을 들으십시오" 한마디만 해도 옥에 가두고 때리고 돌로 쳐 죽입니다. 그러니 신하들은 음악치료밖에 권할 것이 없습니다. 그런 사울의 형편을 보면서 사무엘이 얼마나 슬펐겠습니까?

우리도 사울의 신하들처럼 믿음 없는 가족, 이웃에게 일시적인 방법을 제안하는 때가 많습니다. 괴로워하는 그에게 정작 필요한 처방은 "회개하세요"인데, "기도 받으세요", "예언 받으세요", "철야기도, 새벽기도,

금식기도 드리세요", "복음성가 들으세요" 하면서 일시적인 처방을 합니다. 게다가 처방이 필요한 사람에게 믿음이 없으면 더더욱 쉽게 처방을 내리지 못합니다. 사무엘도 사울에게 못한 말을 그 누구라고 쉽게 할 수 있겠습니까? 너무 듣기 싫은 말이기 때문에 생명을 내어놓는 사랑이 있어야만 할 수 있는 말입니다. 여기에 인간의 연약함이 있습니다. 그러나 악령에 의한 병의 근원적인 치료는 회개밖에 없다는 것을 알아야 합니다. 단순히 병을 이야기하는 것이 아닙니다. 성령이 임하지 않은 사람은, 예수가 없는 사람은 거기에 악령이 거하고 있는 것입니다. 그러니 그들을 위해 안타깝게 기도해야 합니다.

역대하 29장부터 보면 왕위에 오른 히스기야가 종교 개혁을 합니다. 그전 왕 아하스가 너무 많은 우상을 섬겨서 이스라엘을 병들게 하는 바람에 예배가 실종되고 온 백성이 다 정신병에 걸렸습니다. 아하스는 이방신 몰렉을 섬기면서 자기 아들까지 불태워 죽이지 않았습니까? 그러니 백성들 입장에서도 왕이 미쳤나 싶고, 우울증과 정신착란증에 걸리지 않았을까 싶습니다. 그런 상황에서 히스기야가 우상을 위한 제단과 향단을 모두 제거하고 유다 여러 성읍에서 주상과 아세라 목상을 깨트립니다. 아무도 없애지 못한 산당, 제단들을 제거하는 것이 바로 회개입니다. 회개의 역사가 곧 개혁입니다. 이 회개를 빼고 치유를 논하는 것은 그 방법이 무엇이라도 불완전한 치유라는 것을 알아야 합니다.

히스기야가 회개하고 개혁했을 때 온 백성이 여호와를 찬송하고 더불어 기뻐했다고 합니다(대하 29:36). 진정한 치유가 이루어지면 이런 기쁨이 있습니다. 그래서 성경에는 히스기야가 회개하고 개혁을 했더니 그 백성을 다 고치셨더라 하는 이야기가 나옵니다(대하 30:20).

사울에게 다윗을 보내신 것처럼, 우리 가정에 여호와의 영에 감동된 한 사람을 보내 주시기를 원합니다. 히스기야 한 사람이 회개함으로 이스라엘 온 백성의 정신병이 고쳐진 것처럼, 여호와의 영에 감동된 한 사람이 회개할 때 우리 가정, 나아가 온 땅의 악령에 사로잡힌 사람들이 다 고쳐질 줄 믿습니다. 말이 안 되는 폭군이 집집마다 있습니다. 폭군 아버지, 어머니, 조부모, 자식들이 있어서 "회개해야 한다"고 바른말도 못 하고 입을 다물고 살아갑니다. 그러나 그 누구도 못 했던 회개를 히스기야가 한 것처럼, 내가 눈물로 회개하면 기가 막힌 병이라도 고쳐질 것입니다. 우리 가정의 온갖 정신병이 고쳐지기를 축복합니다.

+ 지금 내가 앓고 있는 기가 막힌 질병은 무엇입니까?

+ 악령에 사로잡힌 내 가족, 내 가정의 구원을 위해 오늘 내가 회개해야 할 것은 무엇입니까?

성령에 사로잡힌 한 사람이 악령 들린 사람을 살립니다

17 사울이 신하에게 이르되 나를 위하여 잘 타는 사람을 구하여 내게로 데려오라 하니 18 소년 중 한 사람이 대답하여 이르되 내가 베들레헴 사람 이새의 아들을 본즉 수금을 탈 줄 알고 용기와 무용과 구변이 있는 준수한 자라 여호와께서 그와 함께 계시더이다 하더라 삼상 16:17-18

사울이 지금 너무 괴로우니까 이 사람 저 사람 구할 것 없이 수금 잘 타는 사람을 구해 오라고 합니다. 신하 중 한 사람이 이새의 아들 다윗을 추천합니다. 이때만 해도 사울 생각에 수금이나 잘 타는 다윗이 뭐 그리 대단할까 싶었습니다. 나중에 왕위를 가져갈 자인데도 그걸 알아보지 못하고 자기와 경쟁도 안 되는 풋내기로밖에 생각하지 못했습니다.

그런데 사울의 신하가 "그는 수금을 탈 줄 알고 용기와 무용과 구변이 있는 준수한 자로 베들레헴에서 양치기를 하고 있다"고 다윗을 소개하더니 덧붙인 말이 있습니다. "여호와께서 그와 함께 계신다"입니다. 성령의 감동이 있는 사람이 바로 이렇습니다. 주의 일을 한다고 나서서 온 세상의 주목을 받고 있는 사람이 아닙니다. 늘 자기가 있는 자리에서 묵묵히 일을 감당하는 사람입니다. 하다못해 걸레질만 하고 있어도 그런 사람은 주변 사람들이 "여호와께서 그와 함께하신다" 하고 대신 증거해 줍니다. 여호와가 함께하시는 자는 뛰어날 수밖에 없습니다. 한 가지라도 뛰어나지 않으면 하나님이 쓰실 수가 없습니다.

> 사울이 이에 전령들을 이새에게 보내어 이르되 양 치는 네 아들 다윗을
> 내게로 보내라 하매 삼상 16:19

다윗은 사무엘을 통해 기름부음을 받았지만 여전히 양 치는 자리에 있습니다. '사무엘이 와서 기름까지 부어 줬는데 나는 언제 왕이 되는 거지? 왜 아직도 달라진 게 없지?' 하면서 양 치는 일을 대충 할 수도 있지 않습니까? 그런데 다윗은 그러지 않았습니다. 성경 어디에도 그가 양 치

는 일을 소홀히 했다는 말이 없습니다. 마침내 하나님은 가장 적당한 때에 가장 적당한 방법으로 다윗이 사울 왕을 섬기게 하십니다.

성령에 감동받은 사람의 가장 큰 특징이 바로 이것입니다. 상황이 어떻든, 누가 뭐라든 자기에게 주어진 일을 열심히 합니다. 지금 내게 주어진 일, 내가 있는 봉사의 자리에서 나는 얼마나 열심히 감당하고 있습니까?

우리들교회는 주차 봉사가 참 고됩니다. 제 생각에는 그 봉사로 헌신하는 사람이 천국의 제일 아랫목에 갈 것 같습니다. 그 일을 하면서 흘린 고된 땀과 한숨은 하나님만이 아십니다. 아무리 고된 자리에 있어도 그 일을 하면서 자꾸 짜증 내면 "그에게는 여호와께서 함께하신다" 하는 소문이 안 납니다.

저도 예수 믿고 주의 일을 하겠다고 했지만, 여전히 집에 묶여 걸레질하면서 십 년을 보냈습니다. 달라질 것이 뭐 있었겠습니까? 그런데 하나님의 영이 임하고 나서부터 달라진 것이 있습니다. 바로 나 자신을 성경을 통해 조명하게 된 것입니다. 그때부터 하나님이 구체적으로 느껴지기 시작했습니다. 말씀이 깨달아져야 하니 사건이 오지 않을 수가 없고, 핍박을 받으면 두 배로 깨달아지고, 돈이 없으면 세 배가 깨달아지는 것을 알게 된 것입니다. 그러니 남편이 돈을 안 주고 못 나가게 해도 상관이 없었습니다. 오히려 내가 오늘 남편 때문에 승리했다는 고백이 터져 나왔습니다. 이 깨달음을 위해 하나님의 말씀과 내가 연합이 되어 십 년의 세월이 필요했던 것입니다. 그러니까 양치기를 하건 걸레질을 하건 하나님의 영이 크게 임한 사람은 이미 그것이 사명인 줄 믿기 바랍니다. '여기 가서 이 일을 해야겠다', '선교를 가야겠다' 하며 내 생각대로 하는 것은 사명이 아닙니다.

> 이새가 떡과 한 가죽부대의 포도주와 염소 새끼를 나귀에 실리고 그의 아들 다윗을 시켜 사울에게 보내니 삼상 16:20

다윗이 베들레헴 시골에서 양치기를 하면서 숨었는데도 어느 날 왕에게 초청을 받았습니다. 저도 환경에 따라 하나님 말씀이 내게 임하는 것이 꿀송이처럼 달콤해서 그것을 받아먹는 재미에 빠져 집순이 생활에 충성하니 남편이 가고 난 후에 미국으로부터 초청을 받았습니다. 소위 석사, 박사로 내로라하는 식자들 앞에서 말씀을 전하게 됐습니다.

> 다윗이 사울에게 이르러 그 앞에 모셔 서매 사울이 그를 크게 사랑하여 자기의 무기를 드는 자로 삼고 삼상 16:21

처음 사울이 다윗을 만났을 때는 그저 이해타산 없이 크게 사랑했다고 합니다. 그가 성령의 감동이 있는 사람이어서 그렇습니다. 사울은 다윗을 너무나 사랑해서 자기의 목숨을 맡기는 무기 든 자로 삼기까지 했습니다. 이렇게 이해타산이 없으면 서로 사랑할 수 있는 것이 인간관계입니다. 그러나 사람은 믿음의 대상이 아니라는 사실을 반드시 기억해야 합니다. 나중에 이렇게 다윗을 사랑했던 사울이 그를 무지막지하게 괴롭히다 못해 죽이려고 쫓아다니지 않습니까? 어쨌든 하나님은 지금 생각지도 않게 다윗을 왕궁으로 부르셔서 사울을 섬기게 하십니다. 앞으로 그가 왕직을 맡아야 하니 수업을 받게 하신 것입니다. 다윗의 첫 사역지가 왕궁이 된 것입니다.

사역지에 가서 사역을 하든 우리가 어디를 가든 사람들에게 사랑을 받는 일은 인간사에서 참 중요한 일입니다. 흔히 '인복이 있다'고도 이야기하지요. 그런데 성경을 보면 이 인복이라는 것도 우연히 이루어지는 것이 아닙니다. 대인관계도 하나님의 은혜가 임해야 복으로 이어집니다. 그래서인지 어떤 사람은 대인관계는 좋은데 복으로 이어지지 않습니다. 거기에 야망이 끼어서 그렇습니다. 하나님은 절대로 속지 않으십니다. 또 어떤 사람은 사람과의 관계를 목말라하고 사람들을 의식하면서 인정을 받고자 합니다. 특히 교회 안에 이런 사람이 많습니다. 처음에는 인기도 많은 것 같고 인정받는 것 같다가도 결국 끝이 안 좋아집니다. 결국에는 옆에 남는 사람이 없습니다. 예배보다는 비본질적인 것에 집착하면서 율법주의, 경건주의에 집착하니까 그렇습니다. 그러니 예수 믿는 사람이라면 사람에게 인정받기 보다 하나님과의 관계를 중시해야 합니다. 인간관계도 결국 은혜입니다.

다윗은 하나님이 함께하셔서 사울에게 사랑을 받았습니다. 그런데 사울은 왕이어도 사랑을 받지 못합니다. 왜냐하면 신하들도 왕에게 악령이 들렸다 말할 정도로 지금 그에게서 성령이 떠났기 때문입니다.

또 사울이 이새에게 사람을 보내어 이르되 원하건대 다윗을 내 앞에 모셔 서게 하라 그가 내게 은총을 얻었느니라 하니라 삼상 16:22

사울의 다윗 사랑이 대단합니다. 그런데 이렇게 사랑하던 다윗과 어떻게 원수가 될 수 있습니까? 다윗 입장에서는 정말 믿는 도끼에 발등 찍힌 것 아닙니까? 이게 다 사울에게서 성령이 떠나서 그렇습니다. 성령이 떠난 사랑이기 때문에 금방 미움이나 시기로 변질된 것입니다. 그래서 세상 누구도 믿음의 대상이 아닌 것입니다.

사울의 사랑은 나보다 나은 사람을 못 보는 사랑입니다. 이런 사람에게서 정신병이 발발합니다. 그래서 결혼을 할 때도 상대방의 사랑이 어떤 사랑인지를 제대로 봐야 합니다. 과연 이 사랑이 조건적이고 이기적인가를 보고, 나중에 변질될 사랑인지, 끝까지 갈 사랑인지를 알아야 합니다. 그걸 어떻게 알 수 있을까요? 기본적으로 성령이 없는 사람의 사랑은 쉽게 변질됩니다. 그래서 무조건 신(信)결혼을 해야 하는 것입니다. 우리들교회 성도들은 결혼식을 할 때 신랑 신부는 물론 부모님들까지 드디어 신결혼을 하게 되었다고, 정말 기적이라면서 그렇게 웁니다. 이런 교회가 또 있을까 싶습니다.

하나님께서 부리시는 악령이 사울에게 이를 때에 다윗이 수금을 들고 와서
손으로 탄즉 사울이 상쾌하여 낫고 악령이 그에게서 떠나더라 삼상 16:23

드디어 다윗이 사울 앞에서 수금을 탑니다. 그랬더니 악령이 떠나갔습니다. 사실 이것은 일시적인 치유입니다. 사울이 다윗을 너무 좋아하게 되었으니 병이 치유된 것입니다. 그렇다고 해서 다윗이 수금 연주를 하며 속임수를 쓴 것도 아닙니다. 일시적인 치유이기는 하지만 과연 우

리는 이 현상을 어떻게 이해해야 할까요?

마르틴 루터는 사탄이 가장 싫어하는 것이 찬송이라고 합니다. 찬송은 감사입니다. 감사하는 사람은 찬송을 얼마나 열심히 부르는지 모릅니다. 이렇게 찬송 부르는 사람 앞에서는 사탄이 역사하지 못합니다. 찬송의 은혜가 대단한 것입니다. 그런데 아이러니하게도 찬양사역자들에게 참 많은 문제가 생기는 것을 봅니다. 곳곳에서 스캔들이 터집니다. 찬양의 대가들이라고 일컬어지는 사역자들이라고 다르지 않습니다. 그러고 보면 능력은 찬송 자체에 있는 것 같지 않습니다. 그러면 무엇이 중요합니까? 바로 우리가 찬양하는 이유입니다.

아름다운 찬송과 연주가 잠시의 상쾌함을 준다면, 회개는 평생의 안식과 평안을 줍니다. 그러니까 우리는 회개를 하기 위해 찬양해야 합니다. 어떤 교회는 찬양만 해라, 말씀만 봐라, 기도만 해라, 봉사만 해라 하는데, 이렇게 한 가지만 하라는 것은 전부 이단입니다. 찬양, 말씀, 기도, 봉사가 균형 잡혀서 어우러져 가야 하는 것입니다. 어떤 성도들은 찬양시간에 입을 꼭 다물고 있습니다. 아직 거듭나지 않아서 그렇습니다. 거듭난 사람은 찬양하지 말라고 해도 합니다. 정말 신이 나서 찬양하고 기도합니다. 그래서 찬양하는 모습만 봐도 저 사람의 병이 나을지 안 나을지가 보입니다. 없던 병도 생길 것처럼 기쁨 하나 없이 굳은 표정으로 앉아 있는 사람은 자신의 영적 상태를 점검해 보았으면 좋겠습니다.

성도는 영적인 존재라서 영적으로 공급을 받지 못하면 병이 옵니다. 그렇다면 영적 공급을 어떻게 받습니까? 찬양하고 말씀 보고 기도하고 큐티할 때 받습니다. 무엇보다 회개해야 합니다. 그래야 성령이 임하십니다. 성령이 임하지 않으면 악령이 거하고 있다는 걸 알아야 합니다. 악령 때문에 온 병은 병원 가서 치료받아도 일시적으로만 좋아집니다. 근본적으로 치료하려면 좋은 말씀 듣고 찬양하고 눈물 흘리는 기도를 해야 합니다. 때로는 병원에서도 못 하는 기가 막힌 치료를 회개가 합니다. 돈 주고도 받을 수 없는 치유가 회개할 때 일어납니다. 지금 내 병이 악령의 역사라서 그렇습니다. 악령의 역사는 성령의 역사로만 고칠 수 있기 때문입니다. 성령은 진리의 영이시니 그 역사를 알기 위해서는 말씀을 알아야 합니다. 말씀을 통해서 회개하고 찬양하고 눈물로 내 죄를 회개하며 나아갈 때에 예배당이 최고의 치료소가 될 줄로 믿습니다.

우리들교회는 많은 분들의 치료소가 되고 있습니다. 상상할 수 없는 치유가 수많은 사람들에게서 일어나고 있습니다. 많은 정신과 의사들로부터 우리들교회를 통해 너무 놀라운 기적을 보고 있다는 이야기를 듣습니다. 인터넷으로 예배드리며 말씀만 듣는 것과는 달리 교회에 늦지 않게 나와서 입을 열어 찬양하고 부르짖어 기도하고 말씀 듣고 눈물로 회개기도를 하는 것이 억만금을 내고도 받을 수 없는 최고의 치료법입니다. 어떤 사람은 예배에도 맨날 늦어서 말씀도 대충 듣고 제대로 기도도 하지 않으면서 불평만 합니다. 기도만 하면 시끄럽다면서 일찌감치 예배당을 나섭니다. 이런 사람은 악령에 꽉 사로잡힌 사람입니다. 안타까움이 하나도 없습니다. 뭐가 잘못되었는지 생각해 보아야 합니다. 근원적인 치료를 해야 합니다.

다윗이 기름부음 받고 처음 한 일이 무엇입니까? 사울의 번뇌와 혼란을 치료하는 일이었습니다. 이렇게 다윗 같은 성령의 사람들은 사울처럼 성령이 떠나고 악령 들린 사람을 위해 수금을 타고 상쾌하게 하는 사명을 가졌습니다. 우리도 마찬가지입니다. 어디를 가든 혼란을 수습하고 질서를 유지하기 위해 하나님의 일을 대신하는 사명을 받았다는 것을 알아야 합니다. 그런데 요즘은 환경이 좋아져서 감사가 없고 기쁨이 없기에 온통 다 우울증을 앓고 있습니다. 믿는 우리가 너무 연약합니다.

우리들교회 어느 집사님이 사업이 망하고 대리운전을 시작했다고 합니다. 이것이 우리들교회의 저력입니다. 그분이 이런 간증을 올려 주었습니다.

"새벽 3시 20분에 일이 끝나고 집에 오려고 보니 첫차가 5시 45분입니다. 그동안에 큐티를 하려고 큐티책을 펼쳐 들었습니다. 역대하 25장 17-28절 말씀이었습니다. 그런데 몇 번을 읽어도 무슨 말인지 이해가 잘 되지 않았습니다. 읽고 또 읽고, 전철을 갈아탈 때까지 읽었습니다. 7시 경, 집에 도착할 즈음 27절 말씀이 마음에 들어왔습니다. '아마샤가 돌아서서 여호와를 버린 후로부터 예루살렘에서 무리가 그를 반역하였으므로 그가 라기스로 도망하였더니 반역한 무리가 사람을 라기스로 따라 보내어 그를 거기서 죽이게 하고'

그렇습니다. 48년이라는 긴 시간 이렇게 돌아온 것은 제가 하나님을 버렸기 때문이라는 생각이 들었습니다. 우상을 숭배하고 하나님 말씀을 듣지 않았습니다. 예수님이 오신 후부터 성경을 통해 말씀해 주신다고 배웠습니다. 저는 어릴 적 성경책을 들고만 다녔지 말씀 묵상을 한 적이 없습니다. 이것이 48년을 돌아온 이유입니다.

전철에서 내려 버스로 갈아타고 집에 오는데, 갑자기 찬송가 한 대목이 떠올랐습니다. '달고 오묘한 그 말씀 생명의 말씀은, 귀한 그 말씀 진실로 생명의 말씀이, 나의 길과 믿음 밝히 보여 주니, 아름답고 귀한 말씀 생명샘이로다, 아름답고 귀한 말씀 생명샘이로다.'

버스에서 내려 집까지 걸으면서도 계속 찬송을 불렀습니다. 집에 와서 찬송가를 펼쳐 들고 계속해서 2, 3절을 부르는데 잠자던 가족들이 다 일어났습니다. 찬송을 부르는 저의 눈에는 감사의 눈물이 계속 흘러내렸습니다. '아름답고 귀한 말씀 생명샘이로다.' 그렇습니다. 값도 없이 받아 생명길을 가고 있으니 너무 감사합니다."

사업이 망하고 밤새 대리운전을 하면서 악령이 들어와도 진작에 들어왔을 것인데, 오히려 자신의 인생을 회개함으로 여호와의 영에 감동한 자가 되었습니다. 그저 새벽에 찬송가 한 곡이 생각나 불렀다는 간증뿐인데도 너무나 은혜가 됩니다. 비록 본인은 48년을 돌아와서 이제야 이런 간증을 하지만, 이 고백이 도리어 다른 악령 든 누군가의 병을 단숨에 고쳐 줄 것이라 믿습니다.

우리 주변에는 우울증, 강박증, 분열증, 알코올중독 등 말로 설명할 수 없는 정신질환으로 고통당하는 사람이 많습니다. 병원 치료도 받지만 이런 것들은 일시적인 수단에 불과합니다. 회개하지 않는 한 정신질환은 고칠 수가 없습니다. 진정한 치료는 오직 회개하고 자백함으로만 가능합니다. 성령으로만 치유가 가능합니다. 말씀으로만 치유가 가능합니다. 그들을 위해 사울처럼 그만 불순종하고 이제는 돌아오게 해 달라고, 말씀이 뚫고 들어가게 해 달라고 기도하기를 바랍니다. 회개하지 않으면 나도 힘들고 남도 힘들게 하는 것입니다. 회개의 역사가 일어나기를 바랍니다. 그럴 때 치료가 될 줄 믿습니다. 만약 내 가족에게 그런 병이 있다면 내가 대신 회개하기를 원합니다. 그것이 성령에 사로잡힌 사람의 사명임을 기억하기 원합니다.

+ 나도 힘들고 남도 힘들게 한 나의 영적인 아픔은 무엇입니까?
+ 오직 회개하고 자백함으로 치유해야 할 나의 죄와 중독은 무엇입니까?

남편의 자상하고 따뜻한 모습이 좋아서 3년 전 결혼을 했습니다. 그러나 남편은 술에 만취하면 폭력적으로 변하곤 했습니다. 그럴 때마다 어린 시절 알코올중독인 아버지에게 매 맞았던 상처가 떠올라 너무나 견디기 힘들었습니다. 술이 깨고 나면 아무것도 기억 못 하는 남편을 붙잡고 어젯밤에 무슨 일이 있었는지 울분을 토해 내는 것도 지쳐 갔습니다.

그러던 중, 제 무릎 인대가 끊어지고 연골이 찢어져 급작스레 수술을 받게 되었습니다. 남편은 수술 후 침대에 누워만 있는 저를 두고 친구들을 만나 술을 마시더니 급기야 만취해 외박을 했습니다. 저는 그길로 이혼을 결심하고 집을 나와 작은언니네 집에서 병간호를 받았습니다.

이혼 후 우리들교회에서 부목자로 섬기고 있던 작은언니는 이것이 구원의 사건이라며 저를 물심양면으로 섬겨 주었습니다. 하지만 매일 밤마다 시작되는 언니의 간증과 성경 말씀은 믿음이 없는 제 마음을 더 무겁게만 했고, '고난이 축복'이라는 말에는 화가 났습니다. 쌓아 놓은 큐티책은 도무지 무슨 말인지 모르겠어서 '얼른 다리가 나아서 이 집을 나가야겠다'는 생각만 했습니다.

그러나 거동조차 어려워 집에 묶여 있어야 하는 상황이었기에 언니가 주일 설교를 틀어 놓으면 꼼짝없이 들어야만 했습니다. 간혹 들리는 말에 혼자 울기도 했지만 지금껏 하나님 없이도 잘 살았다는 교만한 생각 때문에 쉽게 믿음이 생기지는 않았습니다. 그런데 언니 집에서 드리는 목장

예배에서 진솔한 나눔이 오고가는 모습을 보며 공동체의 힘을 느꼈습니다. 그렇게 안 간다고 떼쓰던 교회를 수술한 다리가 낫기도 전에 목발을 짚고 가게 되었습니다. 목사님의 설교 말씀을 통해 이 사건은 예수님이 부활하신 제 인생의 구원 사건임을 깨달았습니다.

주님을 영접하고 돌아온 그날 밤, 하나님은 제게 "네가 지금 여기에서 이러고 있을 때가 아니다. 어서 집으로 돌아가서 남편을 섬겨라" 하는 마음을 주셨습니다. 그러나 저는 남편의 술주정을 감당하고 살 자신이 없었습니다. 그러나 여호와의 영에 감동된 자는 악령에 사로잡힌 자를 구한다고 하셨는데(삼상 16:23), 하나님의 능력을 구하는 언니의 사랑으로 제가 얼마나 죄인인가를 깨닫게 하셨습니다. 술 못 끊는 남편을 마음속으로 얼마나 정죄하며 무시했는지 모릅니다. 남편은 술에 취해 제 목을 졸랐지만, 저는 남편이 술에 깨어 있을 때 가시 돋친 말들로 가슴을 졸이게 했습니다. 남편이 술을 끊을 수 있다는 것을 단 한 번도 믿어 준 적이 없었습니다.

저는 결국 말씀으로 용기를 얻어 45일여 만에 다시 집으로 돌아갔습니다. 이혼하고 평생 남편을 원망하며 여호와의 부리신 악령의 지배를 받으며(삼상 16:14) 살 뻔한 저인데 하나님이 함께하셔서 나 자신을 말씀으로 조명하게 해 주시니 남편에게 순종할 수 있게 되었습니다. 지금 우리 가정에는 찬송과 감사의 찬양이 울려 퍼지고 있습니다. 남편은 함께 교회에 출석하며 술 끊는 적용을 하고 온 가족이 기뻐하고 있습니다. 여호와의 영을 부으셔서 회개하게 해 주신 하나님, 사랑합니다.

말씀으로 기도하기

여호와의 영이 떠난 사울에게 하나님이 부리신 악령이 번뇌하게 합니다. 이처럼 여호와의 영이 없으면 악령이 지배합니다. 두려움과 번뇌 때문에 정신질환에 시달리고 주변 사람을 괴롭힙니다. 이런 병은 오직 회개로만 치유가 가능합니다. 회개는 성령이 임해야만 할 수 있습니다.

여호와의 영이 떠나면 악령의 지배를 받습니다(14-15절)

경쟁에서 지지 않기 위해 애쓰지만 내 뜻대로 되지 않으니 번뇌하다가 결국 각종 정신질환에 시달립니다. 그러나 모든 고통은 다 하나님께서 허락하신 범위 안에서만 이루어진다고 하시니 감사합니다. 지금이라도 불순종을 회개하고 악령으로부터 벗어나 성령에 사로잡힌 한 사람이 되기 원합니다. 지금은 죽을 것처럼 고통스럽더라도 하나님의 자녀는 죽지 않고 살 것을 믿습니다.

악령의 역사에서 벗어나는 길은 회개밖에 없습니다(16절)

사울은 자신의 증상을 치료하기 위해 세상적인 방법을 택합니다. 그러나 이는 근본적인 해결책이 아니요, 일시적일 뿐입니다. 사울의 증상은 그의 불순종의 죄 때문이니 회개만이 살길로 안내합니다. 그러나 인간은 성령의 도움 없이는 회개조차 할 수 없는 나약한 존재입니다. 그러니 성령님, 내가 죄를 통회하며 눈물로 회개할 수 있도록 도와주옵소서. 죄의 삯은 사망이요, 지금 나를 살릴 길은 회개밖에 없음을 믿습니다. 그럴 때 눌린 것들로부터 자유케 될 것을 믿습니다.

성령에 사로잡힌 한 사람이 악령 들린 사람을 살립니다(17-23절)

가정마다 꼭 사울 역할을 하는 사람이 있습니다. 악령에 사로잡혀 폭군이 되어 주변 사람을 괴롭히고 때로는 폭력을 일삼습니다. 다윗이 이스라엘의 왕이 되기 위해 사울의 괴롭힘이 필요했던 것처럼, 이 모든 과정이 구속사의 과정에 있음을 믿습니다. 다만 오늘 내가 다윗과 같이 성령에 사로잡힌 한 사람이 되어서 하나님께 기도하기 원합니다. 다윗이 수금을 탈 때 사울에게서 악령이 떠났던 것처럼, 찬양하고 부르짖어 눈물로 기도하기 원합니다. 그럴 때 우리 가정이 치료소가 되게 하여 주옵소서. 나의 사명을 잊지 않게 하여 주옵소서.

영혼의 기도

하나님 아버지, 이 땅에 차마 볼 수도, 들을 수도 없는 사연으로 가슴 아픈 인생을 사는 사람이 많습니다. 그들을 위해 날마다 눈물로 기도하지만, 아직도 해결 받지 못하고 고통의 길을 걷고 있습니다. 회개할 줄을 몰라서, 회개할 힘이 없어서 그렇습니다. 히스기야 한 사람이 회개함으로 온 이스라엘 백성이 고침을 받은 것처럼 믿는 우리가 기도하기를 원합니다. 지금껏 회개하지 않은 우리를 용서해 주옵소서. 지금이라도 회개하오니 우리 아픔을 고쳐 주옵소서.

아버지, 우울증과 강박증과 착란증과 알코올중독을 고쳐 주옵소서. 어떤 이들은 여호와의 영이 머물지 않는 가운데 악령이 들어서 가정을 깨트리고 폭력을 행사하면서 주변 사람들을 괴롭게 합니다. 이 악령은 오직 성령으로 고칠 수 있는 줄 믿사오니 우리가 성령의 감동을 입기 원합니다.

사울이 끝까지 돌아오지 않고 악령에 사로잡혀 고통당했다고 하니 가슴이 아픕니다. 이 땅 어딘가에도 사울처럼 회개하지 못하고 악령에 시달리고 있는 영혼이 있습니다. 진리의 성령이 우리 모든 가정과 영혼에 임하기를 원합니다. 우리에게는 말씀과 찬양과 예배와 눈물의 기도가 있사오니 이미 치유가 된 줄 믿습니다. 놀라운 치유의 순간을 놓치지 않도록 역사하여 주옵소서.

예수님 이름으로 기도합니다. 아멘.

Part 2.

천천 만만 사건이

인생에 끝없이

오고갑니다

03

두려워 주눅 들어도 믿음으로 물리칩니다

삼상 17:1-30

어느 집사님이 간증을 했는데, 사랑하는 남편이 결혼하자마자 술을 마시고 무자비하게 구타를 했다고 합니다. 얼마나 두려웠겠습니까? 함께 살고 싶지 않았을 것입니다. 그런데 그랬던 남편이 지금은 새사람이 되어서 교회에 나온다고 합니다. 두려움을 믿음으로 이긴 것입니다. 만약 그때 이혼했으면 어쩔 뻔했습니까? 이런 간증은 정말이지 들을 때마다 너무나 놀랍습니다.

우리들교회 홈페이지에도 이와 비슷한 사연이 올라왔습니다. 어느 자매가 어릴 때부터 성년이 되도록 오빠의 구타를 당하면서 자랐답니다. 때리는 이유도 별게 없습니다. 설거지 깨끗이 안 했다고 때리고, 싫은 내색을 했다고 때렸답니다. 닥치는 대로 발로 차고 무릎을 꿇리면서 마구 짓밟았는데, 한번 화를 내면 얼굴과 온몸과 눈동자까지 벌개져서는 자기 화를 참지 못하고 기절할 정도였답니다. 부모도 못 말렸답니다. 그때 오빠에게 들었던 인격을 손상시킬 정도의 막말들은 이 자매의 깊은 우울증과 낮은 자존감의 원인이 되었습니다. 지금도 조금만 큰소리가 나면 너무 놀라고 가슴이 두근거린다고 합니다. 사람이 이렇게 지속적으로 욕을 듣고 매를 맞으면 자기 비하에 빠지게 됩니다. 무기력증과 위축감, 대인관계 기피증, 불안, 강박이 생겨서 별 볼일 없는 인생이라는 생각이 자꾸 들게 되는 것입니다. 부모도 어찌하지 못하는 이런 고통에서 누가 이 자매를 도울 수 있었겠습니까? 그 시간이 얼마나 두려웠을까요?

누구에게나 그 크기는 달라도 간이 오그라들 정도로 불안하고 두려웠던 경험들이 한 번쯤은 있었을 것입니다. 사람 간의 갈등도 있었을 것이고, 질병의 고통, 가난의 고통 등 종류는 다양합니다. 그 경험들은 수십 년이 지나도 여전히 우리를 두렵게 할 수 있습니다. 두려움은 정말 끝이 없습니다. 무엇이 나를 두렵게 하고 있습니까? 이 두려움을 어떻게 이겨야 할까요?

두려워 주눅 들어 있다면 메뚜기 증후군입니다

1 블레셋 사람들이 그들의 군대를 모으고 싸우고자 하여 유다에 속한 소고에 모여 소고와 아세가 사이의 에베스담밈에 진 치매 2 사울과 이스라엘 사람들이 모여서 엘라 골짜기에 진 치고 블레셋 사람들을 대하여 전열을 벌였으니 3 블레셋 사람들은 이쪽 산에 섰고 이스라엘은 저쪽 산에 섰고 그 사이에는 골짜기가 있었더라 삼상 17:1-3

이스라엘 백성들은 세상 왕을 구하면 당장 외적의 침입에서 벗어나 잘 먹고 잘살 줄 알았습니다. 그래서 사울을 왕으로 세웠습니다. 그런데 지금 그들의 상황이 어떻습니까? 사울이 왕이 된 지 30여 년이 되었는데, 여전히 외적의 침입으로 골치를 썩습니다. 게다가 가장 강력하다는 블레셋 족속이 왔습니다. 그뿐입니까? 이제는 폭군 사울의 눈치까지 봐야 하니 상황이 더 안 좋아졌습니다. 돈이 좋아서 돈 많은 사람과 결혼했더니 돈은커녕 배우자의 외도와 폭력에 시달리는 인생을 살았다는 이야기와 비슷합니다.

그런데 지금 사울의 교만이 하늘을 찌르고 있습니다. 이스라엘이 블레셋 족속을 두 번이나 이겼기 때문입니다. 사무엘이 미스바 대각성 운동 때 한 번 이겼고, 자기 아들 요나단이 솔선수범하여 나갔을 때 이겼습니다. 오직 믿음으로 이긴 것이었습니다. 그런데 사울은 지금 자기가 이겼다고 착각하고 있습니다. 블레셋 군대가 쳐들어오는 것에 대해 별로 신경 쓸 일이 아니라 생각하는 것입니다.

블레셋이 진을 친 곳도 유다의 중심에서 수십 킬로미터 떨어진 먼 변방이었습니다. 그러니 사울도 까짓것 아무것도 아니라며, 엘라 골짜기에 방어진을 쳤습니다. 블레셋은 이스라엘에게 두 번이나 진 족속이라고 하면서 자신 있게 대응을 했습니다. 그런데 진을 치고 보니 블레셋이 전혀 생각지 못한 다른 전략을 들고 나왔습니다. 바로 '골리앗 전략'을 들고 온 것입니다. 이렇게 사탄은 머리가 좋아서 매번 다른 전략을 가지고 나옵니다. 믿음이 없으면 사탄보다 머리라도 좋아야 하는데 머리도 나쁘고 믿음도 좋지 않으면 맨날 질 수밖에 없습니다. 이 땅에 사탄보다 머리 좋은 사람은 없습니다. 우리가 오직 사탄을 이길 수 있는 길은 믿음뿐입니다. 믿음으로 싸워야만 이길 수 있습니다.

> 4 블레셋 사람들의 진영에서 싸움을 돋우는 자가 왔는데 그의 이름은 골리앗이요 가드 사람이라 그의 키는 여섯 규빗 한 뼘이요 5 머리에는 놋 투구를 썼고 몸에는 비늘 갑옷을 입었으니 그 갑옷의 무게가 놋 오천 세겔이며 6 그의 다리에는 놋 각반을 쳤고 어깨 사이에는 놋 단창을 메었으니 7 그 창 자루는 베틀 채 같고 창 날은 철 육백 세겔이며 방패 든 자가 앞서 행하더라 삼상 17:4-7

그 대단한 골리앗을 누구라고 소개합니까? 가드 사람이랍니다. 그저 어디선가 갑자기 툭 튀어나온 사람입니까? 그렇지 않습니다. 그 뿌리를 살펴보니 여호수아 시대로 거슬러 올라갑니다. 여호수아 11장 21-22절에 "그때에 여호수아가 가서 산지와 헤브론과 드빌과 아납과 유다 온 산지와 이스라엘의 온 산지에서 아낙 사람들을 멸절하고 그가 또 그들의 성읍들을 진멸하여 바쳤으므로 이스라엘 자손의 땅에는 아낙 사람들이 하나도 남지 아니하였고 가사와 가드와 아스돗에만 남았더라"라고 합니다. 알고 보니 여호수아가 진멸하고 남겨 놓았던, 몇 안 되던 아낙 사람 중에 태풍의 눈이 되어 등장한 사람이 골리앗이었습니다. 항상 남겨 두는 것이 문제입니다. 사울도 지난번 블레셋과의 싸움에서 다 이겨 놓고 추격하기를 그쳤습니다(삼상 14:46). 백성들이 자신을 인정하지 않고 요나단을 치켜세우니 기분이 나빠서 그랬습니다. 이는 요나단의 싸움인데 내가 끝까지 가서 이기면 뭐 하느냐고, 자기 감정에 빠져 이기적으로 일을 처리했습니다. 그러니 그때 남은 자가 오늘 다시 쳐들어온 것입니다. 악은 모양이라도 버려야 합니다. 술을 안 먹으려면 먹는 장소나 모임에 가지를 말아야 합니다.

그런데 아낙 자손 골리앗을 살펴보니 키가 여섯 규빗 한 뼘이라고 합니다. 3미터가 더 되는 크기입니다. 간혹 키가 2미터가 넘는 사람만 봐도 너무 커서 기가 질리는데, 3미터가 넘는다고 하면 얼마나 큰 것인지 상상조차 안 됩니다. 게다가 온몸을 갑옷으로 칭칭 감고 있습니다. 그 갑옷 무게가 놋 5천 세겔이라고 합니다. 70-80킬로그램 정도 되는 무게입니다. 요즘 제일 큰 쌀 한 포가 20킬로그램이니, 상상해 보세요. 힘이 장사입니다. 그뿐만이 아닙니다. 머리에는 놋 투구를 썼고, 다리에는 놋 각반을 쳤으며, 어깨 사이에는 놋 단창을 메었습니다. 그의 앞에는 방패를 들어 주는 방패막이가 있습니다. 이렇게 번쩍거리는 옷을 입은 자가 내 앞에 서 있으면 어떻겠습니까? 거인인 데다가 힘도 세고 무기도 완벽하고 사람 방패까지 있습니다. 외모만으로도 상대를 압도하고 있습니다.

8 그가 서서 이스라엘 군대를 향하여 외쳐 이르되 너희가 어찌하여 나와 서 전열을 벌였느냐 나는 블레셋 사람이 아니며 너희는 사울의 신복이 아니냐 너희는 한 사람을 택하여 내게로 내려보내라 9 그가 나와 싸워서 나를 죽이면 우리가 너희의 종이 되겠고 만일 내가 이겨 그를 죽이면 너희가 우리의 종이 되어 우리를 섬길 것이니라 10 그 블레셋 사람이 또 이르되 내가 오늘 이스라엘의 군대를 모욕하였으니 사람을 보내어 나와 더불

이 골리앗이 얼마나 이스라엘 군대를 향하여 조롱을 하고 욕을 해 대는지, 히스기야 때 랍사게가 이스라엘 백성을 조롱하고 욕하는 것과 비슷합니다.

역대기에 보면 히스기야가 종교개혁을 하고 유월절을 지키며 말씀대로 잘 살았는데, 그 후에 앗수르 산헤립이 쳐들어왔습니다. 그러나 이 전쟁은 하나님께 충성하고 난 후에 벌어진 일이었기 때문에 믿음으로 이길 수 있었습니다. 그런데 지금 블레셋이 싸움을 걸고 있는 이 상황은 어떻습니까? 하나님이 사울을 버리셨고 그 안에 악령이 들어갔습니다. 그러니 믿음의 눈으로 봤을 때 이 전쟁은 반드시 지는 전쟁 아닙니까? 결론적으로는 하나님께서 이스라엘을 사랑하셔서 은혜로 이기게 해 주셨지만, 지금 이 싸움을 걸고 있는 블레셋과 골리앗은 백성들에게 두려운 존재였습니다.

골리앗더러 싸움을 돋우는 자라고 합니다(4절). 그러고 보면 집집마다 이렇게 싸움을 돋우는 자가 있습니다. 어떤 집은 어머니가 그렇고, 어떤 집은 아버지가 그렇습니다. 또 어떤 집은 고모고, 어떤 집은 큰아버지입니다. 무슨 일만 하면 '나가서 싸워라, 싸워라!' 합니다. 이런 사람들의 특징은 그렇게 욕을 하면서 상대방의 자존심을 짓밟고 건드리는 것입니다. 좋은 소리도 한두 번이지, 이렇게 욕을 먹으면 사람이 가만있을 수 있습니까? 하다못해 식물을 키울 때도 '예쁘다, 예쁘다' 하면 쑥쑥 크지만, 욕을 하면서 키우면 금방 시든다고 합니다. 사람도 마찬가집니다. 너무 욕을 먹으면 기가 탁 막혀서 소화도 안 되고 잠도 못 잡니다. 면역력이 떨어져 살고 싶은 생각도 없어집니다. 사망이 역사를 하니까 모든 생명과 세포가 파괴되기 시작하여 병에 걸릴 확률도 높아집니다.

지금 이스라엘의 처지가 딱 그렇습니다. 기골이 장대하고 무시무시한 골리앗이 아침저녁으로 나와서 있는 욕 없는 욕을 해 대면서 조롱합니다. 예수님이 40일 동안 시험을 받으셨다고 하는데, 지금 골리앗이 40일 동안 그러고 있으니 이스라엘 입장도 난감하기 짝이 없습니다. 듣기 좋은 물소리도 잠깐 들으면 힐링이지만, 40일 밤낮으로 들으면 고문이랍니다. 이게 바로 블레셋이 새롭게 바꾼 전략입니다. 철제 무기를 가지고 힘으로 밀어붙이면 번번이 지니까 전략을 바꿔 골리앗을 앞세운 것입니다. 그러면서 일대일로 붙어 보자고 싸움을 거는 것입니다.

이 전략이 제대로 먹혔습니다. 이스라엘은 키와 용모를 보는 데는 아주 선수입니다. 그래서 사울을 왕으로 세웠다가 지금 이 꼴을 당하고 있지 않습니까? 그런데 골리앗은 어떻습니까? 사울 저리 가라 할 정도의 키와 외모를 가지고 있습니다. 그런 거인 앞에 자기들이 세운 왕이 꼭 메뚜기같이 느껴집니다. 그렇게 자랑스러웠던 자기들의 왕이 무지 초라하게 느껴지니까 스스로가 초라해 보이는 것입니다. 기가 질리고 위축감이 듭니다. 그런 위축감이 온 백성에게 전염이 되고 있습니다.

갈렙이 가나안 정탐을 마친 후 모세 앞에서 "우리가 곧 올라가서 그 땅을 취하자! 능히 이기리라" 했을 때 그와 함께 올라갔던 사람들이 뭐라고 했습니까? "우리는 능히 올라가서 그 백성을 치지 못하리라. 그들은 우리보다 강하다" 했습니다. 그 이유가 무엇입니까? "거기서 본 모든 백성은 신장이 장대한 자들이며, 거기서 네피림 후손인 아낙 자손의 거인들을 보았는데, 우리는 스스로 보기에도 메뚜기 같았다"라고 했습니다(민 13:30-33).

이것이 바로 '메뚜기 증후군'입니다. 사울과 백성들에게 메뚜기 증후군이 생겼습니다. 우리에게 이런 증상은 없습니까? 세상은 골리앗처럼 모든 것을 갖추어 입고 학벌로, 재력으로, 권세로 자기 자랑을 해 댑니다. 내가 얼마나 고생하고 수고해서 이것을 얻었는지 아느냐고, 내가 부자가 거저 된 줄 아느냐고 큰소리를 떵떵 칩니다. "피나는 노력을 해서 내가 이 법복을 입었고 의사 가운을 입었다. 그래서 나를 위해 방패 들어 주는 사람도 있다. 이런 나를 네까짓 것이 어찌할 수 있겠느냐! 어디 한번 할 수 있겠으면 죽여 보라"면서 조롱합니다. "네가 나보다 돈 잘 버느냐? 돈 벌어 갖다 놓고 이야기하라"고 합니다. "네가 나보다 더 잘 벌면 그때 내가 네 종 하겠다"고 합니다. "그 전에 너는 내 종이다. 너는 실패자다"라고 합니다. "예수 믿어서 네가 잘된 일이 뭐냐? 악신이나 들리고 병에나 걸렸지 네가 된 것이 뭐냐?"고 합니다. "네가 공부를 잘했냐, 돈을 잘 벌기를 하냐, 건강하기를 하냐, 자식이 잘되기를 했냐?" 하고 물으면 우리는 그 앞에서 기가 막혀서 할 말이 딱 없어지고 살기가 싫어지는 것입니다. 사망이 역사하는 것입니다.

골리앗 같은 상사가 아침저녁으로 괴롭히고 욕을 해 댑니까? 하루 이틀도 아니고 매일같이 무시하고 골탕을 먹입니까? "어디 한번 대들 테면 대들어 보라"면서, "그래 봐야 잘리기밖에 더하겠느냐"면서 목을 쥐고 흔듭니까? 많은 직장인이 사표를 가슴에 품고 출근을 한다고 하는데, 그 심정이 지금 골리앗을 대면하고 있는 이스라엘의 처지와 다를 것이 없습니다. 그뿐입니까? 결혼을 하고 나니 배우자가 골리앗이 됐습니다. 시댁 식구, 처가 식구들이 골리앗이 되어서는 조금 잘난 것을 자랑하면서 그렇게 괄시를 합니다. 며느리들은 전화 너머 들리는 시어머니의 "나다" 한마디만 들어도, 사위들은 장모님의 "날세" 한마디만 들어도 메뚜기 증후군 증상이 나타나면서 그렇게 떨리고 위축감이 든다고 합니다. 어떤 사람들은 병원 처방까지 받을 정도로 이 두려움이 해결이 안 된다고 합니다. 배우자 집안보다 우리 집안이 조금만 못하면 그게 피해의식이 되어서는 위축감과 두려움, 부러움이 혼합된 이상한 감정을 겪으면서 '돈이 좋긴 하네. 권세가 좋긴 하네. 우리 집안이 돈만 많았어도 저놈의 집안 기를 확 눌러 줄 텐데' 하는 생각을 합니다.

사울이 그랬습니다. 자기 아들도 아끼지 않고 죽이려 했던 사람이 골리앗 앞에서는 한마디를 못합니다. 강자 앞에서는 얼마나 약한지 모릅니다. 그러니 백성들이야 오죽하겠습니까? 자기 왕을 닮아서는 골리앗 앞에서 다 벙어리가 되어 아무 말도 못 합니다. 악어 비늘 밑에 기생하는 물고기처럼 무서워 덜덜 떨고만 있습니다. 무찔러 싸워야 할 골리앗 앞에서 이렇게 무기력한 모습을 보이는 것입니다.

어떤 분이 간증을 했는데, 남편이 그렇게 핍박하면서 하는 말이 "예수가 밥 먹여 주냐? 그러지 말고 차라리 돈 벌어다 주는 나를 믿어라" 하더랍니다. 그러면서 "내가 나중에 세계일주 시켜 줄 테니 교회 그만 가고 일요일에 나랑 골프나 치러 가자" 하더랍니다. 처음에는 남편이 골리앗 같아서 두려운 마음에 따라갔는데, 이게 한 번이 되고 두 번이 되다 보니 교회 가는 것보다 골프 치는 게 재미있어졌답니다. "교회 가서 지질한 이야기는 이제 듣기도 싫더라"는 나눔을 했습니다. 이게 바로 골리앗 전략입니다.

우리에게는 저마다 메뚜기 증후군이 있습니다. 학벌에 외모에 재력에 권력까지 갖춘 골리앗 같은 사람이 앞에 있으면 숨이 딱 막히면서 간이 오그라들고 기가 막혀 싸우지도 못합니다. 그런데 더 재미있는 것은, 그런 사람이 나에게 손짓 한 번 하면 황송해서 금세 그의 노예가 된다는 것입니다. 그렇지 않습니까? 뒤에서는 가까이 가지도 못하는 사람 험담을 그렇게 하면서, 정작 그가 나한테 해 주는 손짓 한 번에 다 넘어가잖아요. 우리는 이렇게 쉽게 죄의 종이 될 준비를 하고 있습니다. 평소 무섭고 두려운 사람이 갑자기 우리에게 잘해 주면 안 넘어갈 자가 없습니다. 그리고 보면 이 골리앗 전략은 블레셋이 아주 머리를 잘 쓴, 너무도 잘 짠 전략입니다.

어떤 분은 맨날 사랑한다고, 예쁘다고 그렇게 달콤하게 이야기하는 남자에게 넘어가서 덜컥 불신결혼을 했다고 합니다. 때리고 욕하는 것도 무섭지만 이렇게 설레는 말 한마디가 얼마나 무서운 것인지 모릅니다. 골리앗보다도 더 무섭습니다. 생각해 보세요. 40일 밤낮으로 당신만을 사랑한다고 속삭이는데 그걸 뿌리칠 재간이 있습니까? 그런데 그렇게 해서 결혼을 했더니 잡아 놓은 물고기에는 밥을 안 준다면서 사람이 입을 꾹 닫더랍니다. 그런데 그것으로 끝이 아닙니다. 다른 여자들에게 가서도 그렇게 사랑한다고 속삭이더랍니다.

역대하 36장 마지막에 이스라엘이 포로에서 해방이 됩니다. 그 과정에서 굉장히 폭력적이었던 바벨론 왕 느부갓네살도 등장하고, 그들을 해방시켜 준 왕 고레스도 등장합니다. 그런데 이 두 인물이 누구는 나쁘고 누구는 좋을 수 있습니까? 나에게 폭력을 행했으니 느부갓네살은 나쁘고 나를 해방해 주었으니 고레스는 좋은 왕입니까? 그렇지 않습니다. 이두 왕 모두 이스라엘의 구원을 위해 하나님께서 허락하신 인물들입니다. 그저 하나님이 한 사람에게는 나쁜 역할, 다른 한 사람에게는 좋은 역할을 준 것뿐입니다. 두 왕 다 하나님을 안 믿습니다. 중요한 것은 그 환경 가운데에 선지자를 부지런히 보내 주셔서 말씀을 응하게 하려는 것이 하나님의 목적인 것입니다.

우리의 구원을 위해 주어지는 역할들이 있습니다. 느부갓네살 역할이 있고, 고레스 역할이 있습니다. 악한 친정아버지 역할도 있고, 너무나 좋은 시아버지 역할도 있습니다. 악한 엄마 역할도 있고, 좋은 장모님 역할도 있습니다. 그저 주어지는 역할일 뿐입니다. 이 사람이 나에게 잘해 줬다고 기대할 것도 없고, 해코지했다고 저주할 것도 없다는 것입니다. 결국 예수 안 믿으면 다 똑같습니다. 복음을 전해야 할 대상일 뿐입니다.

하나님은 우리를 구원하시기 위해, 말씀이 들어가게 하시기 위해 이런 저런 환경을 주십니다. 우리를 향한 하나님의 목적은 오로지 구원입니다. 그런데 우리는 그 구원은 못 보고, 하나님이 내 구원을 위해 묶어준 역할들을 날마다 좋아하고 싫어하고 미워하고 두려워하고 부러워하다가 인생을 다 보냅니다. 너무 싫어서, 너무 좋아서 숨이 안 쉬어지는 메뚜기 증후군에 매여 있습니다. 만약 지금 나를 숨 쉬지 못하게 하는 사람을 품고 있다면 오늘 내려놓기를 바랍니다.

이렇게 말하면 어떤 사람은 "그게 그렇게 쉽게 내려놓아집니까?" 할지 모르겠습니다. 그래서 우리가 내려놓게 해 달라고 기도하지 않습니까? 우리 인생에 이런 환경도 주시고 저런 환경도 주시는 하나님을 보기 바랍니다. 부지런히 보내 주시는 선지자의 말씀을 듣고 말씀이 응하는 인생이 되기를 바랍니다.

+ 환경이 바뀔 때마다 놀라서 주눅부터 듭니까? 누구를 보고 위축이 됩니까? 어떤 사건에서 자신감이 바닥이 되지는 않습니까?
+ 보기만 해도 너무 두려워서, 혹은 너무 좋아서 숨이 안 쉬어지는 사람이 있습니까?

믿음의 한 사람이 두려움을 물리칩니다

11 사울과 온 이스라엘이 블레셋 사람의 이 말을 듣고 놀라 크게 두려워하니라 12 다윗은 유다 베들레헴 에브랏 사람 이새라 하는 사람의 아들이었는데 이새는 사울 당시 사람 중에 나이가 많아 늙은 사람으로서 여덟 아들이 있는 중 13 그 장성한 세 아들은 사울을 따라 싸움에 나갔으니 싸움에 나간 세 아들들의 이름은 장자 엘리압이요 그 다음은 아비나답이요 셋째는 삼마며 14 다윗은 막내라 장성한 세 사람은 사울을 따랐고 15 다윗은 사울에게로 왕래하며 베들레헴에서 그의 아버지의 양을 칠 때에 16 그 블레셋 사람이 사십 일을 조석으로 나와서 몸을 나타내었더라 17 이새가

그의 아들 다윗에게 이르되 지금 네 형들을 위하여 이 볶은 곡식 한 에바와 이 떡 열 덩이를 가지고 진영으로 속히 가서 네 형들에게 주고 18 이 치즈 열 덩이를 가져다가 그들의 천부장에게 주고 네 형들의 안부를 살피고 증표를 가져오라 19 그 때에 사울과 그들과 이스라엘 모든 사람들은 엘라 골짜기에서 블레셋 사람들과 싸우는 중이더라 삼상 17:11-19

하나님은 목자 없는 이스라엘을 긍휼히 여기십니다. 악령 든 사울보다 백성을 더 사랑하시기 때문에 그 절절한 사랑으로 이스라엘을 또 이끌고 가십니다. 그래서 사울이 골리앗 앞에서 너무나 떨고 있는 이때에 성령으로 준비된 다윗을 등장시키십니다.

앞 절에 골리앗이 이스라엘 군대를 향해서 뭐라고 했습니까? "너희는 한 사람을 택하여 내게로 보내라. 내가 그와 싸워서 그가 이기면 내가 너희의 종이 되겠다!" 했습니다. 그런데 집집마다 그 한 사람이 없습니다. 이스라엘 모든 백성 중에서 그들을 구원할 한 사람, 싸우러 나갈 한 사람이 없습니다. 세상을 너무 좋아해서, 다 메뚜기 증후군에 걸려서 나가지를 못합니다. 그래서 다들 망하게 생겼습니다.

그런데 40일 동안 욕을 먹고 지칠 대로 지쳐 아무도 구원자로 나서지 못하는 이때, 다윗이 나타났습니다. 다윗은 바로 이럴 때 나타나야 합니다. 여기 나타난 다윗은 아버지도, 형제도, 누구도 인정해 주지 않은 사람입니다. 사무엘이 와서 기름까지 부었는데도 아무도 그를 알아주지 않았습니다. 우리도 그렇습니다. 내가 아무리 예수 믿는다 한들 누가 알아줍니까? 그것이 나와 무슨 상관이냐고 하지 않습니까? 우리 인생에서 주인공은 늘 사울 같은 사람입니다. 그런 사울에게 부름받아 전장까지 가게 된 형들도 엘리트 같고 너무나 훌륭하게 느껴집니다. 그들은 인물도 준수하고 학벌도 좋습니다. 그런데 다윗은 스펙도 떨어지고 전쟁에 나갈 수도 없는 아주 뒤떨어지는 사람입니다. 아무도 다윗이 죽든 말든 상관하지 않습니다.

사무엘상 17장 17-18절에 보면 이 위험한 전시 상황에 이새는 막내아들 다윗더러 "형들에게 볶은 곡식 한 에바와 떡 열 덩이를 가져다주라"고 심부름을 보냅니다. 그러면서 천부장에게 건네줄 뇌물로 치즈 열 덩이까지 쥐어 주고 그걸 전해 주면서 형들의 안부를 살피고 증표를 가져오라고 합니다. 행여나 다윗이 전장까지 가다가 음식을 중간에 먹기라도 할까 봐 증표를 가져오라고 시키는 것입니다. 다윗을 너무나 우습게 보았습니다. 게다가 이 음식들이 엄청 무거울 텐데 그걸 혼자 다 들고 가라니요. 또 전장에 맨몸으로 가다가 죽어도 상관없다는 것입니까? 보통은 그런 험한 곳에 가지 않기를 바라는 것이 부모의 마음 아닙니까?

이렇게 인정받지 못했던 다윗입니다. 죽든 살든 상관이 없는 삶이었습니다. 저는 이 본문을 읽을 때면 그렇게 눈물이 납니다. 제가 그런 삶을 살아서 그렇습니다. 저는 죽든 살든 아무도 상관하지 않는, 아무도 관심 주지 않는 인생을 살았습니다. 한번은 가족들이 하도 내게 관심이 없는 것 같아서 일부러 밖에서 시간을 보내다가 한밤중에 집에 들어간 적이 있습니다. 그런데 누구도 내가 집에 안 온 것을 알아챈 사람이 없었습니다. 과거에 딸부자 집 막내딸 처지라는 것이 그랬습니다. 아무도 원치 않았던 잉태요, 탄생이었던 것입니다. 저 많은 짐을 짊어지고 형들이 있는 전장으로 가야 하는 다윗의 마음이, 증표를 받아 오라는 아버지의 신신당부를 들어야 하는 다윗의 심정이 너무나 이해가 됩니다.

그런데 그렇게 고생한 자식이 나중에 잘된다는 걸 잊지 마시기 바랍니다. 정말 그 말이 맞는 것 같습니다. 자식이든 가족이든 이웃이든 지금 별 것 아닌 것 같다고 핍박하고 무시하면 안 됩니다. 다윗은 주인공이 되려야 될 수 없는 사람이었습니다. 심부름이나 하는 막내였습니다. 이스라엘이 골리앗에게 40일 밤낮으로 갖은 욕을 다 먹고 있을 때 아무도 다윗을 보지 않았습니다. 그가 정말 대단한 사람인 줄 누구도 몰랐습니다.

만약 제가 지금 이렇게 우리들교회 성도들 앞에서 말씀을 전하고 생명을 살리는 목사가 될 줄 알았다면 그 시절 제 남편과 시어머니가 저를 그렇게 괄시했겠습니까? 몰랐으니까 그렇게 핍박을 했겠지요. 주저앉아 걸레질이나 하고 있으니 그렇게만 본 것입니다. 만약 지금 천국에서 저를 본다면 뭐라고 할까요? 천국에서 다시 만나면 어떤 표정으로 제게 인사를 할지 저는 그게 정말 궁금합니다. 그러니 우리 옆에 별것 아닌 것 같고 무시되는 사람이 있으면 마음을 고쳐먹기 바랍니다. 함께 예수 믿는, 기름부음 받은 사람이라는 것을 잊지 말고 섬기고 존대하기를 바랍니다.

아버지로부터 이런 기가 막힌 명령을 들었다면 나는 주워 온 자식이냐고 따질 법도 한데 다윗은 그러지 않았습니다. 도리어 기쁘게 순종했다고 합니다.

다윗이 아침에 일찍이 일어나서 양을 양지키는 자에게 맡기고 이새가 명령한 대로 가지고 가서 진영에 이른즉 마침 군대가 전장에 나와서 싸우려 다윗이 아침에 일찍이 일어나서 아버지의 명령에 즉시 순종합니다. 성령의 사람은 어떤 명령이라도 기쁘게 순종합니다. 양은 양 지키는 자에게 맡겼다고 합니다. 먼 길 떠난다고 자기 양을 버리지 않습니다. 책임감이 투철합니다. 그러니까 우리도 선교 간다고 집안 식구들을 다 내버려 두고 가면 안 됩니다. 이렇게 순종하는 사람은 위기가 올수록 빛을 발합니다.

사울은 어땠습니까? 기름부음 받은 후 처음 1년만 겸손했고, 나머지 39년을 교만하다가 결국 악령까지 들어왔습니다. 그런데 다윗은 기름부음 받고 계속 양을 치면서도 기뻐했습니다. 아무도 자신을 인정해 주지 않아도, 달라진 것 하나 없어도 기쁨으로 아버지의 명령에 순종했습니다. 이것이 성령의 기름부음 받은 사람의 모습입니다. 성령과 겸손은 떼려야 뗄 수 없습니다. 믿음과 겸손도 그렇습니다.

교만한 사람은 성령, 믿음과 거리가 멉니다. 교만한 사람이 세상에만 있습니까? 교회에도 있습니다. 어떤 목사는 '감히 목사에게!' 이런 생각을 하면서 목을 빳빳이 세우는데, 그래서는 안 됩니다. 목자나 목사가 권세입니까? 그저 주의 종입니다. 주의 종이 자기 권세를 부리면 그것이 악령 들린 사람입니다. 그런데 다윗처럼 성령이 임해서 순종을 잘하면 '때마침' 사건이 옵니다. 다윗도 아버지 말씀에 순종해서 전장으로 갔더니 때마침 적군이 나와서 싸우라고 고함칩니다. 하나님의 시간이 때마침 다가온 것입니다.

21 이스라엘과 블레셋 사람들이 전열을 벌이고 양군이 서로 대치하였더라 22 다윗이 자기의 짐을 짐 지키는 자의 손에 맡기고 군대로 달려가서 형들에게 문안하고 삼상 17:21-22

다윗은 블레셋 사람이 이스라엘 군대와 하나님을 모욕하는 소리를 들었습니다. 그는 사명감에 불타 뛰어가면서 형들에게 안부합니다. 그런데 여기서 중요한 대목이 자기 짐을 짐 지키는 자에게 맡겼다는 것입니다. 성령의 사람은 밤낮 기도만 하고 봉사한다고 하면서 자기 할 일을 내팽개쳐 놓는 사람이 아니라는 것입니다. 이것은 아무리 강조해도 지나치지 않습니다. 지금 다윗이 여기까지 온 진짜 이유가 무엇입니까? 형들에게 떡 주러 온 것입니다. 천부장에게 치즈 주고 증표도 받아 가야 합니다. 그걸 잊어버리면 안 됩니다.

그들과 함께 말할 때에 마침 블레셋 사람의 싸움 돋우는 가드 사람 골리앗이라 하는 자가 그 전열에서 나와서 전과 같은 말을 하매 다윗이 들으니라 삼상 17:23

어떤 사람은 술에 취하면 한 말 또 하고 또 한다는데, 이것은 사탄의 특징입니다. 골리앗도 같은 말을, 입에 담을 수 없는 저주의 말을 40일 동안 주야로 반복해서 말하고 또 합니다.

24 이스라엘 모든 사람이 그 사람을 보고 심히 두려워하여 그 앞에서 도

망하며 25 이스라엘 사람들이 이르되 너희가 이 올라 온 사람을 보았느냐 참으로 이스라엘을 모욕하러 왔도다 그를 죽이는 사람은 왕이 많은 재물로 부하게 하고 그의 딸을 그에게 주고 그 아버지의 집을 이스라엘 중에서 세금을 면제하게 하시리라 삼상 17:24-25

결국 이스라엘 사람들이 늘 듣던 저주의 말을 또 듣다가 심히 두려워하여 골리앗 앞에서 도망칩니다. 위기가 온 것입니다. 그래서 사울이 세 가지 상금을 걸고 골리앗 죽일 사람을 모집합니다. 재물과 딸과 세금 면제 혜택을 준답니다. 그런데도 자원하는 사람이 없습니다. 지금 돈이 문제입니까? 이때 필요한 것은 돈이 아닙니다. 세금 면제 혜택 같은 것이 아닙니다. 지금 골리앗 앞에 설 사람은 신앙이 있는 사람입니다. 신앙이 제일 필요할 때인 것입니다.

역대하 34장에서 여선지자 훌다가 유월절을 너무나 잘 지키고 있는 성군 요시야를 격려하지 않고, 오히려 이 백성이 망한다고 저주했습니다. 진짜로 유다가 B.C. 586년에 망하였으니 훌다의 말대로 됐습니다. 하지만 요시야는 역시 성군이었기에 훌다의 말을 듣고도 그를 욕하거나 죽이지 않았습니다. 오히려 옷을 찢고 통곡했습니다. 말씀이 제일 좋은 격려입니다. '잘될 거야', '이길 거야', '붙을 거야' 하는 피상적인 격려는 일시적인 위로는 되겠지만, 영원한 위로가 되지는 않습니다.

지금 사울이 상금을 내건 것은 피상적인 격려입니다. 그는 악령이 들어서 세상의 환심만 사려고 상금을 내겁니다. "너 골리앗이랑 싸워서 이기면 내가 돈 줄게. 딸도 줄게. 세금도 면제해 줄게" 하는 것입니다. 그렇지만 지금은 나라를 준다고 해도 나설 사람이 없을 만큼 위중한 상황입니다. 암이 말기인데 상금이 무슨 소용이 있겠습니까? 지금 내가 딱 죽게 생겼는데 돈을 주고 딸을 주고 세금 면제해 주는 것이 무슨 상관이 있겠습니까? 이때는 영생을 알려 줘야 합니다. '세상은 일시적인 곳이다. 이 세상은 곧 망할 것이다'라는 사실을 알려야 합니다.

제가 남편 죽기 전 그 긴박한 상황에서 "회개하고 천국가야 한다"고 복음을 전하지 않았다면 어떻게 되었겠습니까? 남편에게 "당신은 나을 거예요, 당신은 절대로 죽지 않으니 희망을 가져요"라고만 했다면 어떻게 되었겠습니까? 그러나 제가 "회개하고 천국 가야 해요" 하고 말해 줘서 남편은 영생의 복을 받고 천국에 갔음을 믿습니다. 그것을 믿기에 저는 지금 이렇게 기쁘게 사역을 합니다. 정말 긴박한 세 시간이었습니다. 생각할수록 기적입니다.

이처럼 무조건 격려하는 것이 좋은 것이 아닙니다. 격려 정도로는 안 되는 정말 심각한 상황이 있다는 것을 알아야 합니다. 이 중요한 사실을 이스라엘 모든 백성 중에서 오직 다윗만 알고 있었습니다. 아무리 싸움 돋우는 골리앗이 쳐들어와도 이런 다윗이 있으면 승리합니다. 어떤 사람이 승리합니까? 다윗처럼 생활예배 잘 드리고 일상생활에서 자기 일 잘하는 사람이 제일 무서운 실력자입니다. 매일 기도원에 가서 기도한다는 핑계로 아무것도 안 돌보는 사람이 아니라, 언제나 지혜롭게, 생활예배를 여전한 방식으로 잘 드리는 사람이 정말 실력 있는 사람입니다.

아무리 골리앗 같은 사람이 저주의 말을 하고 또 해도 이 말을 누가 듣는가가 중요합니다. 예수님의 조상, 다윗이 이 말을 듣게 되니까 문제가 해결됩니다. 예수님을 사랑하는 그 한 사람이 드니 상황이 달라지는 것입니다. 그러니 우리가 어제 들었던 조롱을 오늘 또 들어도 내가 예수를 믿는다면 더 이상 그 조롱은 나를 어떻게 하지 못합니다. 이제부터나는 환경의 지배를 받지 않게 되는 것입니다. 똑같이 욕을 들어도 이기는 것입니다. 저도 남편이 그렇게 무서웠는데 거듭나고 나니까 무섭지 않았습니다. 이혼 안 당하려고 사는 것이 아닙니다. 죽으면 죽으리라 하는 마음이 되었습니다.

결국 나에게 문제가 있습니다. 내가 거듭나지 않으면 들을 귀가 없습니다. 골리앗을 통해서도 하나님 말씀을 들어야 합니다. 아무리 힘든 조롱의 말을 통해서도 거기에 담긴 주님의 말씀을 들을 수 있어야 합니다.

> 다윗이 곁에 서 있는 사람들에게 말하여 이르되 이 블레셋 사람을 죽여 이스라엘의 치욕을 제거하는 사람에게는 어떠한 대우를 하겠느냐 이 할례 받지 않은 블레셋 사람이 누구이기에 살아 계시는 하나님의 군대를 모욕하겠느냐 삼상 17:26

아무도 말 못 하는 이때에 다윗이 "이 할례 받지 않은 블레셋 사람이 누군데 하나님의 군대를 모욕하느냐?" 하면서 나섭니다. 결국 다윗 앞에 골리앗이 무너졌습니다. 세상의 모든 전쟁은 믿음으로 이기는 것이지 군사력으로 이기는 것이 아닙니다. 내 인생에 어떤 골리앗이든지 할례 받지 않은 블레셋 사람에 불과하다는 것을 알아야 합니다.

+ 집안이나 교회, 직장에서 외모가 시원찮은 지체를 무시하고 있지는 않습니까?

+ 예배 때나 큐티할 때마다 하나님께서 내게 하고 또 하시는 말씀은 무엇입니까?

맏형 증후군 때문에 싸움 대상을 잘못 짚습니다

28 큰형 엘리압이 다윗이 사람들에게 하는 말을 들은지라 그가 다윗에게 노를 발하여 이르되 네가 어찌하여 이리로 내려왔느냐 들에 있는 양들을 누구에게 맡겼느냐 나는 네 교만과 네 마음의 완악함을 아노니 네가 전쟁을 구경하러 왔도다 29 다윗이 이르되 내가 무엇을 하였나이까 어찌 이유가 없으리이까 하고 30 돌아서서 다른 사람을 향하여 전과 같이 말하매 백성이 전과 같이 대답하니라 삼상 17:28-30

엘리압이 시기 질투로 더 무섭고 완악하고 교만하게 다윗을 비난합니다. 지금 이 위기의 상황에서 형제끼리 하나가 되어도 모자란데, "양치기 주제에 여기에는 왜 왔느냐? 양들은 다 어쩌고 네가 여기에 왔느냐?"고 비아냥거립니다. 다윗을 업신여기는 것입니다.

이때 다윗은 화가 날 만도 한데 감정을 잘 조절하면서 "제가 왜 왔겠어요. 다 이유가 있어서 왔지요" 합니다. 그리고 시선을 딱 돌이켜 백성을 쳐다봅니다. 놀랍지 않습니까? 지금 다윗은 그 짧은 시간에 자기 지체를 만들어 놓은 것입니다. 그들에게 전과 같이 말하고, 또 그 백성들도 전과 같이 대답했다고 합니다.

우리는 쓸데없는 분쟁에 휘말리지 말아야 합니다. 큰 전쟁을 이기기 위해서 식구들과의 싸움은 다 양보하고 시선을 대적에게로 돌이켜야 합니다. 또한 주의 영이 임한 사람은 어린아이든 누구든 상관없이 하나님이 쓰시는 사람이라는 사실을 기억해야 합니다. 지금 여기에서 제일 어린 다윗이 이스라엘 전체에서 쓰임을 받고 있지 않습니까?

초등학교 3학년 학생이 큐티캠프에서 이런 간증을 했습니다.

"저의 고난은 부모님 이혼과 아빠에게 여자 친구가 있는 것입니다. 부모님은 제가 네 살 때 이혼하셨습니다. 하지만 저는 일곱 살까지 그 사실을 몰랐습니다. 아빠의 일 문제로 같이 살지 못한다고만 생각했습니다. 아빠는 그 무렵까지는 자주 집에 오셨습니다.

그런데 제가 초등학교 1학년 때, 이모가 엄마와 아빠가 이혼했다고 말했습니다. 저는 이모에게 화를 내면서 그럴 리가 없다고 소리쳤는데, 그날 엄마와 큐티하면서 이모의 말이 사실이라는 것을 알게 되었습니다. 그렇지만 저는 친구들이 그 사실을 알게 되는 것이 싫었습니다. 학교에서 친구들이 아빠와 함께 놀았다고 하면 나도 똑같이 아빠와 놀았다고 거짓말을 했습니다. 왠지 친구들에게 지는 것 같아서 우리 집에 있는 모든 자랑거리들을 가지고 가서 자랑을 했습니다.

제가 초등학교에 들어간 후 아빠는 아예 집에 오시지 않았습니다. 전화도 없었습니다. 저는 그런 아빠가 미워졌습니다. 엄마가 먼저 아빠에게 안부

전화를 하라고 했지만 하기 싫었습니다. 그런데 엄마는 아빠가 하나님을 몰라서 아빠 마음대로 하는 것이라고, 아빠가 우리 가족을 위해서 수고하고 있다고, 아빠가 하나님을 믿게 해 달라고 기도하라고 하셨습니다.

엄마 말대로 기도했지만 아빠는 더 연락이 뜸해졌습니다. 2학년 때는 제 생일에 전화라도 해 주었는데, 3학년이 되고 나니 그마저도 잊어버렸는지 연락이 없었습니다. 버림받은 것 같은 기분이 들었습니다. 내가 너무 불쌍하다는 생각이 들어 슬펐고, 하나님도 없는 것 같았습니다. 외할머니, 이모, 이모부가 잘해 주시고 선물도 많이 사 주셨지만 기쁘지 않았습니다. 입맛도 없어서 밥도 제대로 먹지 못했습니다.

그런데 생일 전날 목사님과 전도사님께서 심방을 오셨습니다. 그러면서 비록 세상 아빠와는 떨어져 지내지만 하나님 아버지가 방문해 주시는 사건이라고, 이것이 하나님의 생일 선물이라고 말씀해 주셨습니다. 그러면서 목사님도 저와 비슷한 고난이 있었다는 이야기를 해 주셨는데, 참 위로가 되었습니다. 정말 신기하게 목사님과 전도사님이 다녀가신 뒤로 하나님이 나를 사랑하신다는 생각이 들어서 그 뒤로는 자신감이 생겨 찬양도 신이 나서 부르고 학교에서 발표도 잘하게 되었습니다.

아빠가 방학에 여자 친구와 함께 저를 데리러 왔습니다. 저는 아빠가 그 여자와 결혼하면 어쩌나 걱정이 되었습니다. 영영 집으로 돌아오지 않을 것 같아 불안한 마음에 힘들었습니다. 그러다가 큐티캠프에서 나 같은 친구들이 있다는 것을 알게 되어 위로가 되었습니다. 히스기야 왕은 병에 걸려 죽게 되었을 때 하나님께 회개하고 눈물의 기도를 하니 살려주셨는데, 우리 아빠는 하나님을 알지 못하여 죄만 짓고 회개기도를 하지 못해 천국에

못갈 것 같아 두렵고 불쌍하여 눈물이 났습니다. 저와 아빠의 구원을 위해 같이 기도해 주신 목사님, 선생님들께 진심으로 감사합니다.

또 엄마가 저에게 이혼으로 상처를 주었다고 항상 미안해하시는데, 저는 엄마가 더 이상 미안해하지 않았으면 좋겠습니다. 왜냐하면 저는 교회 오는 게 너무 좋기 때문입니다. 제가 제일 좋아하는 교회에 올 수 있게 해 준 엄마에게 너무 감사하기 때문입니다. 간증하는 것은 하나님이 나를 지명하여 불러 주시는 축복이라고 엄마가 가르쳐 주셨습니다. 간증하게 하신 하나님, 감사합니다."

초등학교 3학년 아이가 온 집안의 문제를 다 해석하고 있습니다. 아빠의 여자 친구 문제까지 해석하고 있습니다. 얼마나 두렵겠습니까? 그런데도 아빠를 미워하지 않고, 그 여자 친구를 미워하지 않고 이렇게 해석하니 하나님께서 이 아이의 간절한 기도를 꼭 들어주시면 좋겠습니다. 도대체 무슨 영화를 보겠다고 자녀에게 이런 상처를 줍니까? 그렇지만 이렇게 말씀이 있으면 중학생이든 초등학생이든 부모의 사건을 자기가 해석하고 기도합니다. 저는 이 아이가 다윗처럼 온 집안을 구하는 한 사람이 될 것이라고 믿습니다.

온 집안과 백성을 구원하는 한 사람이 되려면 싸움의 대상을 바로 알아야 합니다. 엘리압은 다윗과는 싸우면서 골리앗과는 싸우지 못했습니다. 그런데 다윗은 가족 누구와도 안 싸우고 골리앗하고만 싸웠습니다. 지금 내 싸움의 대상이 누구입니까? 싸움의 대상을 알게 해 달라고 기도하십시오. 믿는 우리가 하나 되기 위해 기도해야지 충돌하고 싸우면 되겠습니까? 내가 너무 연약하여 사람들이 인정해 주지 않더라도 여전한 방식으로 생활예배 잘 드리면서 모든 두려움을 믿음으로 이길 수 있기를 기도하십시오. 내가 이기는 것을 보고 온 나라가 살아나는 것 보기를 기도하십시오. 우리 아이들을 그런 믿음으로 키울 수 있기를, 아이들에게 본이 되는 부모가 되기를 기도하기 바랍니다.

+ 누구를 이기려고 그렇게 열심히 싸우고 있습니까?
+ 무엇이 두려워서 메뚜기처럼 주눅이 들어 있습니까?

어릴 적, 아버지의 술과 노름에 지친 엄마가 자살하면서 가정이 산산조각이 났습니다. 아버지는 객사하셨고, 우리 4남매는 친척 집과 남의 집으로 뿔뿔이 흩어져 생활해야 했습니다.

그러다가 모태신앙인 아내를 만나 신결혼했습니다. 저는 열심히만 살면 되는 줄 알았는데, 그동안 아내가 병들어 가는 줄을 몰랐습니다. 아내는 녹내장에 걸려 실명의 두려움 속에서 살고 있었습니다. 자식이 없어 늘 외로워했고, 밤에는 못 마시는 소주를 두 병이나 마셔야 잠을 잘 수 있었습니다. 그런데도 저는 아내가 울면서 아프다고 하면 병원에 가 보라는 말만 했습니다. 그러면서 늘 아내를 조롱하고 핍박하고 괴롭혔습니다. 주일에 교회만 가고 기도만 하면 모든 것이 다 해결될 줄 알았습니다.

결국 아내가 이혼을 요구했습니다. 저는 겁을 주려는 속셈으로 법원에 합의이혼 접수를 하고 별거를 시작했습니다. 물론 한 달 뒤 법원에 가지 않고 이혼을 무효화시켰지만, 아내는 계속해서 이혼을 요구했습니다. 나중에는 회사 앞까지 찾아오기에 마침내 이혼을 했습니다.

재혼을 생각해 보았지만 나랑 살면서 자식도 없이 늘 외롭고 아팠던 아내를 생각하면 다른 사람을 만날 수가 없었습니다. 그저 기도원에 가서 금식하며 가정을 회복시켜 달라고 기도했습니다. 그러다가 서점에서 김양재 목사님의 《가정아 살아나라》란 책을 보고 우리들교회로 오게 되었습니다. 가정 중수에 중점을 둔 목사님의 설교는 생명의 유전자가 파괴되고 사망이 역사한 내게 안식이 되었습니다. 목장에 들어간 후에는 그동안 가슴에 담아 두었던 답답한 이야기들을 할 수 있었습니다.

이혼 후, 재산 정리를 위해 아내를 만났습니다. 고단해진 아내의 얼굴을 보는데 눈물이 나왔습니다. 가정이 무너지고서야 내 교만함을 봤습니다. 아내가 혼자 얼마나 외로운 날들을 보냈는지 깨달았습니다. 사는 동안 내가 얼마나 자존심을 짓밟고 괴롭혔으면 아내는 골리앗의 조롱으로 메뚜기 증후군에 빠진 이스라엘 군대처럼 위축되어 있었습니다(삼상 17:11). 저는 그런 아내에게 지켜주지 못해서, 잘해 주지 못해서 미안하다고 사과했습니다. 모태신앙인 아내의 마음 중심 속에 있는 그 하나님을 바라보고 눈물로 회개하며 기도했습니다. 두려움을 물리칠 수 있는 믿음을 갖게 되었기에 하나님께 가정을 회복시켜 주시면 죽어 가는 영혼과 깨어져 가는 가정을 위해 살겠다고 간절히 기도했습니다.

아내에게 우리들 공동체를 소개했더니 한 시간 반이나 버스를 타고 와서 예배를 드리고 등록을 했습니다. 부부 목장에 가려면 법적인 부부가 되어야 한다고 해서 목자님들을 증인으로 세워 재결합을 했습니다. 그런데 그때부터 정말 놀라운 일들이 일어났습니다. 어릴 적 헤어진 막내 여동생을 30년 만에 만난 것도 기쁜데 복음도 전했습니다. 강남에서 보석 가게로 성공했으나 가정에 불화가 있던 여동생 부부가 우리들교회에 와서 다시 살아나고 있습니다. 10여 년 전, 교회를 떠난 장인어른도 목장에 정착하여 장모님과 같이 교회에 나오십니다. 저는 아내만 우리들교회로 불렀는데, 아내는 많은 이들을 전도하고 있습니다. 골리앗 앞에 마주 선 다윗처럼 믿음으로 두려움을 이기게 하신 하나님, 사랑합니다(삼상 17:26).

말씀으로 기도하기

누구나 간이 오그라들 정도의 불안과 두려움을 경험합니다. 그러나 어떤 사람은 그 두려움의 대상에 굴복하고 종이 되는가 하면, 어떤 사람은 담대히 두려움을 이기고 나아갑니다. 우리는 어떤 두려움을 안고 살아가며 어떤 태도로 두려움을 대하고 있는지 살펴보기 원합니다.

두려워 주눅 들어 있다면 메뚜기 증후군입니다(1-10절)

우리는 키와 용모를 보는 데 선수입니다. 직장에서, 학교에서, 사회에서 골리앗처럼 모든 것을 갖추어 입고 학벌로, 재력으로, 권세로 자기 자랑을 해 대면 꼼짝을 못합니다. 그런 사람이 "너는 뭘 가졌어? 네가 돈이 있어, 학벌이 있어, 건강이 있어? 별것도 아닌 네가 감히 나를 어쩔 수나 있어?" 하면서 조롱하면 입을 꾹 다뭅니다. 그 사람과 나를 비교하니 스스로가 메뚜기 같아서 두려움에 벌벌 떱니다. 그러나 이제는 사탄의 골리앗 작전을 이기는 믿음을 갖기 원합니다. 외모와 사람과 상황을 보지 않고 주님만 보기를 원합니다. 싸워야 할 대상 앞에서 주눅 들지 않고 담대히 복음을 전하는 믿음의 한 사람이 되게 하옵소서.

믿음의 한 사람이 두려움을 물리칩니다(11-27절)

말씀의 격려가 제일 좋은 격려인 것을 모르고 '잘될 거야', '이길 거야', '붙을 거야' 하는 일시적인 격려만 했습니다. 가장 필요한 것이 믿음인 줄도 모르고 피상적 위로만 했습니다. 그러나 지금이야말로 회개해야 할 때라고, 믿음으로 이 두려움을 이기라고 전하는 것이 가장 좋은 격려인 것을 알았습니다. 실력 있는 믿음의 사람은 망하는 사건 가운데서도 하나님 말씀을 붙잡으라고 복음을 전하는 사람입니다. 같은 조롱의 말을 들어도 거기에서 하나님의 말씀을 듣는 믿음의 한 사람이 되게 하옵소서. 환경의 지배를 받지 않고 두려움을 이기는, 그래서 가정과 나라를 구하는 한 사람이 되기를 원합니다.

맏형 증후군 때문에 싸움 대상을 잘못 짚습니다(28-30절)

우리는 살면서 쓸데없는 분쟁에 휘말립니다. 하나님의 이름을 조롱하는 골리앗과의 큰 전쟁을 앞두고 교회에서, 가정에서 쏟아지는 나를 향한 무시와 조롱에 힘을 뺍니다. 그래서 감정에 휘둘립니다. 감히 내가 누구인 줄 아느냐며 교만에 빠집니다. 그러나 성령에 사로잡힌 믿음의 한 사람은 그런 것들로부터 시선을 돌려 하나님을 바라봅니다. 그런 사람을 하나님께서 쓰신다는 것을 깨닫습니다. 나이와 상관없이 내가 하나님께 쓰임받기를 원합니다. 싸움의 대상을 바로 보기를 원합니다. 하나님, 내가 여기 있사오니 나를 써 주옵소서.

영혼의 기도

하나님 아버지, 어마어마한 모습으로 날마다 우리 인생에 쳐들어오는 골리앗이 있습니다. 날마다 조속하게 쳐들어와서 유혹하는데, 이것이 얼마나 무서운 시험인지 모릅니다. 간이 오그라들 듯한 시험이 날마다 쳐들어오니 이것이 시험인지도 모르고 살아갑니다.

주님, 그렇게 기도를 했는데 어째서 제게 아직도 두려움이 있을까요? 그런 저를 하나님이 다윗처럼 불쌍히 여겨 주시니 제가 이렇게 걸어갈 수 있는 것이라고 인정하지 않을 수 없습니다. 별 인생이 없습니다. 외로움이 약이 되어서 이렇게 주님을 부르짖을 수밖에 없는 것이 제게는 가장 큰 축복이라고 생각합니다.

많은 사람이 사탄의 정체를 모르기 때문에 쓸데없는 연민에 빠지고 무엇을 기도해야 할지조차 모르며 살아갑니다. 그러나 날마다 사탄의 정체를 구체적으로 알려 주시니 이 말씀 붙잡고 살 수밖에 없습니다. 나의 모든 환경에 부지런히 보내 주시는 선지자들의 말씀을 듣고 말씀이 이루어지는 인생을 살 수 있도록 역사하여 주옵소서. 이혼을 하고 안 하고가 문제가 아니라 우리가 말씀대로 살 때 이 모든 사건이 간증이 되어 다른 사람들을 살리는 약재료가 될 줄 믿습니다. 저희에게 평강을 허락하여 주옵소서. 모든 가정이 회복될 수 있도록 역사하여 주옵소서.

예수님 이름으로 기도합니다. 아멘.

04

삶의 간증이 승리의 비결입니다

삼상 17:31-54

언젠가 하버드 경영대학원이 설립 90년 역사상 가장 거대한 프로젝트를 실시했다는 기사를 읽었습니다. 900여 명의 신입생 전원을 창업 현장에 투입해 진정한 창업자를 가려내는 '필드(FIELD)'가 그것입니다. 그야말로 똑똑한 사람만 모이는 대학에서 그중 더 똑똑한 사람을 골라내고자 하는 프로젝트라니, 그야말로 골리앗과의 전쟁 같지 않습니까? 성공적인 창업 비결은 여러 가지가 있겠지요. 그러나 저는 진정한 경영학 교과서는 바로 성경이 아닐까 생각합니다. 과연 성경에서 말하는 승리의 비결이 무엇일까요?

상대방의 낙담을 위로할 수 있어야 합니다

어떤 사람이 다윗이 한 말을 듣고 그것을 사울에게 전하였으므로 사울이
다윗을 부른지라 삼상 17:31

지금까지 이스라엘 군대는 골리앗에게 아침저녁으로 욕을 먹고 꼼짝
못 하고 있었습니다. 그런 와중에 다윗이 자꾸 "내가 골리앗과 싸울 수
있다!" 하고 말을 흘리고 다니는 것입니다. 그 소문이 사울에게까지 들어
갔습니다. 그래서 사울이 다윗을 부릅니다. 복음을 전하는 삶을 살다 보
면 이렇게 한 나라가 나를 부를 수도 있습니다. 그래서 복음을 전하다가
나라를 바꾸고 역사를 바꿀 수도 있습니다.

다윗이 사울에게 말하되 그로 말미암아 사람이 낙담하지 말 것이라 주의
종이 가서 저 블레셋 사람과 싸우리이다 하니 삼상 17:32

상식적으로 왕이 목동인 다윗을 위로해야 하는 것 아닙니까? 그런데
지금 목동이 왕을 위로하는 이상한 장면이 벌어졌습니다. 물론 창세기
에 야곱이 바로 왕을 축복하는 장면도 있지만, 그때 야곱은 나이가 많았
습니다. 그리고 야곱은 스스로를 험악한 세월을 살았다고 소개하지 않았
습니까? 그런데 지금 다윗은 고작 열다섯 살밖에 안 되는 청소년입니다.
아직 머리에 피도 마르지 않았다고 할 만큼 어립니다. 그런 다윗이 어떻
게 왕을 위로할 수 있었을까요? 그 말은 곧 남을 위로할 수 있는 자격은

나이나 학벌이 아니라는 뜻입니다. 험악한 인생을 사는 것이야말로 남을 위로할 수 있는 자격을 갖추게 되는 것입니다. 그러니 꼭 장로만 집사나 평신도를 위로하라는 법이 없습니다. 험악한 세월을 살아온 집사도, 평신도도 나이 많은 장로를 위로할 수 있습니다.

다윗이 사울에게 "그로 말미암아 사람이 낙담하지 말 것이라"고 말합니다. '그'는 '골리앗'을 가리킵니다. 즉 이 부분을 풀어 써 보면 "왕이여 낙담하지 마십시오. 그는 오직 한 사람일 뿐입니다"라고 한 것과 같습니다. 그러면서 "내가 가서 싸우겠습니다!" 합니다. 이 말이야말로 진정한 위로가 아니겠습니까? 지금 이스라엘의 모든 군대가 오합지졸인 데다 왕까지 떨면서 누구 하나 싸우겠다는 사람이 없습니다. 다들 외모만 보면서 서로를 우상 삼더니 힘든 상황이 오자 서로 위로할 줄도 모르고 '너 때문에 이렇게 되었다'면서 남 탓만 하고 있는 것입니다. 이런 때에 솜털도 가시지 않은 소년이 왕을 위로합니다.

게다가 다윗이 이 모든 대화의 주도권을 잡고 있습니다. 사울이 다윗을 불렀으니 사울이 먼저 말하고 대화의 주도권을 잡아야 하는 것 아닙니까? 그런데 그렇지 않습니다. 두려워하는 사람은 주도권을 잡지 못합니다. 어디서나 신앙에 있어서는 직분과 상관없이 살아 있는 믿음을 가진 자가 주도권을 갖습니다. 그리고 그 시기는 모두가 두려워하는 사건이 왔을 때입니다. 다윗도 자리에 연연했다면 '왕이 나를 죽일까' 하여 함부로 말하지 못했을 것입니다. 마찬가지로 야곱의 열두 아들 중 르우벤은 장자임에도 주도권을 행사하지 못했습니다. 요셉도 실질적 장자였지만 그보다 며느리와 동침한 유다, 험한 세월을 산 유다가 야곱 가문의 화해자로 쓰임을 받고 예수님의 조상이 되었습니다.

이런 사람의 특징은 "제일 힘든 데는 내가 가겠다"고 섬김을 자원하는 것입니다. 위로는 입으로만 하는 것이 아닙니다. 세상은 늘 누가 나에게 유익한가를 따집니다. 그런데 믿음의 사람은 그가 누구든지 상관없이 그 사람의 낙담부터 체휼이 됩니다. 자신이 낙담해 보았기 때문입니다. 항상 옳고 그름으로만 따지고 든다면 그것은 능력으로 따져서 사람을 죽이는 것입니다. 그러나 구속사적 가치관을 가진 사람은 구원 때문에 사과할 수 있습니다. 구원 때문에 갈 수도 있고 안 갈 수도 있어야 합니다.

엘리압은 어땠습니까? 진짜 싸워야 할 골리앗을 앞에 두고 다윗을 미워하고 그를 탓합니다. 이 중요한 전쟁에서도 엘리압은 정신을 못 차리고 다윗을 욕하고 있습니다. 그러니까 이스라엘의 문제가 해결이 안 되는 것입니다. 그러나 지금 다윗은 형의 터무니없는 질책을 듣고도 괘념치 않고 넘어갑니다. 돌이켜서 백성에게 전과 같이 말합니다. 그에게는 그보다 더 중요한 전쟁이 있기 때문입니다. 대적을 이겨야 하는 사명이 있기 때문에 형은 문제가 아닌 것입니다. 그것은 간단히 덮고 갈 수 있는 것입니다. 오늘 내가 누군가를 미워하고 있지는 않습니까? 그것을 스스로 해결하지 않으면 그야말로 지진이 일어날 수 있습니다. 하나님께서 미워하는 문제보다 더 큰 문제를 터뜨려 해결하실 수 있습니다.

이렇게 다윗이 진심으로 사울을 위로하니 그의 마음이 열렸습니다. 내 옆에도 하나님의 말씀을 안 듣는 사울이 많습니다. 그런 사람에게 진심으로 다가가야 합니다. 그럴 때 그들의 마음이 열릴 수 있습니다. 명절에 친인척을 만나든, 가정에서 믿음 없는 배우자와 매일 마주하든, 사업장에서 이런저런 사람을 만나든 그들의 낙담을 체휼할 수 있는 사람은 승리할 수 있는 비결을 가진 사람입니다. 물론 다윗도 언제나 승승장구의 믿음을 가졌던 것은 아닙니다. 아버지와 형들에게 인정받지 못하고 외롭고 쓸쓸하다 보니까 이런 믿음을 가질 수 있었으나 나중에 왕이 되어 전쟁에서 승승장구하자 그도 살인과 음란을 저질렀습니다.

오고가는 환경에서 늘 내 인생을 잘 해석하는 것이 쉽지 않습니다. 구약 시대의 왕들을 보면 처음에는 잘나가다가 마지막에는 샛길로 빠지지 않습니까? 그럼에도 예수님의 계보에 올라간 왕들은 그들이 다 완전해서 올라간 것이 아니라 행위로 옳고 그름을 판단하지 않으시는 하나님의 섭리로 끝까지 승리할 수 있었다고 생각합니다.

+ 내 앞에서 날마다 낙담하는 지체는 누구입니까?
+ 그 낙담이 체휼됩니까, 지질하게만 느껴집니까?

자기 간증이 있어야 합니다

사울이 다윗에게 이르되 네가 가서 저 블레셋 사람과 싸울 수 없으리니
너는 소년이요 그는 어려서부터 용사임이니라 삼상 17:33

사울이 소문을 듣고 다윗을 불렀습니다. 그런데 어린애에다가 갖춘 것이 아무것도 없으니 얼마나 기가 찼겠습니까? 그래서 그를 위하는 척

하며 "너는 골리앗과 싸울 수 없다. 그는 출신도 대단하고 전쟁 경험도 많은 용사 중의 용사다" 합니다. 그러니까 "골리앗은 영재학교 나왔고 육사 출신에 하버드대학까지 나온 엘리트 중의 엘리트인데, 너는 내놓을 것이 무어냐"고 기를 죽이는 것입니다. "네 이력서 좀 봐라. 너는 내놓을 것이 아무것도 없지 않느냐"고 무시하는 것입니다.

사울의 말처럼 다윗은 내놓을 것이 아무것도 없습니다. 학벌이 좋은 것도 아니고 출신이 좋은 것도 아닙니다. 아버지의 사랑조차 받지 못했습니다. 그런데 그런 다윗이 이 순간에 자기 이야기를 합니다.

> 34 다윗이 사울에게 말하되 주의 종이 아버지의 양을 지킬 때에 사자나 곰이 와서 양 떼에서 새끼를 물어 가면 35 내가 따라가서 그것을 치고 그 입에서 새끼를 건져내었고 그것이 일어나 나를 해하고자 하면 내가 그 수염을 잡고 그것을 쳐 죽였나이다 36 주의 종이 사자와 곰도 쳤은즉 살아 계시는 하나님의 군대를 모욕한 이 할례 받지 않은 블레셋 사람이리이까 그가 그 짐승의 하나와 같이 되리이다 삼상 17:34-36

이것이 간증입니다. 다윗이 지금 "나는 가진 것은 없지만 승리한 경험이 많다"고, "이럴 때 나는 어떻게 승리해야 하는지 안다"고 자신의 이야기를 합니다.

그러면서 "내가 분해서 일어난 것이 아니라 살아 계시는 하나님의 군대를 모욕했기 때문에 일어났다"고 합니다. 애먼 싸움판에 끼어든 것이 아닙니다. 돌아가는 꼴이 영 우스워서 내가 나서는 것이 아닙니다. 우리가 싸움을 말릴 때도 마찬가지입니다. 거기에서 하나님의 군대가 모욕당하는 일들이 있을 때 끼어들어야 합니다. 내 관점이 아니라 하나님의 관점으로, 적군이 내 원수가 아닌 하나님의 원수일 때 일어나야 하는 것입니다.

> 또 다윗이 이르되 여호와께서 나를 사자의 발톱과 곰의 발톱에서 건져 내
> 셨은즉 나를 이 블레셋 사람의 손에서도 건져 내시리이다 사울이 다윗에
> 게 이르되 가라 여호와께서 너와 함께 계시기를 원하노라 삼상 17:37

다윗이 두 번째 간증을 합니다. 사울이 "너는 못할 거야" 하면서 믿지 않으니까 "사자 발톱 곰 발톱에서 나를 건져 내신 하나님이 블레셋 사람의 손에서도 나를 건져 내실 것이다"라고 합니다.

살다 보면 "너는 이기지 못할 거야" 하는 소리를 얼마나 많이 듣습니까? 거기에 대고 우리는 "사자 발톱과 곰 발톱이 얼마나 무서웠는지 아느냐"고 말하기 쉽지 않습니다. 내가 지질하게 두려움에 떨었던 이야기는 하기 싫습니다. 내가 곰과 사자를 이긴 이야기만 하고 싶습니다. 그렇지만 간증은 너무 치사한 그 상황에서 하나님이 나를 건지고 지켜 주셨다고 이야기하는 것입니다.

저는 집회를 가면 꼭 간증으로 시작합니다. 아직도 교계에는 여자 목사라고 하면 색안경을 쓰고 보는 사람이 많은데, 그 앞에서 '내가 왜 목사가 되었는지' 이야기를 해야 제가 전하는 말씀이 전달이 됩니다. 그것은 저의 정체성이기도 합니다. 멋있게 말씀으로만 설교하면 좋겠지요.

성경도 잘 알고, 교양도 있어 보이면 더할 나위 없겠지요. 저를 초청한 교회에서도 성도들이 저를 보면서 힘을 받고 승리하기를 원하는 마음으로 저를 강사로 부른 것 아니겠습니까? 그렇지만 저는 제 지질한 이야기, 하나님이 나를 지키고 건지신 이야기를 먼저 합니다. 내가 멋있어 보이는 것보다 한 사람의 가정이 살아나는 것이 중요해서 그렇습니다. 그저 겉만 번지르르한 위로만 전할 것이 아니고, 하나님의 말씀으로 사람을 살려야 했기에 거기에 초점을 두어서 저도 하기 수치스러운 이야기를 하는 것입니다.

그런데 어떤 직분자 부부가 제 간증을 듣고, 부인은 "저 목사는 걸레질밖에 안 했대"라고 하고 남편은 "걸레질만 하고 어떻게 부흥이 되었는지 이상하네"라고 하면서 굉장히 무시했다는 이야기를 들었습니다. 그러나 어쩌겠습니까? 저도 교양 있는 이야기를 하고 싶지만 내 간증이 그런 걸요. 지질해 보여도 누군가 내 이야기를 듣고 살아난다면, 가정이 살아난다면 할 수밖에 없습니다. 제가 그런 생각이 들었습니다. 다윗이 양치기를 하려면 얼마나 허드렛일을 해야 했겠습니까? 먹여야 하고 씻겨야 하고 배설물도 치워야 합니다. 다윗의 양치기 처지와 내 걸레 빼는 처지가 참 비슷하게 여겨졌습니다. 그러니 골리앗같이 번쩍거리는 금 달린 옷을 입은 사람들이 다윗을 얼마나 무시했겠습니까?

나는 너무나 처절한 이야기를 하지만, 그것을 하나님의 음성으로 받아들이는 사람이 있습니다. 그러니 하나님께서는 가정 중수를 위해서 기죽지 말라고 강남 한복판에, 판교 입구에 우리들교회를 세워 주신 줄을 믿습니다. 여전히 무시할 사람은 무시하고 은혜 받을 사람은 은혜 받습니다. 중요한 것은 가정이 살아나는 것입니다.

다윗은 골리앗을 보고도 두려워하지 않았습니다. 오히려 지금껏 함께 하신 하나님을 믿고 담대하게 나아갈 수 있었습니다. 이런 그의 용기와 믿음은 하루아침에 만들어진 것이 아닙니다. 오랫동안 아버지의 양을 지키는 일상생활을 통해 얻어진 것이었습니다. 생각해 보세요. 아버지께 인정받지 못하면서 양을 치던 다윗이 얼마나 처절하게 하나님만 의지했겠습니까? 얼마나 열심히 양을 지켰겠습니까? 그런데 그렇게 날마다 양을 치니까 터득하는 것들이 있었을 것입니다. 양을 공격하는 맹수의 생태를 알게 된 것입니다. 나는 알려고 하지 않아도 처한 상황 때문에 저절로 알게 되는 것들이 있습니다. 저도 시집살이를 하면서 여인들의 애환을 온몸으로 겪었습니다. 그래서 너무나 세밀하게 처방을 내려 줄 수 있게 된 것입니다.

다윗에게도 승리를 위한 처방이 있었습니다. 그래서 사울에게 "왕이시여, 내가 얼마나 사자와 곰을 잘 잡는지 아십니까? 내가 그들을 따라가서 그 입에서 내 양들을 건져 냈습니다. 골리앗을 그저 짐승의 하나로 생각하고 사자를 잡듯이, 곰을 잡듯이 하면 되는데 뭐가 어렵겠습니까?" 하고 실제적인 이야기를 할 수 있었습니다. "골리앗이 제아무리 세다 한들 일대일로 싸우면 나에게 더 유리합니다. 전 군대와 함께 싸우면 내가 지겠지만 일대일로 싸우자 하는 골리앗의 요청은 도리어 하나님께서 주신 기회입니다. 그러니 나에게 맡기십시오. 맹수도 이긴 내가 골리앗을 못 이기겠습니까?" 하면서 사울을 설득하며 이야기하는 것입니다.

그런데 다윗의 말을 듣다 보니 이상하게 그 말에 우리도 설득이 됩니다. 무턱대고 "하나님께서 함께하시니 내가 이길 수 있습니다"라고 말했다면 아무도 설득할 수 없었을지 모릅니다. 그런데 간증을 섞어 가면서 조리 있게 이야기를 하니 그 내용에 설득력이 있습니다. 연애를 하고 사업을 할 때도 상대의 마음을 얻으려면 이렇게 성령의 설득을 해야 합니다. 하물며 지금 다윗도 사울에게 기획안을 내놓고 있습니다. 전통적인 방법과는 완전히 다른, 경험이 녹아들어 있는, 누구나 고개를 끄덕거리게 되는 실제적인 기획안을 내놓은 것입니다.

사울의 머리에서는 이런 기획안이 나올 수가 없습니다. 왜 그렇습니까? 그는 욕심이 많고 암나귀만 찾다가 왕이 되었기 때문입니다. 무시도 안 당해 보았고 사자도 안 죽여 보았기 때문에 이런 기획안은 생각조차 못해 봤습니다. 게다가 사울이 승승장구할 때는 그런 기획안이 먹혔겠습니까? 그런데 지금 사울이 망할 지경이 되니 귀가 번쩍했습니다. 그러니까 기획안을 내놓을 때도 타이밍이 있습니다. 복음을 내놓을 때도 타이밍을 잘 봐야 합니다. 망할 때까지 가만있으면서 기다려야 합니다. 이렇게 사울이 지푸라기라도 잡고 싶어질 때 다윗에게서 흥미진진한 기획안이 나온 것입니다.

다윗도 그렇습니다. 이런 기획안이 나올 수 있었던 것은 실제로 들에서 양치기하면서 날마다 맹수들을 잡아 본 경험이 있었기 때문입니다. 상상만으로 아이디어를 낸 것이 아닙니다. 돈만 투자한다고, 멋있게 건물만 꾸며 놓는다고 장사가 됩니까? 황소를 거뜬히 드는 장사꾼이 있었답니다. 주변에서 "어디에서 그런 힘이 나와 황소를 쉽게 드느냐"고 물었습니다. 그랬더니 그 장사꾼이 "나는 그 황소를 송아지 때부터 날마다 들었습니다"라고 했답니다. 이런 사람이 있으면 가정이 살고 회사가 살고 나라가 삽니다. 한 나라를 바꾸고 역사를 바꾸려면 다윗 같은 사람이 집집마다, 회사마다 있어야 합니다.

날마다 황소를 드는 것이 바로 큐티입니다. 날마다 큐티를 하다 보면 나중에 아무리 어려운 문제가 오더라도 거뜬히 이깁니다. 하나님과 동행하며 날마다 말씀의 능력을 경험해 보았기 때문에 믿음으로 승리하는 비결이 생기는 것입니다. 그 비결이 바로 나의 간증이 됩니다. 그래서 신앙은 현재형이어야 합니다. 과거부터 해 왔던 것을 오늘 써먹으려면 늘 준비되어 있어야 합니다. 위기가 오면 과거 믿음도 전부 쓰임을 받습니다. 모든 과거는 현재를 위해 준비해 온 것이고, 현재는 미래를 위해서 준비해 가는 것입니다.

그런데 어떤 사람은 "믿는 자에게는 능히 하지 못할 일이 없느니라"(막 9:23) 하신 주님 말씀을 주술처럼 외우면서 마치 사자를 무찌르고 곰을 무찌른 사람이 다윗인 줄 착각합니다. 하나님보다 사람을 더 높이 올립니다. 그러나 사자 발톱, 곰 발톱에서 건져 내신 분은 하나님입니다. 그 하나님께 근거가 있는 것입니다. 다윗도 하나님이 블레셋에게서 건져 주실 것을 믿었습니다. 이 모든 과정에는 하나님의 섭리가 있습니다. 그분에게만 주권이 있습니다. 다윗의 용기와 담력까지도 모두 하나님의 은혜와 하나님의 주권이라는 것입니다. 그러니 간증을 할 때 내가 하나님보다 높이 앉아서 "내가 사자를 죽였다! 내가 곰을 죽였다!" 해서는 안 됩니다. 사람이 위대한 것처럼 속여서도 안 되고 속아서도 안 됩니다.

우리에게는 사자 발톱, 곰 발톱에서 살아난 경험, 밑바닥 삶을 살아 낸 간증이 있어야 합니다. 간증을 위한 간증이 아니라, 가정이 회복되고 용서한 경험이 있어야 합니다. 그것이 우리가 골리앗 앞에서도 승리할 수 있는 비결입니다. 사울은 다윗의 간증을 듣고 그에게 가라고 했습니다. 그것 말고는 할 말이 없었습니다. 이렇게 우리는 간증 듣는 사람들을 사로잡아야 합니다. 두 손 두 발 들게 해야 합니다.

+ 내 죄에도 불구하고 하나님께서 나를 살려 주신 수치의 간증이 있습니까?
+ "믿는 자에게는 능히 하지 못할 일이 없느니라" 하며 내 능력을 착각하고 있지는 않습니까?

나에게 맞는 옷을 입고 무기를 선택해야 합니다

38 이에 사울이 자기 군복을 다윗에게 입히고 놋 투구를 그의 머리에 씌우고 또 그에게 갑옷을 입히매 39 다윗이 칼을 군복 위에 차고는 익숙하지 못하므로 시험적으로 걸어 보다가 사울에게 말하되 익숙하지 못하니 이것을 입고 가지 못하겠나이다 하고 곧 벗고 40 손에 막대기를 가지고 시내에서 매끄러운 돌 다섯을 골라서 자기 목자의 제구 곧 주머니에 넣고 손에 물매를 가지고 블레셋 사람에게로 나아가니라 삼상 17:38-40

골리앗의 갑옷과 비교하면 다윗이 입었던 양치기 옷은 누더기나 다름없습니다. 그래서 사울은 자기가 아끼는 갑옷을 다윗에게 입혀 줍니다.

왕의 갑옷을 입고 전장에 나가는 것이 얼마나 가문의 영광이고 자랑입니까? 그런데 다윗이 그 갑옷을 입어 보니 익숙하지가 않습니다. 물맷돌을 던져야 하는데 '이 옷을 입고는 도저히 못 던지겠구나' 하고 생각했습니다.

그렇다고 이런 상황에서 왕의 제안을 어찌 거절하겠습니까? 사람들은 높은 사람의 눈치를 보면서 쉽게 거절 못 합니다. 혹시라도 그의 심기를 건드리면 어쩝니까? 그러나 하나님의 군대를 위해 만군의 하나님의 이름으로 나가는 사람은 누구의 눈치도 보지 않기 때문에 거절할 수 있습니다. 그렇다고 무턱대고 그냥 싫다고 해서도 안 됩니다. 다윗은 그 옷을 입어 보지도 않고 거절한 것이 아닙니다. 일단 입어 봤습니다. 입어 보고 왕 앞에서 걸어 보기도 했습니다. 이렇게 몸으로, 삶으로 보여 주어야 합니다. 그렇게 해야 성령의 설득을 할 수 있습니다.

누구에게나 자기에게 맞는 옷이 있습니다. 간증도, 설교도 나에게 맞는 옷이 있습니다. 싸울 사람은 나인데 다른 사람 옷을 입고 그 사람 흉내를 내면서 싸울 수 있겠습니까? 골리앗에게 나가면서 사울의 옷과 학벌과 간증을 들고 나갈 수 있겠습니까? 이기는 싸움을 하려면 무기가 손에 익숙해야 합니다. 사울 옷 입고 싸우다가 지면 "그놈의 옷 때문에 망했다"고 사울 탓을 하지 않겠습니까? 내 몸에 익숙한 옷, 내 손에 익숙한 무기를 내 것으로 소화해서 만들어야 합니다.

그러나 세상은 "사울 옷을 입지 않으면 다들 너를 무시할 거야!" 하면서 자꾸 세상 방법을 가르칩니다. 저도 집사 시절에 간증을 하러 가면 관계자로부터 먼저 어느 대학을 나왔는지 이야기하라는 말을 들었습니다.

그러지 않으면 성도들이 집사라고 무시해서 간증해도 은혜를 못 받는다는 것입니다. 그러나 제 간증의 출발은 학벌이 아니라 집순이와 걸레질의 영광입니다. 오히려 학벌 이야기부터 하면 하나님의 영광이 가려질 수 있습니다. 그래서 그건 늘 맨 나중에 이야기했습니다. 우리는 자기 은사대로 나가서 싸워야 합니다. 삶이 없고, 회개와 성령의 임함도 없는, 줄줄 외워서 하는 간증으로는 아무도 은혜를 못 받습니다. 큐티도 습관이 되어 익숙해지고, 말씀이 내 것이 되어야 모든 사건에서 승리할 수 있습니다. 남의 적용, 남의 것 빌려 오면 결국은 무겁고 거추장스러워 싸울 수가 없습니다.

제가 처음 교회에서 사역을 하는데, 설교는 왠지 큐티처럼 하면 안 될 것 같다는 생각이 들어서 다른 교회 목사님들처럼 첫째, 둘째, 셋째 하면서 삼대지 설교를 했습니다. 그랬더니 너무 어려운 겁니다. 그동안 큐티 모임에서는 한 절 한 절 읽어 가면서 이야기했는데, 그럴 때 사람들이 살아났습니다. 설교는 내 식대로 하지 않으니 영 남의 옷을 입은 것처럼 거추장스럽고 부담스러웠습니다. 그래서 결국 내 식대로 하기로 했습니다. 큐티 모임에서처럼 살아나는 한 사람을 위한 설교를 하기로 한 것입니다. 처음에는 듣도 보도 못한 설교를 한다, 설교가 아니라 수다 떠는 것 같다는 등 별 소리를 다 들었습니다. 그런데 예배 때마다 살아나는 사람들이 많아졌습니다. 저는 그분들이 중요했습니다. 그것이 하나님이 내게 주신 내 몸에 딱 맞는 옷이라는 사실을 알았습니다. 사명을 주시니까 그것이 내 옷이 맞는지 아닌지를 깨달았습니다.

사울의 갑옷을 벗어 버린 다윗은 손에 막대기를 들고 물맷돌을 골라

옵니다. 생각해 보면 이 모습이 얼마나 기가 막힙니까? 엘라 골짜기 양쪽에 군대가 진 치고 있는데, 칼도 단창도 없는 다윗이 갑옷도 입지 않고 머리를 숙여 시냇가에서 여유만만 돌을 고르고 있는 것입니다. 여호와의 영이 임한 사람은 어디에서도 두려워하지 않습니다. 다윗은 비록 칼과 단창과 검이 아니어도 좋았습니다. 자기가 잘 다룰 수 있는 물매 하나로 전쟁을 준비했습니다. 실력을 겸비한 다윗이었지만 준비만큼은 철저해서 물맷돌을 다섯 개나 챙깁니다. 그런데 정작 골리앗은 다윗이 처음 던진 단 하나의 돌에 맞고 쓰러집니다. 평소에 하던 대로 하는 것이 최대의 능력을 발휘할 수 있다는 것을 보여 줍니다. 우리에게도 하나님의 이름을 가지고 가는 이런 믿음이 있기를 바랍니다.

+ 날마다 환경을 탓하고 있지는 않습니까?
+ 날마다 치러야 하는 세상과의 싸움에서 승리하기 위해 미리 준비해야 할 물맷돌은 무엇입니까?

만군의 여호와의 이름으로 싸워야 합니다

어떤 일이든 결과보다 과정이 중요합니다. 결과에만 집착하다 보면 사업이고 공부고 실패할 확률이 높습니다. 특별히 '어려움이 생겼을 때 그 상황을 어떻게 대처하느냐'는 그 기업이, 그 사람이 얼마나 오래 살아남을 것인가를 결정짓는 아주 중요한 요소입니다.

다윗과 골리앗의 실제 전투는 간단했지만 성경은 그 과정을 길게 기록하고 있습니다. 영적 싸움이기 때문에 과정이 중요한 것입니다. 그 과정에서 승패가 결정되기 때문에 더욱 그렇습니다.

> 42 그 블레셋 사람이 둘러보다가 다윗을 보고 업신여기니 이는 그가 젊고 붉고 용모가 아름다움이라 43 블레셋 사람이 다윗에게 이르되 네가 나를 개로 여기고 막대기를 가지고 내게 나아왔느냐 하고 그의 신들의 이름으로 다윗을 저주하고 44 그 블레셋 사람이 또 다윗에게 이르되 내게로 오라 내가 네 살을 공중의 새들과 들짐승들에게 주리라 하는지라 삼상 17:42-44

골리앗과 다윗이 마주 섰습니다. 그랬더니 골리앗이 다윗을 아주 우습게 봅니다. 아직 어리다고, 싸움에는 어울리지 않는 외모를 가졌다고 무시합니다. 그것도 모자라 다윗을 저주합니다. 이방신의 이름으로 다윗을 저주했다는 것은 곧 하나님을 저주한 것과 같습니다. 그래서 하나님은 골리앗의 시체를 공중의 새가 뜯어 먹게 했습니다. 자기가 말한 그대로 된 것입니다.

이방신들의 이름은 종류도 여러 가지 아닙니까? 그런데 여기서 말한 이방신은 이름도 없습니다. 실체도, 역사성도 없습니다. 다 헛것입니다. 아무리 명예로, 권세로 나를 조롱한다 할지라도 실체가 없는 이방신은 두려움의 대상이 아닙니다. 조롱하면 조롱을 받으면 됩니다. 이럴 때일수록 우리는 하나님의 힘과 능력을 의지해야 합니다. 하나님은 역사의 하나님이십니다. 아브라함의 하나님, 이삭의 하나님, 야곱의 하나님은 역사 속에서 시간과 공간을 초월하시는 유일한 분입니다.

이스라엘 백성은 아브라함, 이삭, 야곱의 후손입니다. 아무것도 없는 가운데 오직 하나님의 약속을 믿고 여기까지 왔습니다. 하나님의 이름을 빼 버리면 아무것도 남을 것이 없는 민족이 이스라엘 아닙니까? 그런데 지금 이스라엘 군사들 중에는 자기들이 하나님의 백성, 하나님의 군대라는 사실을 기억하고 있는 사람이 하나도 없습니다. 그런 와중에 어린 십대 다윗이 딱 나왔습니다. 창과 방패로만 무장하고 있는 이 전쟁터에서 전쟁과 전혀 상관이 없어 보이는, 돌멩이 다섯 개만을 무기로 가진 다윗이 왜 등장했겠습니까? 모두가 '머리에 피도 안 마른 저것이!' 하고 비하하는 어린 다윗이 어떻게 전쟁을 승리로 이끌었을까요? 다윗은 "이 할례 없는 블레셋 사람이 누구이기에 하나님의 군대를 모욕하겠느냐!" 하면서 이스라엘이 하나님의 군대라는 것을 처음으로 생각나게 해 주었습니다. 다윗이 지금 이 전장에 선 이유가 바로 여기에 있는 것입니다.

저도 그랬습니다. 다들 학벌 이야기, 학위 이야기하는데 저는 그것과 전혀 상관없는 걸레질 이야기만 했습니다. '어떻게 걸레질해서 목회까지 하게 됐는가' 모두 의아해했습니다. 이혼을 앞둔 부부에게 "큐티하십시오" 하고 "예배에 참석하십시오" 하니 "아니, 이걸 가지고 가정이 중수되겠는가?" 하면서 처방을 우습게 여겼습니다. 공부 못하는 아이 때문에 속병을 앓는 부모에게 "큐티를 해야 합니다. 예배에 와야 합니다" 하면 "유명한 학원 선생을 붙여 줘야지, 공부하기도 모자란 아이에게 큐티라니!" 했습니다. 칼과 단창을 붙여 주고 갑옷을 입혀 줄 줄 알았는데 너무나 초라한 처방을 하니 그렇게 무시를 한 것입니다.

그러나 이 처방에 하나님의 섭리가 있다는 것을 우리는 기억해야 합니다. 전쟁은 하나님께 속해 있습니다. 하나님께서 하고자 하시면 돌멩이 하나로도 골리앗을 넘어뜨립니다. 하나님의 섭리만 있다면 작은 다윗이 거대한 골리앗을 넘어뜨릴 수 있습니다. 그걸 보여 주시고자 지금 다윗을 등장시키신 것입니다. 이것을 블레셋뿐 아니라 이스라엘 백성에게도 보여 주셨습니다. "지금 너희들이 무장할 것은 칼과 단창이 아니다. 지금 필요한 것은 믿음이다. 믿음으로 나아가면 돌멩이 다섯 개로도 너희는 블레셋을 이길 수 있다"는 것을 알려 주고자 하시는 것입니다. 저를 단에 서게 하시고 우리들교회를 세우신 것도 그렇습니다. 이 모든 일을 주관하시는 분은 하나님이시라고, 하나님이 역사하시면 연약한 목사도 목회를 하고 얼마든지 살리는 교회를 세울 수 있다고 알려 주고자 하시는 것입니다.

> 45 다윗이 블레셋 사람에게 이르되 너는 칼과 창과 단창으로 내게 나아오거니와 나는 만군의 여호와의 이름 곧 네가 모욕하는 이스라엘 군대의 하나님의 이름으로 네게 나아가노라 46 오늘 여호와께서 너를 내 손에 넘기시리니 내가 너를 쳐서 네 목을 베고 블레셋 군대의 시체를 오늘 공중의 새와 땅의 들짐승에게 주어 온 땅으로 이스라엘에 하나님이 계신 줄 알게 하겠고 삼상 17:45-46

사람의 이름은 단지 허공에 흩어지는 소리가 아닙니다. 그 사람의 인격과 존재를 표현합니다. 그렇기에 다윗이 외친 "하나님의 이름으로 나아간다"는 말은 "하나님을 믿는 믿음으로 나아간다"는 것입니다. 지금 다윗은 돌을 던진 것이 아니라 믿음을 던진 것입니다. 하나님은 이런 다윗의 믿음을 지금 이스라엘 백성에게 보여 주고 계십니다. 다윗의 승리는 그의 용맹함 때문도 아니요, 물맷돌 때문도 아닙니다. 오직 이스라엘에 하나님이 계시기 때문에 이겼다는 사실을 알려 주고 계십니다. 물맷돌이 위대한 게 아니라는 것입니다.

경력이 대단하고 박사학위 가진 분들이 많지만, 걸레질 말고는 아무것도 해 본 적 없는 저도 하나님께서 이렇게 쓰고 계시지 않습니까? 그럼 제 걸레질이 위대한 것입니까? 나는 쓰임받을 수 없는 초라한 사람에 불과했지만 하나님이 나와 함께 계셨기 때문에 나를 쓰신 것입니다. 하나님은 지금 그 이야기를 하고 싶으신 것입니다.

> 또 여호와의 구원하심이 칼과 창에 있지 아니함을 이 무리에게 알게 하리라 전쟁은 여호와께 속한 것인즉 그가 너희를 우리 손에 넘기시리라
>
> 삼상 17:47

다윗은 "전쟁은 여호와께 속한 것"이라고 고백합니다. 그래서 "여호와께서 골리앗 너를 우리 손에 넘기실 것"이라고 합니다. "인생의 승리는 학벌과 돈에 있지 않다. 세상 권세에 있는 것이 아니다"라는 것입니다. 다윗의 말은 한마디 한마디가 버릴 것이 없습니다. 이런 말씀의 능력이 없다면 사탄의 밥이 되는 것은 시간문제입니다. 지금까지 살아오면서 말씀의 능력이 없었다면 저도 당장 사탄의 밥이 되었을 것입니다.

48 블레셋 사람이 일어나 다윗에게로 마주 가까이 올 때에 다윗이 블레셋 사람을 향하여 빨리 달리며 49 손을 주머니에 넣어 돌을 가지고 물매로 던져 블레셋 사람의 이마를 치매 돌이 그의 이마에 박히니 땅에 엎드러지니라 50 다윗이 이같이 물매와 돌로 블레셋 사람을 이기고 그를 쳐죽였으나 자기 손에는 칼이 없었더라 삼상 17:48-50

다윗이 한 번에 승리를 했습니다. 칼이 아니라 물매로 이겼습니다. 그 이야기를 자꾸 반복합니다. 저도 칼이 아니라 걸레질로 이겼습니다. 집 순이로 이겼습니다. 그 이야기를 자꾸 반복하게 하십니다.

다윗이 달려가서 블레셋 사람을 밟고 그의 칼을 그 칼 집에서 빼내어 그 칼로 그를 죽이고 그의 머리를 베니 블레셋 사람들이 자기 용사의 죽음을 보고 도망하는지라 삼상 17:51

골리앗은 물맷돌에 맞아 쓰러졌지만 결국 그 목숨 줄을 끊은 것은 자신의 칼입니다. 내가 벌어 놓은 돈으로 내가 죽임을 당합니다. 돈이 있어서, 권세가 있어서, 그 칼로 내가 죽임을 당하는 것입니다.

사탄의 세력을 끝까지 따라가 죽여야 하기에 다윗은 끝까지 가서 골리앗을 죽였는데, 블레셋 사람들은 용사의 죽음을 보고 죄다 도망갔습니다. 그러니 겁먹었던 이스라엘 사람들이 블레셋 사람을 쫓아가서 물리칩니다. 사탄의 우두머리를 잡으면 졸개는 저절로 흩어집니다. 반대로 영적 전쟁에서 나 한 사람이 승리하면 옆 사람들이 나를 따라옵니다. 이렇게 한 사람이 지면 다 같이 망하고, 한 사람이 이기면 다 같이 이기는 영적인 원리를 알아야 합니다.

> 이스라엘과 유다 사람들이 일어나서 소리 지르며 블레셋 사람들을 쫓아
> 가이와 에그론 성문까지 이르렀고 블레셋 사람들의 부상자들은 사아라
> 임 가는 길에서부터 가드와 에그론까지 엎드러졌더라 삼상 17:52

두려움에 떨던 이스라엘이 이겼습니다. 골리앗의 약속대로라면 블레셋이 지금 이스라엘의 노예가 되어야 하지 않습니까? 도망가는 것은 약속 위반입니다. 안 믿는 사람들이 하는 호언장담, 약속들은 이렇게 거짓말일 경우가 많습니다. 들을 필요도 없고 믿을 필요도 없습니다.

> 53 이스라엘 자손이 블레셋 사람들을 쫓다가 돌아와서 그들의 진영을 노
> 략하였고 54 다윗은 그 블레셋 사람의 머리를 예루살렘으로 가져가고 갑
> 주는 자기 장막에 두니라 삼상 17:53-54

사무엘상 14장 46절에서 사울은 블레셋을 추격하다가 중간에 그만두지 않았습니까? 이번에 이스라엘 군대도 그렇습니다. 끝까지 블레셋을 쫓았어야 했는데 전리품에 눈이 멀어서 그들의 진영을 노략하는 데 여념이 없습니다. 그야말로 오합지졸 아닙니까? 아직도 어리석어서 같은 실수를 반복하고 있는 것입니다. 사울과 그의 백성들은 그래서 날마다 패잔병입니다. 그러나 다윗은 전리품에 눈이 어두워지지 않았습니다. 비록

이때는 왕이 아니어서 리더십을 발휘할 수는 없었지만, 무엇을 하든지 오직 하나님의 이름이 모욕받지 않게 하는 것에만 관심이 있었습니다. 전리품, 잿밥에 눈이 멀지 않는 것, 이것이 승리의 비결입니다. 그래서 다윗의 승리에 진정성이 있습니다.

의사는 환자를 사랑해야 하고, 장사하는 사람은 소비자를 사랑해야 하고, 목사는 성도를 사랑해야 합니다. 그런데 자꾸 환자를 돈으로 보고 소비자를 돈으로 보면 이것도 저것도 안 됩니다. 사랑으로 보면 돈은 따라오게 되어 있는데 그것을 다 거꾸로 하기 때문에 안 됩니다. 하나님은 모든 것을 모아서 다윗에게 줄 준비를 하고 있는데, 이때 전리품에 눈이 어두우면 어찌 되겠습니까? 조그만 것에 집착하면 큰 것을 놓칩니다. 그런 사람은 승리를 못 합니다. 진정성이 느껴지지 않기 때문에 그런 사람에게는 사회에서도 아무것도 맡기지 않습니다.

다윗이 만군의 여호와의 이름으로 승리를 했습니다. 우리 인생에 진짜 위기는 무엇입니까? 문제에 대한 해결의 조짐이 보이지 않는 것이 아닙니다. 그보다 더 심각한 위기는 문제에 짓눌려 우리가 하나님의 자녀라는 것을 잊어버리는 것입니다. 그래서 그의 나라와 의를 구할 때 우리는 하나님의 통치를 받아야 합니다. 골리앗은 하나님의 통치를 받지 않았고 다윗은 하나님의 통치를 받았습니다. 골리앗은 모든 조건과 환경을 갖추었습니다. 우리는 골리앗 같은 사람 앞에만 가면 늘 두렵고 떨리고 작아집니다. 그러나 다윗은 비록 세상 스펙 없어도 하나님의 통치를 받았기 때문에 하나님의 이름을 부르며 나아갑니다. 다윗의 다윗 된 것은 하나님이 함께 계셨기 때문입니다. 그렇게 하나님의 이름을 부르며 나아가는 사람은 누구든 다윗처럼 승리할 것입니다. 우리가 가진 것이 무엇입니까? 주님 이름 부르며 나아갈 수밖에 없지 않습니까? 하나님은 만군의 하나님이십니다. "전쟁은 여호와께 속했다!" 하고 부르짖고 나가면 지금 처한 문제에서 승리할 줄 믿습니다.

어려운 환경에서 자란 어느 집사님이 사업을 하다가 호텔만 드나드는 부자 남자를 만나 호강시켜 줄 것 같아 결혼했다고 합니다. 그런데 호강은 딱 3년뿐이었고, 그 후에 쫄딱 망해서 20년이나 남편을 돌보며 벌어먹였다고 합니다. 그런데 이 남자가 잘나가던 가락이 있어서 어찌나 음식도 옷도 고급만 찾고 성격도 까다로운지, 집사님이 그 요구에 맞추느라 너무 고달파 암까지 걸려 고생했다고 합니다. 또 어느 집사님은 운동을 열심히 하며 몸 관리 잘 하는 청년을 보고 '저 사람이라면 인생 관리도 잘 하겠다' 싶어서 결혼했는데, 이 남자가 글쎄 오직 운동만 하고 그 외에 다른 것은 다 소홀히 하더랍니다. 우리가 의지하는 것이 이렇게 다 헛것이기 쉽습니다. 너무나 든든한 나무둥치 같고 강한 쇠기둥 같아도 의지하고 가다 보면 다 무너집니다. 세상 것 의지하지 마십시오. 하나님은 나무둥치도 썩게 하시고 쇠기둥도 녹슬게 하십니다.

호박은 매달릴 기둥도 없고 가지도 없이 그저 땅에 엎드려 자랍니다. 그러나 하나님께서 햇볕과 비를 주셔서 열매가 열립니다. 의지할 데가 없어서 이렇게 땅에 엎드려 기어도 하나님은 잊지 않고 햇볕과 비를 내려 주십니다. 그러다 보면 어느새 둥그런 호박이 열리고 커지고 무르익는 것입니다. 땅바닥에 배를 깔고 엎드려 승리하는 비결을 찾기 바랍니다.

아무리 하버드 경영대학원생들이 모여 최고의 창업주를 찾는 프로젝트를 한다고 해도, 아무리 기발한 경영 비법을 개발한다고 해도 별것 없습니다. 최고의 승리 비결은 낙담한 자들을 위로할 수 있는 것이고, 사자 발톱, 곰 발톱에서 건져 주신 밑바닥 삶의 간증입니다. 다들 칼과 단창을 무기 삼아도 그걸 따라가는 것이 아니라 하나님이 내게 주신, 나에게 딱 맞는 갑옷과 무기를 찾아야 합니다. 그 과정에서 어떤 조롱이 있더라도 견딜 수 있는 믿음이 있어야 하고, 만군의 왕 여호와의 이름으로 나아가야 합니다. 하나님의 능력을 가져와야 합니다. 그럴 때 진정한 승리를 할 수 있습니다. 성경이야말로 최고의 경영학 교과서이기 때문에 이 원리를 알지 못하면 성공할 수도 없고, 성공을 했다고 해도 문제입니다. 잘난 척 하다가는 십 리도 못 가 발병 납니다.

과연 내 삶에 '이것이 나의 간증이요' 할 수 있는 사건이 있습니까? 제 언니는 비록 겉으로는 내놓을 것이 아무것도 없어 보이지만 저의 가정 중수 사역에, 우리들교회 사역에 획기적인 부분을 맡아 주었습니다. 언니는 결혼생활 2년 만에 이혼하고 38년이 지나는 동안 이혼이 얼마나 무서운 것인가를 우리 온 가족에게 가르쳐 주었습니다. 산을 옮길 만한 믿음이 있고 선교지에서 교회를 지었더라도 이혼은 안 해야 한다는 것을 가르쳐 주었습니다. 그것이 그대로 저에게 들어와서 제가 앉으나 서나 이혼하지 말라고 부르짖게 된 것입니다.

언니는 70세가 넘어 사역에서 은퇴를 했습니다. 그 엄청난 선교의 역사에 참여하고도 이혼한 것 때문에 38년을 무겁게 살아온 언니를 보면서, 그것을 상쇄하기 위해 온몸이 부서지도록 원주민들을 향해 외치는 언니를 보면서, 오랫동안 아픈 형부를 돌보며 산 언니를 보면서 절대로 이혼은 안 된다고 깨닫게 되었습니다.

일류대학을 졸업하면 뭐 합니까? 영어를 유창하게 잘하면 뭐 합니까? 오지에서 평생 아픈 남편 빨래해 주고, 밥해 주면서 살았잖아요. 그래도 인생이 짧기 때문에 하나님께서 언니에게 맞는 옷으로 선교하고 전도하게 하셨습니다. 이것이야말로 승리의 비결 아니겠습니까? 그런 언니가 있으니 제가 이런 엄청난 가정 중수 사역을 할 수 있는 것이지, 제가 무슨 수로 혼자서 이런 사역을 감당하겠습니까? 언니는 이혼만은 안 된다는 메시지를 너무나 확실하게 우리 집안 식구에게 각인시켜 주었습니다. 저는 천국 가는 그날까지 이 이야기를 하다가 갈 것입니다.

그런데도 여전히 말씀이 안 들리는 사울들이 너무나 많습니다. 제가 아무리 가정을 지키라고 통곡하고 부르짖어도 말씀이 들리지 않아서 일을 그르칩니다. 이렇게 말씀이 안 들리는 사울들을 위해 기도해야 합니다. 우리가 오늘 내 삶의 영역에서 승리할 수 있게 해 달라고, 사명 감당하게 해 달라고 기도하기를 바랍니다.

+ 지금 어떤 위기에 처해 있습니까?

+ 극심한 고난 때문에 내가 하나님의 자녀라는 것조차 잊고 세상의 구원만 바라고 있지는 않습니까?

우리들 묵상과 적용

회사에서 사장님과 임원으로 구성된 신우회를 인도하라는 부름이 있었습니다. 고작 과장 직급인 제가 감당하기에는 벅찼기 때문에 목장에 물으며 예배를 인도했습니다. 마침 정기 인사발령이 있었고 승진을 기대했지만 안타깝게도 결과는 탈락이었습니다.

집에 와서 힘든 마음을 아내와 이야기하고 있는데 옆에서 아들이 다윗이 사울 왕을 위로하듯 "아빠, 신우회를 인도하게 해 주신 것이 하나님이 승진시켜 주신 거예요"라고 했습니다(삼상 17:32). 저와 아내는 너무나 놀랐습니다. 아들 앞에서 더 이상 불평할 수 없었습니다.

그런데 올해 정기 인사발령에서도 탈락하자 너무나 낙심이 되고 생색이 올라왔습니다. 목사도 아닌데 매주 신우회를 위해 예배 말씀을 준비하고, 전체 직원에게 큐티 본문 말씀을 메일로 보내면서 일이란 일은 다 했는데 이번에도 승진시켜 주시지 않으니 하나님께서 너무하신다 싶었습니다. 퇴근 후 부부목장에 이 일을 나누니 목자님이 위로해 주면서 목사님이 늘 해 주시는 말씀으로 "붙으면 회개하고, 떨어지면 감사하라는 말씀을 기억하고, 승진에서 떨어졌으니 감사하세요" 하고 처방해 주었습니다. 사울처럼 낙담하다 말씀을 듣고 마음이 평안해졌고 주신 고난을 감사함으로 받기로 결단하였습니다.

또 아들이 "아빠, 승진 안 되었다고 기분 나빠 하지는 마세요. 아빠는 이미 하나님께서 신우회 예배를 맡기신 것으로 영적 승진을 시켜 주셨잖아요.

그것을 기억하셔야 해요. 아빠는 매일 큐티하니까 말씀으로 해석하셔야 하는 거예요"라고 말하는데, 한편으로는 놀랍기도 하고 또 한편으로는 그 말이 인정이 되었습니다. 그리고 내 죄가 다시 생각났습니다. 아내는 우울증, 아들은 ADHD(주의력결핍 과잉행동장애)를 앓고 있었는데, 저는 이 모든 일을 다 아내 탓으로 여기면서 피해자인 것처럼 굴었습니다. 제가 하도 말을 안 들으니까 하나님이 아들을 통해 이야기해 주시는 것 같았습니다.

저는 신우회 예배를 인도하는 것에 늘 눌림과 두려움이 있었지만, 큐티 묵상을 통해 저의 간증을 진솔하게 나눴습니다. 그리고 전체 직원에게 큐티 본문을 메일로 보낼 때마다 '한 명이라도 주님을 알게 해 주세요'라고 간절히 기도했습니다. 얼마 전 신우회에 참석하는 인사부장님이 《큐티인》 정기구독을 신청해서 매일 큐티하고 있다고 말해 주었습니다. 나눔을 낯설어하던 사장님과 임원들도 이제 각자의 이야기를 하고, 직원들은 저에게 중보기도를 부탁합니다. 연약한 제게 이제는 두려워하지 말고 다윗같이 말씀 맡은 자로서의 사명을 잘 감당하라고 눈에 보이는 열매를 선물로 주시는 것 같습니다.

신우회를 인도할수록 직원들은 자꾸 세상 방법을 가르치며, 돈을 더 받는 것도 아닌데 개인 시간까지 들여 그런 일을 왜 하느냐고 말합니다. 그러나 저는 큐티를 통해 내가 보잘것없어 쓰임받기에 모자라지만 하나님이 신우회를 맡겨 주신 것임을 깨달았습니다. 큰 골리앗의 문제 앞에서 오직 하나님의 약속을 믿고 나아간 다윗처럼 어떤 상황에서도 홀로서기하며 갈 수 있는 제가 되길 원합니다(삼상 17:47).

말씀으로 기도하기

세상이 말하는 승리의 비결은 학벌과 재력과 권력이지만, 골리앗은 그 모든 조건을 갖추고도 다윗에게 졌습니다. 그것도 물맷돌 단 하나에 고꾸라졌습니다. 진정한 승리의 비결은 성경에 있습니다. 성경이야말로 진정한 경영 교과서입니다.

상대방의 낙담을 위로할 수 있어야 합니다(31-32절)

고작 열다섯 살밖에 되지 않은 다윗이 사울을 위로합니다. 세상은 이런 다윗을 비웃습니다. 너 따위가, 머리에 피도 마르지 않은 어린 것이 뭘 할 수 있겠느냐고 조롱합니다. 그러나 다윗에게는 험악한 세월을 살아온 간증이 있습니다. 성령에 사로잡힌 믿음의 사람입니다. 이런 사람은 왕도 위로할 수 있습니다. 대화를 주도하고 상황을 주도하고 온 민족을 승리로 이끕니다. 내가 내 가정에, 내 직장에, 이 나라에 다윗과 같은 한 사람이 되게 하옵소서.

자기 간증이 있어야 합니다(33-37절)

우리는 인생에 지질했던 순간이 부끄러워서 감춥니다. 그래서 학벌과 재력을 내세웁니다. 그러나 오늘 나를 이기게 하는 것은 학벌도, 재력도 아닙니다. 사자 발톱, 곰 발톱에서 나를 건지신 하나님을 증언하는 나의 간증입니다. 그런 간증이 있으면 골리앗을 앞에 두고도 두렵지 않을 수 있습니다. 사자와 곰으로부터 나를 건지신 하나님이 어찌 골리앗으로부터 나를 건져 주시지 않겠습니까? 그러니 지질한 과거가 오늘의 나를 살립니다. 내 가정과 직장과 나라를 건집니다. 과거의 나를 살리시고 지금의 나를 승리케 하시는 하나님을 찬양합니다.

나에게 맞는 옷을 입고 무기를 선택해야 합니다(38~40절)

세상은 화려한 스펙을 요구합니다. 명문대학을 나와야 성공한다고, 석사학위, 박사학위가 있어야 알아준다고 합니다. 그러나 다윗은 막대기와 물맷돌 다섯 개를 들고 골리앗 앞에 섰습니다. 모두들 칼과 단창을 들고 갑옷을 입고 섰지만 다윗은 개의치 않았습니다. 여호와의 영이 임한 사람은 어디에서도 두려움이 없습니다. 사람 눈치를 보지 않고 다른 사람과 나를 비교하지도, 왜 내게는 칼과 단창을 주시지 않느냐고 불평하지도 않습니다. 하나님이 내게 주신 무기, 물매 하나면 충분합니다.

만군의 여호와의 이름으로 싸워야 합니다(41~54절)

모든 전쟁은 하나님께 속해 있습니다. 그럼에도 우리는 하나님을 잊고 한낱 골리앗 앞에서 두려워 떱니다. 하나님은 당신의 능력을 나타내고 보여 주시려고 하나님께 사로잡힌 한 사람을 보내십니다. 그를 통해 사람의 능력이나 특별한 무기가 전쟁을 승리로 이끄는 것이 아님을 우리에게 계속해서 보여 주십니다. 세상의 승리의 비결을 따르지 않고 어디에서 무슨 일을 하든 여호와의 이름으로 싸우기를 원합니다. 그것만이 우리가 세상을 이기는 비법임을 잊지 않게 하옵소서.

영혼의 기도

하나님 아버지, 이 큰 골리앗의 문제 앞에서 사울과 백성들이 너무나 낙담했습니다. 낙담하고 싶어서 하는 것은 아니지만 모두가 낙담해 있으니 별수 없이 우리도 낙담하게 됩니다.

그러나 주님, 정말 일어나고 싶습니다. 각자의 문제에서 이제 벗어나고 싶습니다. 그렇지만 마음대로 되지 않습니다. 많은 사람이 엎드러져 있으니 우리라고 엎드러져 있지 않을 재간이 없습니다. 삶의 밑바닥 간증도 없고 나만의 무기도 없기 때문에 오고가는 조롱 속에서 이렇게 저도 맥이 많이 빠지지만 하나님이 내게 주신 고유의 간증을 깨닫고, 나만의 무기를 가지고 내 속의 낙담을 깨우기를 원합니다.

이제 만군의 여호와의 이름으로 믿음을 던지고 승리할 수 있도록 우리를 붙들어 주옵소서. 안 되는 것 주님 앞에 올려드렸사오니 일어나게 하옵소서. 다른 누구도 아닌 나 자신이 얼마나 부족한가를 깨닫기 원합니다. 하나님만이 이 할례 없는 블레셋 사람을 무찌를 수 있습니다. 만군의 여호와의 이름으로 승리할 수 있도록 주님 역사하여 주옵소서.

예수님 이름으로 기도합니다. 아멘.

05

구원을 위해 죽는 것이 참사랑입니다

삼상 17:55-18:5

우리는 사랑이라는 말만 들어도 가슴이 설렙니다. 이 세상에서 가장 받고 싶은 것을 물어보면 어떤 사람은 돈이라 할지 모르겠습니다. 그렇지만 돈을 아무리 가져도 사랑을 모른다면 거지 중의 거지요, 가장 불쌍한 사람, 가장 실패한 사람이라 할 수 있을 것입니다. 모든 것을 가졌다 하더라도 사랑이 없으면 아무것도 아닙니다.

혹시 지금 마음이 피곤합니까? 절망과 실의에 빠져 있습니까? 그것은 바로 거짓 때문입니다. 사랑이 없고 사랑을 느끼지 못했기 때문입니다. 사랑을 모르는 것은 다 모르는 것이고, 사랑을 아는 것은 다 아는 것입니다. 그러면 참사랑이란 무엇일까요? 많은 정의가 있겠지만 저는 예수님께서 십자가에서 돌아가시며 "엘리 엘리 라마 사박다니, 나의 하나님 나의 하나님 어찌하여 나를 버리셨나이까?"라고 하셨지만, 십자가를 지시기 전 겟세마네에서 "그러나 나의 원대로 마시옵고 아버지의 원대로 하옵소서"라고 기도하신 것이야말로 참사랑이라고 생각합니다. 한마디로 대신 죽을 수 있는 사랑입니다. 다른 사람을 살리기 위해서, 구원을 위해서 죽는 사랑이야말로 참사랑인 것입니다.

어느 믿는 자매가 멋진 유부남을 만났는데, 그는 어떤 얘기도 다 들어주더랍니다. 유부남을 만나는 것이 잘못인 줄은 알지만 너무 끊기가 힘들었습니다. 자꾸 그 유부남이 "본처와 이혼하고 너와 결혼하겠다" 하니 자매는 밤새 기도했습니다. 그러나 그와 결혼하는 것은 한 가정을 죽이는 일이기에 끊기로 결단했습니다. 하지만 자신에게 인간적인 사랑을 채워 주는 사랑을 끊어 내기란 어려웠습니다. 마치 산꼭대기에서 절벽 밑의 바다로 풍덩 뛰어드는 것 같았습니다. 그러나 그렇게 죽는 경험을 하고 났더니 신기하게도 유부남으로부터 그만하자는 말을 들었다고 간증했습니다.

그 유부남의 사랑을 참사랑이라고 할 수 있습니까? 사랑에도 여러 가지가 있습니다. 에로스의 사랑, 필레오의 사랑, 아가페의 사랑입니다. 그중 에로스는 나의 유익을 위한 사랑이라 할 수 있습니다. 필레오는 서로의 유익을 위한 사랑입니다. 아가페는 남을 위한 사랑, 대신 죽는 사랑입니다. 이 아가페야말로 사랑 중에서도 최고봉일 것입니다. 사랑에는 희생이 필요하고, 사랑을 위해 죽기로 작정하면 하나님께서는 반드시 부활시키십니다. 그러나 육체의 쾌락과 감정에 충실한 사랑은 서로의 유익을 구하는 것 같지만 불륜 관계는 상대방의 가정을 깨는 것이기에 거짓입니다. 이것을 거짓이라고 이 세상 누가 이야기해 주겠습니까? 아무도 이야기해 주지 않으니 날마다 이혼을 밥 먹듯 하는 것 아니겠습니까?

참사랑은 예수님밖에 없습니다. 참된 것은 진리밖에 없습니다. 물론 도덕적으로도 불륜은 안 되는 것이지만, 우리는 도덕적인 것에서 더 나아가야 합니다. 어떤 사랑도 구원이 목적이어야 합니다. 그것이 참사랑입니다.

참 신앙의 친구를 알아볼 수 있습니까

55 사울은 다윗이 블레셋 사람을 향하여 나아감을 보고 군사령관 아브넬에게 묻되 아브넬아 이 소년이 누구의 아들이냐 아브넬이 이르되 왕이여 왕의 사심으로 맹세하옵나니 내가 알지 못하나이다 하매 56 왕이 이르되 너는 이 청년이 누구의 아들인가 물어보라 하였더니 57 다윗이 그 블레셋 사람을 죽이고 돌아올 때에 그 블레셋 사람의 머리가 그의 손에 있는 채 아브넬이 그를 사울 앞으로 인도하니 58 사울이 그에게 묻되 소년이여 누구의 아들이냐 하니 다윗이 대답하되 나는 주의 종 베들레헴 사람 이새의 아들이니이다 하니라 1 다윗이 사울에게 말하기를 마치매 요나단의 마음이 다윗의 마음과 하나가 되어 요나단이 그를 자기 생명같이 사랑하니라

삼상 17:55-18:1

다윗이 골리앗을 죽이고 그의 머리를 가지고 돌아왔습니다. 그런데 사울 왕이 묻기를 "너 누구 아들이냐?" 합니다. 그것도 처음부터 직접 물은 것이 아니라 군사령관 아브넬을 통해서 묻습니다. 아브넬이 모른다고

하니 "네가 물어보라" 시키고, 그러다가 본인에게 직접 묻습니다. 사울의 행동이 너무 기괴하지 않습니까? 이런 질문은 보통 처음 만난 사람에게 하는 것이지요. 사울이 다윗을 처음 본 것도 아니지 않습니까? 수금을 타서 사울의 악령 들린 것을 고쳐 주었던 다윗입니다. 사울은 골리앗을 물리치라고 다윗에게 갑옷도 벗어 줬습니다. 그런데 이제 와서 갑자기 "네가 누구냐?" 묻는 것입니다.

물론 이렇게 묻는 사울에게도 여러 가지 속셈이 있었을 것입니다. 골리앗과 싸워 이기면 딸을 준다고 했으니 이제야 다윗의 아버지가 누구인지 궁금하기도 했겠지요. 위기감이 들었을 수도 있습니다. 이상하고 복잡한 감정으로 다윗에게 누구 아들이냐 물었을 것입니다. 그렇지만 다윗 입장에서는 지금까지 왕궁에서 자기가 모시던 왕이 이렇게 묻는 것은 너무 서운할 일입니다. 아무리 생각해도 이상합니다.

오래 전 어느 부인을 알게 됐습니다. 저는 그 부인의 집에서 밤을 새워 이야기를 나누기도 했고, 우리 집에서 같이 식사를 하기도 했습니다. 그런데 몇 년 후 세미나에 같이 참석했는데, 그분이 제게 아는 척을 하지 않는 것입니다. 그분이 너무 유명했기 때문에 저는 괜스레 피해의식이 발동했습니다. 며칠간 기다려 보았는데도 인사를 안 하기에 마지막 날에 가서 "저를 모르시겠어요?" 하고 물어봤습니다. 그랬더니 미안해하며 못 알아봤다고 했지만, 그저 실수로 못 알아본 것인지 정말 몰랐던 것인지는 지금까지도 아리송합니다. 아마도 지금 사울이 다윗에게 네가 누구의 아들이냐고 묻는 이 장면을 해석하라고 하나님이 그런 일을 겪게 하신 게 아닌가 생각합니다.

만약 내게 이런 일이 생기면 어떻겠습니까? 기분이 좋지는 않겠지요. 어쩌면 사울의 시기심이 발동한 것일 수 있습니다. 어쨌든 사울은 지금 인생 최대의 실수를 하고 있습니다. 다윗은 이스라엘 최고의 왕이요 예수 그리스도의 조상이 될 인물입니다. 그런 다윗을 못 알아보고 시샘하고 핍박하고 죽이려 들었기 때문에 사울이 영원히 형벌을 받게 됩니다. 이처럼 사람을 분별하지 못하고 알아보지 못하는 것은 인생 최대의 실수가 될 수 있습니다.

그런데 그 아들 요나단은 왕자를 포기하면서까지 예수님의 조상 다윗을 알아봅니다. 이것은 그야말로 인생 최고의 결정이었습니다. 믿음의 친구를 알아보느냐, 알아보지 못하느냐에 따라서 참사랑을 할 수 있느냐, 없느냐가 결정됩니다. 물론 이것은 믿음 있는 친구끼리만 서로 알아보고 교제하라는 말이 아닙니다. 사울이 "네가 누구의 아들이냐?" 물었을 때 믿음 있는 다윗은 그가 무엇을 원하는지 간파했습니다. 그래서 "내가 왕의 악사가 아니냐, 내가 당신의 악령 들린 것을 고쳐 주지 않았느냐, 나에게 갑옷을 입혀 주지 않았느냐, 내가 골리앗을 물리치지 않았느냐"하는 이야기는 꺼내지 않았습니다. 그는 왕이 모른 척하면 자기도 모른 척 지혜롭게 "나는 당신의 종 베들레헴 사람 이새의 아들입니다" 하고 대답합니다. 회사에서도 상사가 나를 견제하면 그걸 잘 간파할 줄 알아야 합니다. 나 잘났다고 이야기하면 안 됩니다. 다윗은 왕이 물어보는 질문에 정확하게 답할 줄 알았습니다. 겸손하게 대답할 줄 알았습니다. '당신의 종' 하면서 왕을 높이고, 동시에 자기를 그렇게 무시하던 아버지 이새도 언급하여 높여 줍니다. 생활예배를 잘 드리면 이처럼 항상 예의 있는 사람, 무례하지 않은 사람이 저절로 됩니다.

그렇다면 요나단은 다윗에 대해 무엇을 안다고 갑자기 생명같이 사랑한다고 나섭니까? 요나단은 다윗을 지금 처음 본 것이 아닙니다. 왕궁에 드나들면서 수금을 켤 때부터 다윗을 예사롭지 않게 보고 있었습니다. 그런데 그런 다윗이 골리앗을 이기는 과정에서 너무 놀란 것입니다. 그의 믿음과 신앙을 알아본 것입니다. 요나단은 다윗을 죽는 날까지 사랑했습니다. 그러나 요나단은 자기 아버지 사울을 떠나지도 않았고, 같이 전쟁에 나가서 죽었습니다. 요나단이 끝까지 지킨 것은 이상한 자기 아버지입니다. 이런 사람이야말로 생활예배 잘 드리는 사람입니다.

그런데 이상하지 않습니까? 남남인 요나단과 다윗도 서로를 알아봤는데, 사울은 자기 아들 요나단의 믿음을 못 알아봅니다. 다윗의 아버지 이새와 형들도 다윗의 믿음을 못 알아봅니다. 그러니까 내가 믿음이 좋다고 다 나를 알아보는 것은 아닙니다. 생활예배 잘 드리는 사람만이 서로의 믿음을 알아보는 것입니다. 둘은 자석처럼 끌리는 영혼의 이끌림을 경험했습니다. 서로에게 하나님의 사랑이 있었기 때문에, 그 유전인자가 생성된 것을 서로 알아본 것입니다. 믿음 없는 가정으로 혼자 시집을 가도 그렇습니다. 그런 가정에서 믿음생활 하느라 갖은 핍박을 다 받고 있는데, 어느 날 나처럼 믿음 있는 사람이 이 가정에 시집을 오거나 장가를 왔다면 서로를 알아보고 얼마나 마음이 동하겠습니까? 지금 다윗과 요나단의 처지가 그런 것입니다.

사실 다윗은 양치기에 불과한 신분 아닙니까? 반면에 요나단은 왕자로 누구나 부러워할 만한 로열패밀리입니다. 그럼에도 그 둘이 신앙의 친구가 되었습니다. 이럴 수 있습니까? 신앙인이 아니라면 그런 사귐은 이해할 수 없습니다. 그러나 참된 신앙인이라면 신분을 보고 사람을 사귀어서는 안 됩니다. 내 자리에 유익이 되는 것보다 내 신앙에 유익이 되고 영혼의 안식을 누릴 수 있는 사귐을 가져야 합니다. 그래서 하나님께서 신앙의 친구를 붙여 주시는 것입니다. 신분과 나이에 상관없이 믿음의 친구를 볼 수 있는 것이 참사랑입니다.

어떤 사람들은 "믿음, 믿음" 하면서 믿음이 없는 사람들을 무시합니다. 이것은 믿음의 친구를 사귈 수 없는 태도입니다. 어떤 사람은 "나는 요나단 같은 사람, 다윗과 같은 사람을 만나 본 일이 없어서 참사랑을 할 수 없었다"고 말합니다. 그러나 지금 믿음의 눈을 떠서 보세요. 곳곳에 참사랑을 나눌 수 있는 사람은 얼마든지 있습니다. 지금 내가 처한 상황에서 눈을 뜨기 바랍니다. 우리들교회야말로 참 신앙의 친구들을 만날 수 있는 곳이라 생각합니다. 참사랑이 무엇인지 알 수 있고 볼 수 있고 배울 수 있는 곳이라 생각합니다. 요나단이 다윗을 알아본 것처럼 신앙의 친구를 알아볼 수 있기를 바랍니다. 주님을 한눈에 알아보는 것처럼 신앙의 친구를 알아보면 마음이 설렙니다. 그런 설렘이 우리에게 반드시 있기를 바랍니다.

+ 지금 내 곁에 있는 믿음의 형제는 누구입니까?
+ 날마다 설레는 마음으로 참사랑을 나누고 있습니까?

참사랑은 마음이 통하고 끌려 하나가 됩니다

요나단의 마음이 다윗의 마음과 하나가 되었다고 합니다. 마음이 통하고 끌리는 것입니다. 이 둘은 어떻게 마음이 끌려 하나가 되었을까요?

사람은 공통점이 있어야 하나가 됩니다. 두 사람은 블레셋이라는 공통의 적이 있습니다. 이 블레셋을 보고 요나단이 뭐라고 합니까? 사무엘상 14장 6절을 보면 "요나단이 자기의 무기를 든 소년에게 이르되 우리가 이 할례 받지 않은 자들에게로 건너가자 여호와께서 우리를 위하여 일하실까 하노라 여호와의 구원은 사람이 많고 적음에 달리지 아니하였느니라" 합니다. 블레셋 때문에 모든 민족이 다 두려워하고 있을 때 요나단은 그들을 향해 '할례 받지 않은 자들'이라면서 하나님께 모든 것을 맡기고 나아갑니다. 그때 요나단은 스무 명을 쳐서 죽였고, 이스라엘은 그와 함께 힘을 얻어 이겼습니다. 그런데 다윗도 골리앗을 향해 "이 할례 받지 않은 블레셋 사람이 누구이기에 살아 계시는 하나님의 군대를 모욕하겠느냐"(삼상 17:26) 합니다. 이 두 사람은 블레셋을 '할례 받지 않은 자들'이라 하면서 만군의 여호와의 이름으로 나아갔다는 공통점이 있습니다.

이스라엘이 믿음의 민족이지만 요나단은 자기와 같은 믿음을 본 일이 없습니다. 그러니 얼마나 외로웠겠습니까? 아버지 사울이 믿음의 사람 사무엘을 등지고 불순종하고 있는 것을 보면서, 악령이 들려 번뇌하는 것을 보면서 '왕이면 뭐 하고 왕궁에 있으면 뭐 하나' 하는 생각을 하지 않았겠습니까? 신앙은 표현이 안 되는 것이지만 맛본 자만이 아는 것입니다. 그런데 '할례 받지 않은 블레셋'이라고 자신과 같은 표현을 쓰면서 여호와의 이름으로 나아가 골리앗을 물리친 다윗을 보았을 때 요나단의 마음이 얼마나 떨리고 벅찼을까요? 요나단에게는 다윗이 양치기이건 가족으로부터 무시당하는 막내아들이건 하나도 중요하지 않았을 것입니다. 이렇게 믿음 있는 사람은 늘 믿음에 관심이 많기 때문에 믿음의 사람을 만나면 설레어합니다. 돈에 관심이 있는 사람은 돈 이야기에 설레지 않겠습니까?

우리들교회에서 직분 맡은 분들을 보면 학벌 뛰어난 분이 별로 없습니다. 그런 것을 보면 믿음은 학벌과 상관이 없음을 다시 한번 깨닫습니다. 진짜 믿음은 실전에서 나타납니다. 진짜 믿음 있는 분들은 실전에서 다 승리합니다. 그러니 우리들교회에서는 "나보다 배운 것도 없고 실력도 없는 사람이 온갖 직분을 다 맡고 있네!" 하면서 불평할 수가 없습니다. 하물며 다이어트 비법도 살 빼 본 사람에게 들어야 신뢰할 수 있습니다. 많이 배웠다고 말씀을 더 잘 이해하는 것도 아닙니다. 그 말씀으로 살아 본 자라야 누군가에게 말씀을 가르쳐 줄 수 있는 것입니다.

요나단이라는 이름은 '여호와께서 주신 자'라는 뜻입니다. 이름대로 그는 하나님께서 다윗에게 예수 그리스도의 표상으로 이 땅의 선물로 주신 너무나도 훌륭한 친구입니다. 앞으로 험한 세월, 험한 훈련 잘 이겨 가라고 이런 친구를 주셨습니다. 다윗은 이 땅에서 요나단을 보며 천국이 있다는 것을 느꼈을 것입니다. 생명같이 사랑하는 것이 무엇인지 느꼈을 것입니다. 이것이 참사랑입니다.

하나님께 관심을 갖기 바랍니다. 그리고 하나님을 의지하는 사람에게 마음을 두기 바랍니다. 혹시 불신결혼을 생각하고 있다면 하루라도 빨리 끊기를 바랍니다. 하나님을 의지하는 사람에게 마음이 끌리게 되기를 바

랍니다. 그런 성도를 만나고 최고의 참사랑을 나누면서 사랑하게 되기를
바랍니다.

+ 지금 나를 설레게 하는 것은 무엇입니까?
+ 지금 나는 어떤 사람과 마음이 하나가 되어 있습니까? 그리고 어디에 관심을
   가지고 있습니까?

참사랑은 자기 생명처럼 사랑하고 언약을 지킵니다

2 그 날에 사울은 다윗을 머무르게 하고 그의 아버지의 집으로 다시 돌아
가기를 허락하지 아니하였고 3 요나단은 다윗을 자기 생명 같이 사랑하
여 더불어 언약을 맺었으며 삼상 18:2-3

사울은 다윗이 돌아가기를 허락하지 않고 왕궁에 머무르게 했습니다.
그를 사랑해서가 아니라 골리앗을 물리쳤으니 자기 왕위를 유지하기 위
해서입니다. 정말 사울이야말로 대책이 없습니다. 다윗을 알아보지 못하
는 것도 모자라서 끝까지 자기 안위만 생각하는, 사랑이 메마른 사람입
니다. 그래도 그 덕에 다윗은 미리 왕궁 수업을 받게 됐습니다. 이 모든
것이 하나님께서 계획하신 일입니다. 그러니까 우리의 환경이 어떻게 변
하든지 거기에는 하나님의 섭리가 있으니 불평불만 하면 안 됩니다. 하
나님이 그분의 일을 위해 나를 그곳에 보내셨다고 생각해야 합니다.

그런데 3절에 보니 요나단이 다윗을 자기 생명처럼 사랑해서 더불어 언약을 맺었다고 합니다. 지금 요나단과 다윗이 마음이 하나가 되어 서로 자기 생명처럼 사랑했다는 이야기가 두 번이나 나왔습니다. 요나단은 비록 왕자로서, 로열패밀리로서 왕궁에서 생활하고 있었지만 하나님에게서 눈을 뗄 수 없는 것입니다. 이게 무슨 말입니까? 저는 요나단을 보면 제 옛날 생각이 납니다. 비록 왕궁까지는 아니었지만, 저도 남들이 부러워할 만한 결혼을 하고서 인생이 너무 외로워 하나님께로부터 하루도 눈을 뗄 수 없었습니다. 하나님을 찾지 않으면 안 되었던 것입니다. 요나단도 그랬을 거라고 생각합니다. 자기 아버지에게 악령이 들렸는데 자기가 왕궁에 있든 로열패밀리든 뭐가 그리 좋았겠습니까? 그렇게 외롭게 살다가 자기와 같은 믿음을 가진 다윗을 보니 온통 마음을 빼앗긴 것입니다.

생명같이 사랑했다는 말은 그야말로 세상에서 이만큼 사랑한 자가 없었다는 말입니다. 사람이 자기 생명보다 소중하게 생각하는 것이 있을 수 있겠습니까? 에베소서 5장 28절에 "이와 같이 남편들도 자기 아내 사랑하기를 자기 자신과 같이 할지니 자기 아내를 사랑하는 자는 자기를 사랑하는 것이라" 하였습니다. 그나마 부부간의 사랑이 한 몸처럼 여기는 사랑과 가장 근사치의 모델이니까 이렇게 이야기했지만, 그렇다고 모든 부부, 모든 부모 자식간의 사랑이 다 참사랑은 아니지 않습니까?

가까운 예로 사울이 다윗을 죽이려고 했을 때 요나단은 아버지의 뜻을 거스르고 다윗을 구합니다. 그러고 보면 효도로서 하는 것이 참사랑은 아닙니다. 아버지도 사랑하지만 그것을 뛰어넘는 사랑이 있습니다. 믿음 없는 아버지에게 예의를 다하고 책임을 다하지만 생명을 내어놓는 사랑은 마음이 하나가 되지 않고는 할 수 없습니다.

요나단은 왕위가 보장된 사람이었습니다. 그런데 그는 다윗이 하나님으로부터 기름부음을 받아서 앞으로 왕이 될 사람임을 꿰뚫어 볼 줄 아는 눈을 가졌습니다. '나보다는 네가 더 믿음이 좋구나, 나보다는 네가 더 구원의 일을 잘하겠구나' 하는 것을 본 것입니다. 왜냐하면 두 사람은 장차 차기 왕이 되어야 하기 때문에 한 사람은 죽어야 합니다. 결코 친구가 될 수 없는 사이입니다. 그러나 하나님의 참사랑은 이런 것을 다 뛰어넘습니다. 자기 생명같이 사랑하는 사람은 '저 사람이 나보다 더 잘하면 어쩌나? 저 사람을 넘어뜨려야 내가 승진을 하는데' 하는 마음이 없습니다. 이성 관계가 아니더라도 이렇게 마음이 통하는 사람을 만나면 얼마나 행복하겠습니까? 너무 보고 싶고 간절히 바라게 되지 않겠습니까? 이렇게 마음이 하나가 되는 친구가 나에게 있습니까? 이런 친구가 세 명만 있어도, 아니 한 명만 있어도 성공한 인생이라고 생각합니다. 그만큼 참사랑을 할 수 있는 사람이 없다는 뜻입니다.

슬플 때 같이 슬퍼하기는 세 배가 어렵고 기쁠 때 같이 기뻐하기는 일곱 배가 어려운 것이 친구라고 합니다. 그런데 요나단은 이런 친구를 만났습니다. 그러니 얼마나 좋았겠습니까? 그렇다고 나는 이런 친구를 못만났으니 죽어야겠다고 말할 수 있습니까? 우리는 사랑 이야기만 하면 인간적이 되어서는 '남편은 왜 나를 사랑하지 않지?', '아내는 왜 나를 사랑하지 않지?', '부모는 왜 나를 사랑하지 않지?' 하면서 괴로워합니다. 그러나 참사랑은 믿음의 사랑입니다. 믿음이 커질수록 외로울 수밖에 없는 것입니다. 믿음을 알아보는 사람이 생겼다는 것은, 이 좁은 길을 가겠다고 함께 결단하는 사람을 만났다는 이야기입니다.

진정한 친구를 얻기 위해서 우리는 먼저 주님과 친구가 되어야 합니다. 주님은 우리가 죄인 되었을 때 우리를 부끄러워하지 않고 친구라 불러 주셨습니다. 십자가에서 물과 피를 흘리시고 십자가 사랑으로 죽어 주셨습니다. 이 사랑은 요나단과 다윗의 사랑과는 비교가 안 됩니다. 세상 친구는 나를 버려도 주님은 나를 버리지 않으십니다. 그 예수님의 사랑을 우리가 알아야 참사랑이 무엇인지를 알 수 있습니다. 우리가 예수 안에서 진짜 믿음의 사랑을 만나면 그 사랑으로 남편에게도 잘하고 아내에게도 잘할 수 있습니다. 참사랑을 알았을 때 나를 너무 힘들게 하는 남편, 아내를 위해 생명을 내놓는 사랑을 할 수 있습니다. 요나단도 인생이 슬프니 다윗을 통해 참사랑을 만나고 그 사랑으로 아버지에게 잘할 수 있었던 것입니다. 이 세상이 다라면 그런 아버지와 사는 것이 이해가 되었겠습니까?

나한테 잘해 주고 같이 있어 주는 사람을 사랑하는 것이 참사랑이 아닙니다. 인간적인 사랑은 참사랑의 가면은 쓸 수 있지만 진짜 사랑이 아닙니다. 사랑은 학문도 아니고 이론도 아니고 경험도 아니고 눈에 보이는 실체도 아닙니다. 내가 참사랑을 받기 원하면 믿음을 키워야 합니다. 그런데 믿음은 키우지 않고 날마다 사랑, 사랑, 사랑 타령만 하면 인간적인 사랑까지 멀어집니다. 사랑 타령만큼 사람을 피곤하게 하는 것이 없습니다. 또 하나님의 사랑을 모른 채 사랑 타령을 하다 보면 인간적인 사랑에 목이 말라 이 두 가지가 혼합이 됩니다. 그래서 하나님이 나에게 잘해 주시는 것이 하나님 사랑이라 착각합니다. 혹시 내 생명같이 사랑할 만한 다윗 같은 사람이 없다고 탄식하지는 않습니까? 그것만큼 의미 없는 일도 없습니다.

우리들교회 지체들의 나눔을 듣다 보면 죽을 가정들이 너무 많습니다. 이번에도 어떤 분이 이혼한 남편과 재결합을 했는데, 누가 보아도 행복해지기 위한 재결합이 아니었습니다. 왜냐하면 그 남편은 알코올중독자에 정신병이 있었기 때문입니다. 이 아내가 무엇을 누리려고 그런 남편과 다시 살겠습니까? 그러나 십자가를 기꺼이 지게 하는 힘이 우리들 공동체에 있습니다. 이것이야말로 참사랑 아니겠습니까?

예수의 참사랑을 알게 되면 참사랑을 할 수 있습니다. 주위에 보면 참사랑을 실천할 수 있는 지체들이 깔려 있습니다. 시야를 넓게 바꾸었으면 좋겠습니다. 평생 일을 안 하는 배우자도 있고 도박, 주식 중독에서 헤어나지 못하는 배우자도 있습니다. 폭력에 폭언을 일삼고 의부증, 의처증이 있어서 배우자를 고문하는 사람도 있습니다. 일도 안 하면서 종일 음란물만 보는 성 중독 배우자도 있고, 바람을 피우는 배우자도 있습니다. 그런데 이런 분들이 우리들교회에 오면 이상하게 변한다는 것입니다. 부부 중에 한 사람만 변하면 그 가정이 회복된다는 것입니다. 이 회복은 행복해지기 위한 것이 아니라 거룩해지기 위한, 참사랑을 하기 위한 회복입니다. 인간의 언어로는 이것이 이해가 안 되어 지금도 속이 부글부글 끓는 분들이 있을 것입니다.

또 어떤 분들은 둘이 너무 사랑해서 말씀이 들어갈 틈이 없고 이타적인 사랑이 들어갈 틈이 없습니다. 여기에도 문제가 있습니다. 하나님이 둘이 하나가 되라고 하신 것은 남을 섬기라는 의미이지 둘만 쳐다보라고 하나 되게 하신 것이 아닙니다. 지금 다윗이 요나단만 쳐다보고 있습니까? 요나단이 오매불망 다윗만 바라봅니까? 다윗은 골리앗을 물리치고 사울로부터 도망치고 하나님을 찬양하느라 매일이 정신없습니다. 그런 다윗을 요나단이 사랑하게 된 것입니다. 둘만 쳐다보고 있는 사랑은 참사랑이 아닙니다. 그렇다고 둘이 하나가 되지 말라는 말이 아닙니다. 다윗과 요나단의 짧은 교제를 성경에서 최고의 사랑으로 꼽는 것은 예수 그리스도의 사랑이 둘 사이에 있었기 때문입니다. 이 요나단과의 사랑을 맛본 다윗이 그 사랑으로 평생 주의 일을 할 수 있었다고 생각합니다.

우리는 사랑하면 말초적인 사랑밖에 모릅니다. 매일 같이 다녀야만 사랑하는 것이라고 생각합니다. 그래서 제 남편도 그렇게 저를 어디 나가지도 못하게 하고 자기와 같이 있기를 바란 것 아니겠습니까? 그런데 그것이 얼마나 힘들면 제가 주님을 만났겠습니까? 그 덕분에 제가 참사랑을 알게 되었습니다. 이렇게 같이 있어도 한마음이 안 될 수 있습니다. 반대로 각자 자리에서 주어진 역할에 충성할 때 참사랑을 깨닫기도 합니다. 그런데도 인간의 잣대로 같이 있고 잘해 줘야만 사랑이라고 생각하는 것이 문제입니다.

생명같이 사랑한다고 거기서 끝나면 참사랑이 아닙니다. 참사랑은 내가 이 사랑을 끝까지 지키겠다고 약속해야 합니다. 하나님도 당신의 사랑을 표현하실 때 언약의 방법으로 확증하셨습니다. 성경도 구약과 신약, 즉 옛 언약과 새로운 언약으로 표현합니다. 로마서 5장 8절에 "우리가 아직 죄인 되었을 때에 그리스도께서 우리를 위하여 죽으심으로 하나님께서 우리에 대한 자기의 사랑을 확증하셨느니라"라고 합니다. 인간은 하나님과 맺은 언약을 거역했지만 하나님은 십자가 사랑, 십자가 언약으로 하나님의 사랑을 확증해 주셨습니다.

말로만 하는 것은 참사랑이 아닙니다. 참사랑은 내가 대신 죽는 것으로 확증해야 합니다. 언약 관계는 의형제가 친형제 되는 것이 아니라 군신관계를 말합니다. 반드시 내가 너를 지켜 주겠다는 뜻입니다. 요나단은 다윗에게 "내가 너를 사랑하기에 앞으로 굳게 굳게 지켜 주겠다" 하면서 자기 아버지가 다윗을 죽이려 할 때 도와주었습니다. 말로만 하는 것이 아니라 죽음에서 그를 구하여 약속을 지켰습니다. 이것이 자기 생명처럼 사랑하는 것입니다. 다윗도 이 약속을 지켜서 나중에 요나단의 아들인 므비보셋을 끝까지 지켜 주었습니다.

+ 예수님과 한마음이 되어 생명을 내어놓는 사랑을 하고 있습니까?
+ 지금까지 살아오면서 아내와 남편 이외에 자기 생명을 사랑하듯이 사랑하는 사람을 몇이나 두고 있습니까?

참사랑은 아낌없이 줍니다

요나단이 자기가 입었던 겉옷을 벗어 다윗에게 주었고 자기의 군복과 칼과 활과 띠도 그리하였더라 삼상 18:4

마음이 하나가 되어 자기 생명처럼 사랑하고 언약을 맺으면 아까운 것이 없습니다. 요나단은 이제 자기가 입었던 겉옷은 물론 군복과 칼과 활과 허리띠까지 다 다윗에게 줍니다. 지금까지 다윗이 이런 옷을 입어 본 일이 있었겠습니까? 형제가 여덟인 데다 막내이니 형들이 입던 옷을 물려받아 입었다면 누더기 중에서도 상 누더기 옷을 입었을 것입니다. 아버지나 형제들이 그런 것을 신경이나 썼겠습니까? 고작 양치기하는 막내아들에게 새 옷을 사 입혔겠습니까? 그런데 요나단이 자기 옷을 벗어 준 것입니다. 상상해 보십시오. 그럼 옷을 다 벗어 준 요나단은 뭘 입었을까요? 다윗이 벗어 놓은 그 누더기 옷을 입지 않았을까요? 자기는 누더기 옷을 입고서 왕복을 입고 있는 다윗을 기쁨으로 바라보았을 것입니다.

이것이 참사랑입니다. "나는 너를 위해 왕자의 옷을 벗고 양치기의 옷을 입을 수 있다"는 것입니다. 이것은 단순히 옷의 문제가 아닙니다. 당시 옷은 곧 신분이었습니다. 그 말은 나는 너를 위해 왕자의 자리도 버릴 수 있다는 뜻입니다. 이 세상의 왕위 정도는 참사랑을 위해서 얼마든지 포기할 수 있다는 것을 보여 준 것입니다. 요나단은 아버지를 통해 왕위가 무엇인지 보며 자랐습니다. 믿음을 유지하기 위해 왕위는 아무런 도움이 되지 않는다는 것을 안 것입니다. 그러니 아낌없이 왕위도 버릴 수 있는 것입니다.

한국이 가난할 때 기독교가 들어왔습니다. 그래서 그때 전도 구호는 오직 "예수 믿으면 잘산다"였습니다. 이 슬로건이 공식이 되었습니다. 예수 믿으면 정말 잘살아야 하는 줄 알았습니다. 잘살아 본 적이 없으니 잘사는 것이 선망의 대상이 된 것입니다. 한때는 교회에 부흥이 불같이 일었을지 몰라도 얼마 안 가 이것은 기복이 되었고, 교회 곳곳에 부패가 매우 빠르게 퍼지고 말았습니다. 요즘 입만 열면 한국 기독교를 걱정합니다.

뭔가 풍요롭게 가져 봐야 그 풍요가 아무것도 아닌 것을 알 수 있습니다. 다윗은 가져 보지 않은 것을 요나단은 가져 봤기 때문에 "이런 것 아무것도 아니니 네가 가져라" 할 수 있었습니다. 하나님의 참사랑이 대단하고 너무 멋있다는 생각을 합니다.

+ 내가 입었던 겉옷까지도 다 벗어 줄 만큼 참으로 사랑하는 지체는 누구입니까?
+ 그 지체를 위하여 목숨도 아낌없이 줄 수 있습니까?

참사랑을 하면 합당히 여기는 리더십이 따라옵니다

다윗은 사울이 보내는 곳마다 가서 지혜롭게 행하매 사울이 그를 군대의 장으로 삼았더니 온 백성이 합당히 여겼고 사울의 신하들도 합당히 여겼더라 삼상 18:5

다윗은 골리앗과의 승리를 빌미 삼아서 교만해지지 않았습니다. 사울이 힘들고 어려운 전쟁터로만 보내도 그곳에서 불평하지 않고 지혜롭게 행했습니다. 이렇게 진실한 사람을 보면 사람들은 그를 리더로 삼고 싶어 합니다. 그만큼 진실한 사람 찾기가 힘드니 그렇습니다. 온 백성과 사울의 신하들까지도 다윗이 군대의 장이 되는 것을 합당히 여겼다고 합니다.

참사랑을 하는 사람은 생명을 귀히 여기고 주변에 관심이 많습니다. 그래서 사람 관리를 잘합니다. 이렇게 사람을 귀히 여기는 것이 얼마나 큰 실력을 갖게 되는 비결인지 모릅니다. 사울에게 사람이 많은 것 같아도 진정으로 그를 위하는 사람은 없었습니다. 그러니 마땅한 일꾼을 고르기도 힘듭니다. 교회에서도 그렇습니다. 사람이 그렇게 많아도 진실한 목회자 한 사람 찾기가 힘듭니다. 막상 사람들은 취직 못해서 난리인데 회사들은 뽑을 사람이 없다고 합니다. 시집 장가 가려고 해도 배우자감이 없답니다.

이렇게 진실한 한 사람이 메마른 때에 다윗은 그 이상한 사울에게 충성하면서 지혜로 십자가의 타이밍을 맞춥니다. 그러니 사람들이 다 그에게 반하는 것입니다. 아무도 그 사람이 리더가 되는 것에 반론을 펴지 못합니다. 모두가 합당히 여기는 리더십이 주어진 것입니다. 양치기 소년이 리더가 된다는 것은 정말 파격적인 인사입니다.

우리들교회 목자 모임에서도 목장을 귀히 여기고 말도 안 되는 목원들의 이야기를 진실하게 들어 주는 다윗 같은 분들이 있습니다. 이런 분들은 그 실력으로 직장생활을 하고 가정을 꾸리니 어디에서도 칭찬을 받습니다. 자녀 교육에도 성공하는 모습을 봅니다. 그뿐만 아니라 청년부에서도 "목장에서 하듯 면접에서 내 이야기를 솔직히 나누었더니 취직이 되었다"는 간증이 심심찮게 나옵니다. 참사랑의 놀라운 힘을 보여 주고 있습니다.

중학교 3학년 여학생의 간증이 있어 소개합니다.

"부모님이 맞벌이를 하셔서 어릴 때부터 할머니와 함께 지냈습니다. 그런데 할머니는 미숙아로 태어난 남동생만 끼고돌면서 동생이 무슨 잘못을 하면 모두 제 탓이라고 야단을 치셨습니다. 결국 초등학교 4학년 때, 사랑을 독차지하는 남동생에 대한 스트레스로 사회 인지 치료를 받았습니다. 엄마는 직장을 그만두고 할머니 댁에서 나와 이사를 하셨고, 저는 전학을 가야만 했습니다.

저는 초등학교 때에도 친구가 그리 많은 편은 아니었습니다. 그런데 전학을 가면서 그나마 있던 친구들과도 멀어지니 여러 가지 스트레스가 생겼고, 그 짜증을 날마다 엄마에게 풀어서 아빠에게 얼마나 많이 맞았는지 모릅니다. 한번은 전학을 간 학교에서 친구들과 생긴 오해로 다툼이 있었는데, 그 친구들이 우유와 계란을 던지고 제 머리카락을 라이터로 태우고 커피를 부었습니다. 이것을 잊을 수 없습니다.

그러다가 중학교에 입학했습니다. 초등학교보다 조금 멀리 떨어진 학교였는데, 입학하자마자 나쁜 친구들과 어울리게 되면서 술, 담배를 시작했고 가출도 했습니다. 그러다가 또 이사를 가게 되었습니다. 엄마는 저에게 전학을 가라고 했는데, 그런 엄마가 너무 원망스러웠습니다. 나중에는 저도 친구들을 때리면서 화가 나면 감정을 추스르지 못했습니다. 정말 힘들 때는 전에 다니던 학교 친구들을 만나는 것이 유일한 힘이 되었고, 그러다가 경찰서도 다녀왔습니다. 그날 경찰서에서 저를 데리고 집에 가시던 엄마는 처음으로 저 때문에 정말 힘들다고, 죽고 싶다고 하셨습니다.

중학교 3학년이 되어 학교 규칙이 엄격해졌지만 저는 계속 마찰을 일으켰습니다. 지속적으로 선생님들과 부딪치면서 징계를 세 번이나 받고 대안

학교 권유도 받았습니다. 졸업은 해야 하는데 학교 다니는 것이 너무 싫었습니다. 선생님들도 이렇게 다닐 거면 학교에 다니지 말라고, 저만 없으면 된다고 말씀하셨습니다. 제가 바란 것은 단지 저에게 맞는 따뜻한 지도였는데 학교에서는 제 힘든 마음과 생각을 이해해 주지 않고 그저 저를 문제아 취급만 했습니다.

그러다가 엄마를 따라 우리들교회에 오게 되었습니다. 그때 저 때문에 힘들어 죽고 싶다던 엄마가 저에게 "너라는 존재가 감사하다. 너를 향한 기도 제목이 나에게 있다는 것이 참으로 감사하다"고 하셨습니다. 아빠가 여전히 교회에 나오시지 않는데, 우리들교회에 나오면 좀 변하지 않을까 하는 생각을 합니다. 앞으로 남은 중학교 생활을 잘 해내고 싶습니다. 비전도 찾고 싶습니다."

이 자매의 엄마 이야기를 들어 보면, 아무리 잘해 주려고 해도 안 되던 아이가 정작 자신이 변하니 조금씩 변했다고 고백합니다. 이런 변화는 인간의 힘으로 할 수 있는 일이 아닙니다. 함께 말씀을 듣지 않고는, 한 사람의 변화로는 절대 안 변합니다. 엄마도 딸도 죽고 싶고 너무 힘들었는데 길이 없어 우리들교회에 와서 하나님의 참사랑을 찾았습니다.

요나단도 다윗도 길이 없어서 하나님의 참사랑을 알게 된 것 같습니다. 길이 많으면 하나님의 완전한 사랑이 들어오지 않습니다. 내가 아무것도 할 수 없을 때 하나님의 참사랑이 들어옵니다. 이 아이가 믿음의 공동체 안에 거할 때 앞으로 누군가에게 참사랑을 보여 주지 않겠습니까? "친구들이 내 머리에 우유를 붓고 라이터로 머리카락을 태우며 괴롭힌

다. 그래서 너무 힘들다"라고 할 때 이 아이가 "나도 그랬다" 하면 얼마나 참사랑을 주고받는 친구가 되겠습니까? 바로 "나도 그랬다. 그래서 주님을 만났다" 하는 것이 참사랑의 간증입니다. 이 참사랑을 안다면 우리가 못할 일이 뭐가 있겠습니까?

참사랑은 신앙의 친구를 알아보는 데서부터 시작합니다. 마음이 하나가 되어 그의 생명을 내 생명처럼 여기는 데서부터 시작합니다. 그럴 때 아낌없이 주는 사랑을 하게 되고, 언약의 사랑을 하게 될 것입니다. 그럴 때 우리에게 합당하게 주어지는 리더십이 생길 것입니다. 서로 간증을 주고받게 될 것입니다. 이 참사랑이야말로 십자가를 경험하는 사랑이라는 것을, 세상의 사랑이 아니라는 것을 깨닫기 바랍니다.

+ 여러분은 사람에게 얼마나 관심이 있습니까?
+ 힘든 지체들의 구원을 위해 나누어야 할 나의 "나도 그랬다" 간증은 무엇입니까?

우리들 묵상과 적용

2006년 11월, 아내와 딸이 교회에 같이 가 주면 5만 원을 준다는 말에 우리들교회에 처음 오게 되었습니다. 당시 저는 딸아이의 소아암 말기 진단 때문에 절망에 빠져 있었습니다. 의사인 목자님의 인도로 아내가 먼저 우리들교회에 등록을 했고 저는 울며 겨자 먹기로 따라다니기 시작했습니다.

20회가 넘는 항암치료와 방사선 치료, 12시간이 넘는 수술에도 아이의 병세는 나아지지 않았습니다. 교회를 다니고 목장을 다니고 봉사를 하면서 오직 아이를 낫게 해 주시면 저의 모든 것을 다 가져가셔도 좋다는 절박한 심정으로 기도했습니다. 그런데 시간이 지날수록 아이의 상태가 더 악화되자 '하나님을 믿었는데 왜 낫지 않느냐'며 원망과 불평이 터져 나왔습니다. 아이가 이 지경인 게 왜 축복의 통로인지 알 수가 없었습니다. 그런데 하나님은 이런 저의 믿음 없음에도 기적을 베풀어 주셨습니다. 놀랍게도 아이를 살려 주신 것입니다.

그런데 막상 아이가 살아나니 하나님이 고쳐 주셨다는 간증 없이 그저 기적을 경험한 것만 자랑하고 이야기했습니다. 또 아이의 고난만 지나면 그 어떠한 고난도 감수할 수 있다고 생각했는데, 직장 고난으로 집에 가스가 끊어지고 쌀이 떨어지는 상황이 되니 '하나님이 나에게 이러실 수 있느냐'며 한탄만을 쏟아 냈습니다.

가장으로서의 책임을 지라는 목장의 처방에 마음을 낮추고 전단지 돌리기, 인쇄소 배달, 세탁 공장 등을 다녔습니다. 길이 없어서 닥치는 대로 일했습니다. 그러다가 너무 힘들기도 했고 평생 이렇게 살 수는 없다고 생각해 그만두었습니다.

잠시 휴식하며 마음을 정리하면서 목장에 집중했습니다. 참 신앙의 친구를 알아 볼 수 있으면 설렘이 있다고 하셨는데, 공동체를 통해 하나님은 다윗처럼 마음이 하나가 되는 사랑을 할 수 있게 해 주셨습니다(삼상 18:1). 마음이 통하는 지체들이 있는 목장의 위로와 처방을 받고 전에 다니던 회사에 찾아갔습니다. 그리고 사울이 다윗에게 너는 누구의 아들이냐는 질문에 다윗이 잘난 척하지 않고 겸손하게 말한 것같이 일자리를 부탁하여 책상도 없는 아르바이트를 시작하게 되었습니다(삼상 17:58). 양치기 같은 일을 하며 생활예배도 잘 드리게 되니 지금은 합당히 여기는 리더십이 따라와 정식 직원이 되어 잘 다니고 있습니다.

믿음은 무언가 눈에 보이게 바뀌는 것이라고 생각을 했기에 아이를 고쳐 주시는 하나님, 직장을 회복시켜 주시는 하나님에 머물러 있었습니다. 그러나 양육을 받으며 믿음을 키워 자기 생명같이 사랑해 주며 언약의 사랑을 주시는 예수님의 참사랑을 경험하고 나니 고난만을 해결하려는 것은 거짓 사랑이라는 사실을 깨달았습니다(삼상 18:1, 3). 사랑을 몰랐기에 분노 가운데 절망과 실의에 빠져 살아온 저에게 아낌없이 주는 참사랑을 해 주신 하나님, 사랑합니다.

말씀으로 기도하기

참사랑은 나의 유익을 위한 것이 아닙니다. 참사랑은 남을 위한 사랑, 대신 죽을 수 있는 사랑입니다. 그런 의미에서 십자가에서 죽으신 예수 그리스도의 사랑이야말로 최고봉의 사랑입니다.

참 신앙의 친구를 알아볼 수 있습니까(17:55~18:1)

우리는 사람을 만날 때 내 자리에 유익이 될 만한 사람인지 먼저 따집니다. 세상적 가치관에 빠져 있기 때문입니다. 그래서 주님께서 보내 주신 동역자를 못 알아봅니다. 그러나 양치기 다윗과 왕자 요나단은 서로의 신분이 아니라 믿음을 보았습니다. 그래서 참 신앙의 친구가 될 수 있었습니다. 지금이라도 나의 교만을 회개하고, 참사랑을 배워 나가게 해 주옵소서.

참사랑은 마음이 통하고 끌려 하나가 됩니다(1절)

요나단의 관심은 오직 믿음이었기 때문에 다윗을 알아봤습니다. 그런데 우리는 믿음보다 돈, 권력에 관심이 많으니 교회에서도 '나보다 못한 저 것이' 하면서 사람을 무시합니다. 그러니 요나단과 다윗처럼 마음이 통하는 참사랑을 경험할 수가 없습니다. 사랑 타령은 하지만 믿음 없는 자에게 마음이 끌려 불신결혼을 합니다. 이제라도 내 관심을 믿음에 두기를 원합니다. 믿음의 사람과 마음이 통하고 끌려 하나 되기를 원합니다.

참사랑은 자기 생명처럼 사랑하고 언약을 지킵니다(2-3절)

맨날 세상적 사랑에만 취해 있었습니다. 그래서 배우자를 향해, 부모를 향해, 형제를 향해 왜 나를 더 사랑해 주지 않느냐고 불평하고 괴로워했습니다. 그런데 나를 위해 생명을 내놓으신 분의 참사랑을 알았습니다. 이제는 나를 더 사랑해 달라고 애원하는 사랑이 아니라 내가 먼저 주님 사랑으로 배우자를, 부모를, 형제를 사랑하게 해 주옵소서.

참사랑은 아낌없이 줍니다(4절)

어느 누가 왕자의 신분을 버리고 누더기 옷을 입어 가면서까지 사랑할 수 있을까요? 그러나 참사랑을 하면 아까울 것이 없다고 합니다. 이 시대에 이런 사랑이 메마르고 있습니다. 사랑보다 돈이 더 대단해서, 권력이 더 대단해서 그렇습니다. 그러나 하나님의 참사랑은 돈과 권력이 별것 아니라는 것을, 얼마든지 버릴 수 있는 것임을 가르쳐 줍니다. 요나단과 다윗의 이 사랑이 교회와 각 나라에 가득하기를 바랍니다.

참사랑을 하면 합당히 여기는 리더십이 따라옵니다(5절)

다윗의 진실함이 통하면서 사람들은 그의 리더십을 합당히 여겼습니다. 그는 고작 양치기였고 어린 소년이었지만 험한 세월을 살아온 간증이 있었고 참사랑을 알고 있었습니다. 이것이 그가 리더로 합당히 여김을 받은 비결입니다. 하나님이 한 명의 리더를 세워 나가시는 방법이 참으로 오묘하고 놀랍습니다. 우리도 그런 하나님의 가르침을 따라 참사랑을 깨닫고 가정과 직장과 사회를 이끌어 가는 리더로 세워지기를 원합니다.

영혼의 기도

하나님 아버지, 사랑을 인간적으로만 생각해서 수많은 세월 헛된 감정을 쏟느라 너무 목이 마릅니다. 다윗과 요나단을 묵상하고 보니 하나님밖에 의지할 것 없는 이 두 사람의 만남이 얼마나 애틋했을까 싶습니다.

그들은 길이 없었습니다. 요나단은 아버지가 악령이 들려 아팠고, 다윗은 아버지와 형들로부터 온갖 무시를 받으며 자랐습니다. 그래서 하나님은 이 둘을 만나게 하시고 다윗에게 천국의 모습을 보여 주셨습니다. 예수님의 조상으로 그 험한 훈련을 받을 수 있도록 참사랑을 알려 주셨습니다.

주님, 다윗과 요나단이 서로를 자기 생명처럼 사랑했다고 합니다. 그들처럼 믿음을 키워 가야 하는데, 우리는 인간적인 사랑에 너무나 목을 매고 있습니다. 그런 우리를 불쌍히 여겨 주옵소서.

저는 입으로만 사랑하는 것 같습니다. 십자가에서 그만 내려가고 싶습니다. 내가 사울처럼 신앙의 사람을 못 알아보지 않을까 두렵습니다.

그러나 내가 죄인 되었을 때에 나를 친구 삼아 주신 주님, 사랑을 가지고 나아갈 때 가족에게, 이웃에게 참사랑을 보여줄 수 있는 한 사람이 되게 하여 주옵소서. 우리 모두 참사랑의 주인공이 될 수 있을 줄 믿습니다. 어떠한 사망의 음침한 골짜기에서라도 이 참사랑으로 살아낼 수 있도록 역사하여 주옵소서.

예수님 이름으로 기도합니다. 아멘.

06

시기를 이기면 이름이 심히 귀하게 됩니다

삼상 18:6-30

자기 아들의 믿음도, 다윗의 믿음도 못 알아본 사울은 독한 시기와 모함으로 얼마나 지옥을 살았는지 모릅니다. 참사랑이 무엇인지 모르는 사람에게 오는 형벌이 이렇게 큽니다. 계속되는 시기심으로 헛소리를 하고, 미움과 살의를 품다가 결국 살인을 감행하기까지 합니다.

그런데 이런 사울에게 시달리는 시기를 견뎌야 하는 것이 성도들의 삶입니다. 다윗처럼 참사랑을 하는 가운데 올바르고 곧게 살아가다 보면 사탄의 방해가 말도 못 하게 기승을 부립니다. 사탄이 총 궐기를 합니다. "그런데도 네가 참사랑을 할 수 있느냐?"고 물어보는 사건이 끝없이 우리 인생에 오고갑니다.

제 이름을 지어 준 목사님 말에 의하면 제 이름에는 '기름을 붓는다'는 뜻이 담겨 있다고 합니다. 각종 사전을 찾아보니까 참 일리가 있더군요. 제 이름은 '어질 량' 자에 '있을 재' 자를 쓰는데, 이 '어질 량'에 '어질

다'는 뜻 말고도 '좋다', '훌륭하다', '아름답다', '착하다', '곧다', '길하다', '남편', '진실로', '참으로' 라는 뜻이 담겨 있습니다. 세상에 좋은 뜻은 다 '어질 량' 자에 있습니다. 제가 이렇게 좋고 훌륭하고 아름답게 살면 얼마나 시기를 받겠습니까? 그런데 '어질다'라는 말에는 주로 임금이 백성을 두루 잘 보살핀다는 뜻이 있습니다. 임금이 백성을 두루 보살피려면 기름이 필요하기에 기름을 붓는다는 뜻이 맞기도 하겠구나 싶습니다. '있을 재'는 오직 그 사역을 위해서 '있고 존재하라'는 의미로 붙여 준 것 같습니다. 하나님 앞에 드려지는 양, 번제로 드려지는 양이라는 이름대로 살라고 이렇게 여러 가지 일을 겪어 가는 것이 아닌가 싶습니다.

그러나 시기를 잘 견뎌 내면 그 이름이 심히 귀하게 되는 역사가 일어납니다. '이름이 심히 귀하게 된다'는 말이 무슨 뜻입니까? 굉장히 명성을 떨쳤다는 말입니다. 다윗이 그랬습니다. 과연 다윗은 사울의 시기와 모함, 음모를 어떻게 겪어 나갔을까요? 어떻게 그 시기를 이기고, 이름이 심히 귀하게 되었는지 살펴보겠습니다.

시기심이 가득 차면 악령이 더 힘 있게 내립니다

6 무리가 돌아올 때 곧 다윗이 블레셋 사람을 죽이고 돌아올 때에 여인들이 이스라엘 모든 성읍에서 나와서 노래하며 춤추며 소고와 경쇠를 가지고 왕 사울을 환영하는데 7 여인들이 뛰놀며 노래하여 이르되 사울이 죽인 자는 천천이요 다윗은 만만이로다 한지라 삼상 18:6-7

다윗이 골리앗을 물리쳤습니다. 그런데 환영은 사울이 받습니다. 왕이어서 그렇습니다. 그러면 사울 입장에서는 자기가 다윗 대신 환영받고 있으니 감사해야 하지 않습니까? 일은 다윗이 다 한 것 아닙니까? 그런데 사울은 그렇지 않았습니다.

하나님에게 버림받은 사람은 사람에게도 반드시 버림을 받습니다. 백성들이 아무리 어리석다 해도 알 것은 다 압니다. 사울은 지는 해입니다. 골리앗도 못 물리쳤습니다. 지난번에 다 이겨 놓은 싸움을 훼방 놓은 장본인도 사울입니다. 그러니 백성들도 "사울이 죽인 자는 천천이요 다윗은 만만이라"고 하는 것입니다. 여기에 거짓이 있습니까? 맞는 말 아닙니까? 이때 사울이 '그래, 그 말이 맞다!' 했다면 얼마나 멋있었겠습니까? 그랬다면 오히려 아량 있는 왕으로 평가되었을지도 모릅니다.

그런데 사울은 지금 그게 안 됩니다. 나중 일이기는 하지만 다윗은 자기 아들 압살롬에게 배반을 당했을 때 기드론 시냇가에서 자신을 돌아보고 울며 회개했습니다. 그랬기 때문에 하나님께서 그를 다시 회복시켜 주셨습니다. 그런데 사울은 자신을 돌아볼 줄도, 회개할 줄도 모릅니다. 결국 이 일로 다윗이 죽음에 이르게 되었습니다. 지나가는 말로 무심코 던진 한마디가 누군가를 죽음까지 몰고 가는 중대한 문제를 일으킬 수 있으니, 말은 굉장히 조심히 내뱉어야 합니다.

사울이 그 말에 불쾌하여 심히 노하여 이르되 다윗에게는 만만을 돌리고
내게는 천천만 돌리니 그가 더 얻을 것이 나라 말고 무엇이냐 하고 삼상 17:8

사울이 백성들의 말에 불쾌하여 심히 노합니다. 그러면서 "사람들이 내게는 천천만 돌리는데 다윗에게는 만만을 돌리니 이제 그가 나라를 얻게 되는 것 아니냐"면서 불안해합니다. 그러나 이것은 전적으로 사울의 생각입니다. 지금 누가 그런 말을 했습니까? 아무도 하지 않았습니다. 우리가 시기심이 들 때는 내 생각이 많아집니다. 그 생각들은 전적으로 내 견해라는 것을 알아야 합니다.

사울은 지금 왜 이렇게까지 많은 생각을 하고 있는 걸까요? 지금까지는 사울이 전쟁 영웅이었습니다. 블레셋과의 싸움에서 여러 번 이겼습니다. 그런데 그동안 이름조차 알려지지 않던, 양 치던 다윗이 골리앗 한 사람을 물리쳤다고 갑자기 만만이 됐습니다. 지금까지 내가 수고한 것은 어디로 갔는지 없어지고 사람들이 자기에게는 천천이라 합니다. 이것이 이해가 안 되는 것입니다.

그러나 사람들이 나더러 천천이라 하고 내 옆 지체더러 만만이라 하더라도 그 천천에 감사해야 합니다. 나에게 백백이라 해도 그 백백에 감사해야 합니다. 그저 '저 사람을 하나님이 인정하시는구나' 해 버리면 마음이 편합니다. 그런데 시기심이 발동하면 골치가 아파집니다. 여기서부터 사울의 더러운 죄가 시작됩니다.

그날 후로 사울이 다윗을 주목하였더라 삼상 18:9

왜 사울이 다윗을 주목했겠습니까? '언제 저놈에게 본때를 보여 줄까' 하면서 빌미를 찾는 것입니다. 사람이 빌미를 찾기로 작정하고 세밀히 주목하고 관찰하면 거기에서 살아남을 자가 없습니다. 다윗도 이때부터 애매하게 고난받기 시작합니다. 골리앗만 죽이면 돈도 주고 딸도 주고 세금 감면도 해 주겠다고 약속해 놓고, 사울은 약속을 지키기는커녕 정말 힘든 전쟁을 선포했습니다.

> 그 이튿날 하나님께서 부리시는 악령이 사울에게 힘 있게 내리매 그가 집 안에서 정신없이 떠들어대므로 다윗이 평일과 같이 손으로 수금을 타는 데 그 때에 사울의 손에 창이 있는지라 삼상 18:10

사울에게 악령이 힘 있게 내렸다고 합니다. 지금 시대에 이 정도면 병원에 입원해야 할 지경입니다. 그런데 그는 왕이기 때문에, 권세도 있고 돈도 있기 때문에 아무도 손을 못 댑니다. 유다 왕 웃시야는 나병에 걸려 별궁에 거했다고 하는데(대하 26:21) 사울은 악령이 들었으니 더 심한 병 아닙니까? 그런데도 겉으로는 멀쩡하니 뭐라고 말할 수가 없는 것입니다. 이런 기가 막힌 고난이 우리 가정에도 있습니다. 악령 든 배우자가 있고 자녀가 있습니다. 치료를 받아야 하는데 손도 못 댑니다.

이때 부하인 다윗이 할 수 있는 일이 뭐가 있었을까요? 그저 매일 수금을 타는 것밖에 없습니다. 그에게는 돈도 없고 권세도 없습니다. 서열로 치면 제일 밑바닥에 있는 인물입니다. 우리도 그렇지 않습니까? 밑바닥 인생을 살다 보면 사울 같은 사람을 만날 때가 있습니다. 돈과 권력을 쥔 사람 중에는 사울처럼 손에 창을 들고 사람을 자기 멋대로 죽이고 살리는 사람도 있습니다. 악령이란 그런 것입니다. 그러니 그 앞에 밑바닥 인생이 꼼짝을 못 합니다. 그렇지만 하나님이 몰라서 그런 사람을 우리에게 붙이셨겠습니까? 거기에 다 이유가 있음을 기억하기 바랍니다.

사울은 하나님의 영이 떠나면서부터 완전히 악령에 시달리기 시작했습니다. 사울이 얼마나 예배를 열심히 드린 사람입니까? 그런데 순종하지 않았기 때문에, 사무엘의 말도 안 듣고 제멋대로 했기 때문에 악령이 들었습니다. 한때 다윗의 수금 연주를 듣고 기분이 상쾌하게 되었던 적도 있습니다. 그런데 지금 왜 그에게 악령이 더 힘 있게 내린 걸까요? 악령의 힘이 왜 더 세진 겁니까? 그런 것이 아니라 사울의 마음이 변했습니다. 악령이 역사하기에 점점 좋은 환경이 되었다는 뜻입니다.

감사하고 사랑할 때는 악령이 역사하기 힘듭니다. 그런데 불평불만뿐이고 감사하지 못할 때, 특히 시기심으로 뭉쳐 있을 때 악령이 강하게 역사합니다. 사울이 그랬습니다. 그는 다윗 같은 신하를 감사하게 생각했어야 합니다. 그 골칫거리 골리앗을 물리쳐 주었잖아요. 그 덕에 자기 목숨이 부지되고 나라가 살아나지 않았습니까? 그런데 하나만 알고 둘은 모르는 사울은 이런 은인을 시기 질투하면서 눈이 멀었습니다. 다윗에 대한 사랑도, 애정도 없었습니다. 똑같은 다윗을 자기 아들 요나단은 생명같이 사랑했는데, 사울은 다윗을 알아보지 못합니다. 그러니 악령이 더 강하게 역사하게 된 것입니다.

우리는 언제나 사랑하고 감사해야 시기심을 없앨 수 있고 악령을 내쫓을 수 있습니다. 사랑과 감사의 마음은 그저 묵상만 해서는 우러나오지 않습니다. 신명기 11장 말씀처럼 산과 골짜기에서, 아무것도 할 수 없는 그곳에서 하늘의 비를 흡수해 보아야 알게 되는 사랑입니다(신 11:11).

결국 내가 할 수 있는 것이 아무것도 없다는 것을 알아야 우러나오는 사랑이요, 감사입니다.

그러나 사울은 기름부음 받고 1년 만에 왕이 되었습니다. 그는 모든 조건이 준수해서 낮아지기가 하늘의 별 따기입니다. 그런 사울에게 악령이 힘 있게 내렸다는 말을 깊이 기억해야 합니다. 성경은 그런 사울의 모습을 '정신없이 떠들어 댔다'고 설명합니다.

다윗은 그 자리를 피할 수도 있었지만 평소와 같이 손으로 수금을 탔습니다. 그는 사울의 낙담을 위로하고자 죽음을 무릅쓰고 골리앗을 물리쳤는데, 이번에는 사울의 광기를 무릅쓰고 사울을 위로하고자 거기에서 수금을 타고 있습니다. 어떤 상황에서도 위로자의 모습을 잃지 않는 것이 이름이 심히 귀하게 되는 비결입니다.

어떻게 악령이 든 사람과 살 수 있습니까? 정신없이 떠들어대는 것도 모자라 손에는 창을 들고 있지 않습니까? 그 창이 언제 나를 찌를지 알 수 없는 상황입니다. 그런 상황이 오면 우리는 "이런 곳에서 사람이 어떻게 사느냐! 당장 대책을 마련하라"고 난리가 납니다. 그런데 다윗을 보니 지혜가 하늘을 찌르니까, 하나님께서 함께하시니까 안 될 것이 없습니다. 사울이 아무리 시기와 음모로 다윗을 위험에 처하게 만들어도 그는 더 지혜롭게 행하고, 크게 행하여 그 음모를 물리치고 있습니다.

+ 지금 내 곁에서 정신없이 떠들어 대는 사울 같은 사람은 누구입니까?

+ 그 사람의 구원을 위해 오늘도 수금을 잘 타고 있습니까? 아니면 날마다 "너 죽고 나 살자"하며 서로를 할퀴고 있습니까?

지혜가 악령으로 가득한 시기심을 이깁니다

그가 스스로 이르기를 내가 다윗을 벽에 박으리라 하고 사울이 그 창을
던졌으나 다윗이 그의 앞에서 두 번 피하였더라 삼상 18:11

드디어 걱정하던 일이 벌어졌습니다. 사울이 다윗을 향해 창을 던졌
습니다. 그런데 다윗이 두 번 피했다고 합니다. 사울에게는 은혜가 없습
니다. 예수를 평생 믿었는데 은혜가 없으니 창으로 사람을 죽이고 싶어
안달 난 사람이 되었습니다. 다윗 같은 예수 그리스도의 조상을 경쟁자
로 생각하게 되었습니다. 이때라도 회개하면 성령의 은혜로 회복이 되어
하나님이 불쌍히 여기실 텐데 여전히 그는 세상의 지혜를 따르면서 악령
의 지배를 받고 있습니다.

사울은 다윗 비슷한 사람만 보아도 머리가 아픕니다. 왜냐하면 자기
가 두 번이나 창을 던졌는데도 얄미울 정도로 침착하고, 너무 일을 잘하
기 때문입니다. 그러면 칭찬해 주어야 하는데 사울은 다윗을 더욱더 죽
이고자 합니다. 내가 일을 잘할 때 이렇게 죽이고자 하는 사람들이 있을
수 있습니다. 사울의 시기심과 질투에서 살아남아야 하는 과제가 다윗에
게 주어졌습니다.

다윗이 남다른 지혜로 똘똘 뭉쳐 사울의 시기와 음모를 이겼지만 여
전히 살아남는 문제는 해결되지 않았습니다. 그와 같이 살면서는 도저히
해결할 수가 없는 문제입니다. 그래서 결국 다윗은 사울에게서 도망칩니
다. 그와 떨어진 곳에 가서 이 훈련을 마무리하게 됩니다. 다윗은 떠나야

했습니다.

저는 이 말씀을 깊게 묵상하면서 하나님이 남편을 구해 주지 않으시고 왜 그리 일찍 데려가셨는지 알게 됐습니다. 남편을 데려가심으로 제 훈련을 끝마치신 것입니다. 같이 살면서 그 훈련을 마칠 수 있었으면 얼마나 좋았을까요? 남편이 병원 운영도 하고 장로로 사역도 하면서 저와 같이 주의 일을 할 수 있었으면 얼마나 좋았을까요? 그렇지만 그것은 안 되는 일이기 때문에 하나님이 떠나게 하셨습니다. 만약 남편이 구원을 받았어도 지금까지 살아 있었다면 저는 목사 일을 못 했을 것 같습니다. 남편은 아마 그것만큼은 100퍼센트 막았을 것 같습니다. 목회를 하다 보니 사람이 예수 믿고 구원은 받지만, 그렇게 쉽게 변하지 않는 것을 봅니다. 천국은 가겠지만 그 사람의 타고난 기질은 변하지 않는 것입니다. 그걸 아시는 하나님이 남편을 데려가신 것이 아닐까 싶습니다. 왜냐하면 저는 정말 남편과 같이 주의 일을 하고 싶었거든요.

다윗도 사울과 같이 가고 싶었을 것입니다. 그러나 사울이 끝까지 다윗을 미워하니 어떻게 하겠습니까? 그래서 그렇게 헤어지게 하신 것입니다.

> 여호와께서 사울을 떠나 다윗과 함께 계시므로 사울이 그를 두려워한지
>
> 라 삼상 18:12

다윗은 사울이 창을 두 번이나 던졌는데도 피해서 살았습니다. 그것이 여호와께서 함께하시는 사람이 경험하는 은혜입니다. 사울도 인정했을 것입니다. 100퍼센트 죽었어야 했는데 자꾸 그것을 피하니 사울은 하

나님이 자기를 떠나 다윗과 함께하신다는 사실을 깨달았을 것입니다. 그리고 그것 때문에 다윗을 시기하게 되었을 것입니다. '하나님이 나를 버리고 다른 사람을 왕으로 세우겠다고 하셨는데, 그게 다윗인가?' 하는 생각이 들지 않았겠습니까?

그런데도 회개하지 않는 사울이 참 대단합니다. 하나님이 나를 버리셨는데, 자신의 불순종 때문에 지금 상황이 이 지경이 되었는데도 사울은 한 번도 회개하지 않습니다. 도리어 하나님의 사람 다윗을 시기합니다. '하나님이 나를 미워하신다' 하면서 다윗을 미워하는 것입니다. 피해의식으로 똘똘 뭉쳐 있습니다. 아주 지독한 인본주의가 사울 안에 꽉 찼습니다. 하나님을 의지하는 마음도 없고 하나님이 함께하신다는 확신도 없습니다. 그러면서도 날마다 눈만 뜨면 예배를 드립니다. 도대체 누구를 위한 예배입니까? 오직 초점이 자기 자신에게만 맞추어져 있습니다. 이처럼 시기의 뿌리는 열등감입니다. 독한 시기가 있는 사람일수록 병든 열심이 있습니다. 그가 예배 중독자가 되어서 날마다 예배를 드린 것만 봐도 얼마나 병든 열심이 있었는지 알 수 있습니다. 열등감 때문에 하나님과 관련 없는 시기가 판을 치고 있습니다.

사울에게 하나님이 나와 함께하신다는 확신만 있었어도 다윗을 미워하는 감정이 그토록 자라지는 않았을 것입니다. 한마디로 지금 사울에게는 은혜가 없습니다. 그래서 다윗도 요나단도 못 알아봅니다. 은혜를 모르니 참사랑이 무엇인지 모르고, 그러니까 시기심이 하늘을 찌르는 것입니다. 하나님이 함께하시는 것을 느낀다면, 설령 다윗이 자기 자리를 노린다 한들 그게 문제가 됐겠습니까? 하나님이 지키고 보호하신다는 확신이 있는데 말입니다. 지금 사울은 하나님보다 자기가 더 잘났다고 생각하는 것입니다. 하나님께 예배는 드리면서도 '이 자리에 오르고, 이 나라를 이룬 사람은 나다' 하는 생각이 강한 것입니다. 교회는 다니는데 '내가 돈 벌어 지금 이 모든 것을 이루었다' 생각하는 것입니다. 하나님 없이 자기 자리를 지켜야 하니까 자꾸 걸림돌이 되는 다윗을 죽여야 하는 것입니다. 누구도 사울을 말릴 수가 없습니다.

어떤 공동체든 하나님이 빠지면 너도나도 질투의 화신이 되어서 서로 저 잘났다고 하기 바쁩니다. 학교마다 모임마다 회사마다 질투의 화신들이 많습니다. 교회에도 있습니다. 목장마다 질투하는 사람이 꼭 한 사람씩 있습니다. 인간의 속성이 그러하니 어디를 가든 반드시 그런 사람이 있다는 사실을 알아야 합니다.

13 그러므로 사울이 그를 자기 곁에서 떠나게 하고 그를 천부장으로 삼으매 그가 백성 앞에 출입하며 14 다윗이 그의 모든 일을 지혜롭게 행하니라 여호와께서 그와 함께 계시니라 삼상 18:13-14

다윗을 두 번이나 죽이려 하다가 실패한 사울은 어떻게 하면 그를 죽일까 고민하다가 전쟁터로 보내 버립니다. 천부장이라는 직책을 주기는 했지만 사실은 전쟁터에서 빨리 죽기를 바란 것입니다. 두려워서 자기 곁에 둘 수가 없었던 것입니다. 결국 다윗은 왕의 측근이라는 요직에 있다가 한직으로 밀려났습니다. 그런데도 다윗은 모든 일을 지혜롭게 행했다고 합니다. 여호와께서 그와 함께 계셨다고 합니다. 우리는 여기에 집중해야 합니다.

우리는 보통 시기하는 사람은 나쁘고, 시기의 대상이 된다는 것은 참 끔찍한 일이라고 생각합니다. 그런데 시기 받는 사람과 시기하는 사람의 심리는 참 많은 부분에서 의외로 유사하다고 합니다. 양쪽 다 자신이 무가치하고 존중받지 못한다고 느낀다는 것입니다. 시기 받는 사람이나 시기하는 사람이나 모두 해결책이 자기 자신에게 있다고 생각하지 않고 오직 상대방만 이 문제를 풀 수 있다고 생각하면서 자포자기합니다. 그래서 결국 양쪽 다 고통을 느끼게 되는 것입니다.

그러나 다윗은 달랐습니다. 사울이 그렇게 시기하는데도 개의치 않았습니다. 대신 하늘의 지혜로 행동했습니다. 세상의 생각으로는, 세상의 지혜로는 이 문제를 해결할 수 없다는 사실을 알았습니다. 하늘의 지혜라야 이 문제를 해결할 수 있음을 알았습니다.

사울은 어디를 가든 하늘의 지혜로 행하는 다윗을 보면서 사울이 두렵지 않았겠습니까? 자기가 죽을 곳으로 보냈는데, 거기에서 적군의 손에 죽어야 하는데 도리어 다윗이 가는 곳곳마다 승리하는 것입니다. 분명 한직으로 내몰았는데 오히려 심장부를 왔다 갔다 하면서 백성들과 더 출입을 자주 하게 되어 사람들에게 더 알려졌습니다.

사울과 다윗은 종자가 다릅니다. 왕이 되어서는 금세 태도가 달라지던 사울과 달리 다윗은 비천한 목동 신분에 그 대단한 골리앗을 물리치고도 잘난 척을 안 합니다. 그러니까 사람이 따르고 열매를 맺습니다. 저도 그랬습니다. 누가 직분을 주지 않아도 항상 주변에 사람이 많았습니다. 제가 목장을 맡으면 어떤 목장이든 배가했습니다. 항상 힘든 곳, 남이 가기 싫은 곳을 자처하고, 언제나 "내가 먼저 잘못했다" 하니 지는 전쟁이 하나도 없었습니다. 나가서 전도하면 열매가 맺어졌습니다. 지금 생각해 보면 하나님이 잘난 척하지 않고 사람의 마음을 읽을 수 있는 지혜를 주셔서 그럴 수 있었던 것 같습니다. 이처럼 지혜 있는 사람은 겸손하고 때를 알고 자기 본분을 알고 행동합니다. 잘난 척하지 않습니다. 때마다 깔끔하고 빈틈없이, 애정을 가지고 행합니다. 지혜가 말씀이고 말씀이 십자가고 십자가가 타이밍입니다.

> 15 사울은 다윗이 크게 지혜롭게 행함을 보고 그를 두려워하였으나 16 온 이스라엘과 유다는 다윗을 사랑하였으니 그가 자기들 앞에 출입하기 때문이었더라 삼상 18:15-16

사울 입장에서는 다윗 때문에 되는 일이 없습니다. 골치가 아픕니다. 다윗을 백성들에게서 떨어뜨리려고 보냈는데 1절에는 요나단이 사랑하더니 이제는 온 백성이 사랑하게 되었다고 합니다. 자꾸 자신의 각본과 다르게 일이 돌아갑니다. 그래서 모든 사람이 사랑하는 다윗을 오직 한 사람, 사울만 너무도 끔찍하게 미워합니다. 미워하다 못해 죽이려고 합니다. 얼마나 큰 고난입니까? 나를 죽이려는 한 사람이 있으면 인생이 아주 고단합니다. 살 수가 없습니다. 그러나 나를 죽이려는 한 사람, 나를 시기 질투하는 한 사람 때문에 내가 온 세상 사람의 사랑을 받게 됩니다. 이것이 영적 원리입니다. 이런 영적 원리를 알았으면 좋겠습니다.

사무엘상 18장은 사랑과 미움의 관계가 얽혀 있습니다. 다윗과 요나단의 사랑의 관계가 언약으로 나아가고, 다윗을 향한 사울의 시기와 미움이 두려움과 살인으로 발전합니다. 야고보서 3장 14-16절에는 이런 말씀이 있습니다.

> 14 그러나 너희 마음속에 독한 시기와 다툼이 있으면 자랑하지 말라 진리를 거슬러 거짓말하지 말라 15 이러한 지혜는 위로부터 내려온 것이 아니요 땅 위의 것이요 정욕의 것이요 귀신의 것이니 16 시기와 다툼이 있는 곳에는 혼란과 모든 악한 일이 있음이라

시기와 다툼이 마귀적, 정욕적, 세상적인 지혜라 합니다. 세상은 마음대로 사람을 죽이기도 하고 살리기도 하는 사울의 지혜를 사모합니다. 그것을 보고 카리스마가 있다면서 부러워합니다. 그러나 하나님 없이 그런 지혜로 성공하면 그다음은 결국 하나님을 대적하는 수순을 밟게 됩니다.

옥스퍼드대학교의 명예교수 중에 리처드 도킨스(Richard Dawkins)라는 사람이 있습니다. 그 자리까지 올라가기 위해 얼마나 열심히 공부하고 수고했겠습니까? 그런데 그렇게 수고해서 펴낸 책 제목이 《만들어진 신》(The God Delusion, 신이라는 망상)입니다. 그는 책에서 '하나님은 유해한 착각이자 철저하게 인간이 만들어 낸 망상'이라고 썼습니다. 그 망상이 사람들을 억압하고 인류의 재앙을 가져온다면서 하나님을 대적했습니다. 그러자 같은 옥스퍼드대학교 교수였던 앨리스터 맥그래스(Alister McGrath)가 복음적 가치관으로 《도킨스의 망상》(The Dawkins delusion?)이라는 책을 써서

정면으로 반박했습니다. 그러나 판매부수만 따지고 보면 리처드 도킨스의 책이 더 많이 팔렸다고 합니다. 사람들은 세상적이고 마귀적인 지혜를 너무나 좋아하기 때문입니다. 세계적인 석학이라도 이 땅의 지혜로는 하나님을 알 수가 없습니다.

세상 지혜는 제한적입니다. 뿌리가 뽑힌 나무가 시들어 가기 전까지만 살아 있는 것과 마찬가지입니다. 이런 마귀적인 지혜는 온 세상을 악하게 할 뿐입니다. 그런데도 사람들은 이 마귀적 지혜를 너무나 좋아합니다. 우리들교회 목자 중에서도 갑자기 리처드 도킨스의 책이 재미있다 하시는 분이 있었습니다. 이 말을 듣고 제가 얼마나 마음이 아팠는지 모릅니다. 그분이 참 세상적으로도 잘나가는 분인데, 똑똑하면 이렇게 자꾸 진리를 의심하게 됩니다. 우리들교회 어느 학생은 예수 믿는 것을 조롱하는 학교 선생님에게 자신이 고난 속에서 말씀으로 살아난 것을 간증했다고 합니다. 그랬더니 선생님이 "그런 지질한 고난이 무슨 하나님이 살아 있다는 증거냐"며 비웃었다고 합니다. 이 세상 지혜로는 선생님, 박사, 사회 지도자라도 도무지 하나님을 알 수 없다는 것을 알아야 합니다.

야고보서 3장 16절에 시기와 다툼이 있는 곳에는 혼란과 모든 악한 일이 있다고 합니다. 그러니까 마귀적인 지혜는 결국 혼란과 악한 일을 불러일으킵니다. 공동체에 심각한 유해를 끼칩니다. 혼란이라는 것은 안정되지 못한 무질서 상태를 의미합니다. 질서가 없는 곳에 혼란이 있습니다. 이런 혼란을 지혜로 물리칠 때 다윗의 이름처럼 우리의 이름이 귀하게 되는 줄 믿습니다. 무조건 참고 견디라는 것이 아닙니다. 하늘에서 내려오는 지혜로 이 모든 시기와 음모를 물리쳐야 합니다.

+ 나는 내가 천천인 것과 상대방이 만만인 것을 인정하나요?

+ 누구를 시기하고 있습니까? 혹은 누가 나를 시기하고 있습니까?

음모보다 지혜로우면 이름이 심히 귀하게 됩니다

17 사울이 다윗에게 이르되 내 맏딸 메랍을 네게 아내로 주리니 오직 너
는 나를 위하여 용기를 내어 여호와의 싸움을 싸우라 하니 이는 그가 생
각하기를 내 손을 그에게 대지 않고 블레셋 사람들의 손을 그에게 대게
하리라 함이라 18 다윗이 사울에게 이르되 내가 누구며 이스라엘 중에 내
친속이나 내 아버지의 집이 무엇이기에 내가 왕의 사위가 되리이까 하였
더니 삼상 18:17-18

    사울은 골리앗을 물리친 다윗에게 딸을 주겠다고 약속합니다. 그러면서 나를 위해 블레셋과 싸우라고 합니다. 이게 무슨 말입니까? 다윗에게 딸을 줄 생각이 전혀 없습니다. 오히려 어떻게 하면 손 안 대고 코를 풀까, 어떻게 하면 저 다윗을 내 손 더럽히지 않고 죽게 할까 하는 생각만 하는 것입니다.

    그러나 다윗은 사울의 이 말이 그에게 악령이 내린 결과라는 것을 눈치챘습니다. 그래서 "내 처지로 어찌 왕의 사위가 되겠습니까?" 하면서 겸손한 지혜로 거절합니다.

> 20 사울의 딸 미갈이 다윗을 사랑하매 어떤 사람이 사울에게 알린지라 사
> 울이 그 일을 좋게 여겨 21 스스로 이르되 내가 딸을 그에게 주어서 그에
> 게 올무가 되게 하고 블레셋 사람들의 손으로 그를 치게 하리라 하고 이
> 에 사울이 다윗에게 이르되 네가 오늘 다시 내 사위가 되리라 하니라
>
> 삼상 18:20-21

그런데 사울의 딸 미갈이 다윗을 사랑했다고 합니다. 이 사랑은 요나단이 다윗을 사랑했던 것과는 다릅니다. 이것은 외모를 취하는 세상적인 사랑입니다. 그가 멋있어 보이니 사랑하는 것입니다. 미갈은 끝까지 믿음이 없었습니다.

그런데 사울이 그 일을 좋게 여겼다고 합니다. 점점 사울의 음모가 드러납니다. 다윗을 죽이려고 끊임없이 음모를 꾸미는 것입니다. 다른 일도 아니고 어떻게 딸의 결혼까지 음모의 수단으로 이용합니까? 사람에게 악령이 내리면 이렇게까지 악해질 수 있다는 것이 너무도 슬픕니다.

> 사울이 그의 신하들에게 명령하되 너희는 다윗에게 비밀히 말하여 이르
> 기를 보라 왕이 너를 기뻐하시고 모든 신하도 너를 사랑하나니 그런즉 네
> 가 왕의 사위가 되는 것이 가하니라 하라 삼상 18:22

딸을 주는데 왜 비밀히 말합니까? 이것부터 수상하지 않습니까? 사울에게는 다윗을 죽이려는 음모가 골리앗과의 전쟁 계획보다 더 일급 기밀이 되었습니다. 지금 사울에게는 골리앗을 죽이는 것보다 다윗을 죽이는

것이 더 큰 프로젝트입니다.

　이런 사람이 집집마다 있습니다. 예수 믿는 사람들이 가정에서 한마음이 되어야 하는데 오히려 더 원수가 되어서 으르렁거립니다. "세상 모든 사람은 다 용서해도 내가 예수 믿는 그 사람만 보면 눈을 못 감겠다"고 하는 사람들이 있습니다. 지금 사울이 그렇습니다. 밤낮 예배드리는 사울이 다윗만 보면 그렇게 미워서 죽여야만 한다고 생각합니다.

> 23 사울의 신하들이 이 말을 다윗의 귀에 전하매 다윗이 이르되 왕의 사위 되는 것을 너희는 작은 일로 보느냐 나는 가난하고 천한 사람이라 한지라 24 사울의 신하들이 사울에게 말하여 이르되 다윗이 이러이러하게 말하더이다 하니 25 사울이 이르되 너희는 다윗에게 이같이 말하기를 왕이 아무것도 원하지 아니하고 다만 왕의 원수의 보복으로 블레셋 사람들의 포피 백 개를 원하신다 하라 하였으니 이는 사울의 생각에 다윗을 블레셋 사람들의 손에 죽게 하리라 함이라 삼상 18:23-25

　왕족이 되는 것은 영적으로나 육적으로나 쉬운 일이 아닙니다. 다윗도 그래서 "나같이 가난하고 천한 사람이 뭐 내세울 것이 있어 왕족이 될 수 있겠느냐"고 합니다. 그때 사울의 신하들은 "왕은 다른 것 바라지 않고 다만 블레셋 사람 백 명을 죽여서 바치기를 원하신다"고 합니다. 다윗을 엄청 생각해 주는 것처럼 말하는 것입니다. 그렇지만 다윗이 왜 블레셋 사람들을 죽여서 바쳐야 합니까? 골리앗 죽이는 것과 이 프로젝트는 차원이 다릅니다.

26 사울의 신하들이 이 말을 다윗에게 아뢰매 다윗이 왕의 사위 되는 것을 좋게 여기므로 결혼할 날이 차기 전에 27 다윗이 일어나서 그의 부하들과 함께 가서 블레셋 사람 이백 명을 죽이고 그들의 포피를 가져다가 수대로 왕께 드려 왕의 사위가 되고자 하니 사울이 그의 딸 미갈을 다윗에게 아내로 주었더라 삼상 18:26-27

그런데 다윗이 왕의 사위 되는 것을 좋게 여겼답니다. 사무엘서의 저자는 이 말을 두 번이나 거듭하면서 강조합니다(삼상 18:26, 27). 말은 어쩌고저쩌고 했지만 다윗이라고 별수가 없습니다. 다윗도 비천한 신분을 세탁해서 왕의 사위가 되고 싶었던 것입니다. 이것이 다윗의 한계입니다. 사울은 이미 하나님께서 버리기로 작정하신 사람 아닙니까? 하나님께서 함께하시는 다윗이 어찌하여 버림받은 사람의 덕을 보고자 합니까? 여기에서 다윗이 실수를 했습니다.

저도 부잣집에 시집가고 싶어서 결국 부잣집 며느리가 되었습니다. 부잣집이었지만 또 믿음의 집안이었습니다. 사울 집안도 그렇습니다. 누구보다 열심히 예배드리던 사울입니다. 제 시댁과 똑같습니다. 그러니 저는 다윗의 심정이 이해가 됩니다. '아, 다윗도 그랬겠구나' 하는 생각이 듭니다. 누구인들 왕의 사위 자리를 거부할 수 있겠습니까? 부잣집 며느리 자리를 거부할 수 있겠습니까? 그래서 다윗도 미갈을 아내로 맞이한 것입니다. 에로스적인 사랑이었음에도 왕의 딸이니 용인한 것입니다. 각자의 유익을 위해 알맞게 서로 타협한 결혼입니다.

우리도 살면서 이렇게 타협을 합니다. 그러나 한 번의 잘못된 선택은 평생을 따라다니며 책임을 묻습니다. 다윗도 그랬습니다. 미갈과의 결혼에서 행복하지 않았습니다. 미갈은 왕의 딸로서 끝까지 다윗을 괴롭혔습니다. 만약 다윗이 하나님께서 함께하심을 믿음으로 참사랑하는 사람과 행복한 결혼을 했다면 어찌 되었을까요? 왕의 사위가 아니더라도 오직 믿음으로 사랑하는 사람과 결혼을 했다면 그 인생이 달라졌을까요? 나중에 여자 문제를 안 일으켰을 수도 있었겠지요. 그러나 다윗은 끝없이 여자 문제를 일으켰습니다. 다윗의 믿음으로도 미갈을 택할 수 있다는 것을 보여 줍니다.

> 28 여호와께서 다윗과 함께 계심을 사울이 보고 알았고 사울의 딸 미갈도 그를 사랑하므로 29 사울이 다윗을 더욱더욱 두려워하여 평생에 다윗의 대적이 되니라 삼상 18:28-29

사울은 자기 딸 미갈까지 다윗을 사랑하게 된 것을 보고 더욱더 그를 두려워합니다. 자기는 그렇게 죽이려 하는데 요나단이 사랑하고, 온 백성이 사랑하더니, 이제는 미갈까지 사랑하는 것입니다. 정말 미칠 노릇 아닙니까? 그래서 사울은 평생 다윗의 대적이 됩니다.

> 블레셋 사람들의 방백들이 싸우러 나오면 그들이 나올 때마다 다윗이 사울의 모든 신하보다 더 지혜롭게 행하매 이에 그의 이름이 심히 귀하게 되니라 삼상 18:30

그러나 다윗은 이런 사울의 공격에도 계속해서 지혜롭게 행하므로 이름이 심히 귀하게 됩니다. 더욱더 자기 주제를 알고 맡은 일을 열심히 함으로 하나님의 마음에 합당한 자가 되어 갔습니다.

이처럼 사람은 지혜가 있어야 합니다. 마귀적인 지혜가 아닌, 세상에 불을 밝히고 남을 돕는 지혜가 있어야 합니다. 어떤 기업가가 세 아들에게 10센트를 주고 방을 채워 놓으라 했습니다. 첫째 아들은 10센트로 짚을 사서 채우고, 둘째 아들은 솜을 사서 채워 놓았는데, 셋째 아들은 9센트를 구제하는 데 쓰고 1센트로 양초를 사서 촛불로 방을 밝혀 놓았다고 합니다. 누가 후계자가 되었을까요? 나의 유익만을 구하지 않고 이타적인 지혜로 나아갈 때 그의 이름이 심히 귀하게 됩니다.

어떤 음모에 시달리고 있습니까? 부당한 대우, 학대에 고통당하고 있습니까? 어떤 음모라도 그보다 더 지혜로우면 이름이 귀하게 될 수 있습니다. 지혜는 음모에 항거하지 못하고 육체적, 성적, 감정적 학대를 그저 참고 견디는 것이 아닙니다. 다윗의 지혜는 그런 것이 아닙니다. 사울의 악령은 누구나 참을 수 있는 것이 아닙니다. 반드시 주님을 만나는 은혜가 있어야 합니다. 하나님을 신뢰해야 합니다. 하나님께서 나와 함께하시는 은혜가 있어야 합니다. 그래야 가는 곳마다 지혜가 있어 상황을 분별하고 요동치 않고 흥분하지 않을 수 있습니다. 별 인생이 없다는 것을 알게 됩니다.

다윗의 지혜는 위로부터 내려옵니다. 잘난 사람이라 하여 요란을 떨지 않습니다. 이러한 다윗의 지혜는 늘 기름 부으신 질서에 순종합니다. 그래서 자기를 죽이려고 음모를 꾸미는 사울에게도 순종했습니다. 그런데 사울은 이 지혜가 없어서 날마다 혼란스럽습니다. 어리석어 시기와 질투에 불타 있습니다. 세상의 지혜가 사울과 같습니다. 세상 지혜는 질서를 거절하고 능력을 부르짖습니다. 하나님께서 창조하신 것 중 가장 위대한 것이 질서인데, 자식도 능력으로, 배우자도 능력으로 평가하니 어디든 혼란합니다. 능력을 외치니 혼란하다가 파괴되는 것입니다.

회의론자들은 하나님을 신뢰하는 것을 또 다른 형태의 중독이라 하지만 종교는 중독이 아닙니다. 하나님과의 관계입니다. 그분을 최우선순위에 놓으면 다른 것은 자동으로 제자리를 찾게 됩니다. 그래서 우리가 예배를 드리는 것입니다. 공동체에 소속해서 옆 지체와 교제하는 것입니다. 우리가 그렇게 교제하다 보면 아무리 사탄이 궐기를 해도 다윗의 지혜로 이름이 심히 귀하게 됩니다. 지혜로 똘똘 뭉친 다윗은 아무리 사울의 악령이 자신을 시기하고 음모를 꾸미고 사지로 몰아넣어도 가는 곳마다 모든 일을 지혜롭게 행합니다. 그가 사울의 모든 신하보다 더 지혜롭게 행했다고 합니다. 위기 가운데에서 요나단과 온 백성과 미갈의 사랑을 받았습니다. 살기등등한 사울의 손아귀에 붙잡혀 죽음 직전까지 내몰린 다윗의 이야기, 이 살벌한 본문에서 사랑이라는 단어가 얼마나 자주 나오는지 모릅니다. 우리도 다윗의 지혜를 본받아 참사랑을 알고 이름이 심히 귀하게 되기를 기도합니다.

+ 나보다 믿음이 좋아 보이는 지체를 보면 사랑스럽습니까, 시기 질투합니까?
+ 죽이고 싶도록 미운 사람이 있습니까? 그는 누구입니까? 그 미움의 뿌리가 내 안에 있는 시기, 질투의 악령 때문임을 인정합니까?

학창시절 교회 후배였던 지금의 아내와 젊은 나이에 결혼했지만 비즈니스를 핑계 삼아 매일 밤 주색잡기에 빠져들었습니다. 아내는 나를 천천이라고 하는데 술집에서 만난 여자들은 나를 만만이라며 항상 왕 대접해 주었기에 내가 신분 상승이라도 한 것 같아 그 쾌락의 삶을 끊을 수가 없었습니다(삼상 18:7).

그러다 유달리 말이 잘 통하고 저를 이해해 주던 한 사람과 교제하다가 아내에게 발각되었습니다. 그런데도 저는 용서를 구하기보다는 아내를 무시하며 남자는 그럴 수 있다는 변명과 거짓말로 내 죄를 합리화했습니다. 악도 점점 대담해져 남자라면 나를 좋아해 주는 여자, 내가 좋아하는 여자, 같이 살아야 할 여자가 따로 있어야 한다며 악령이 힘 있게 내린 것 같이 정신없이 떠들어 대며 헛소리를 하고 살아왔습니다.

그 사건 이후로 18년 동안 아내는 제 뒷조사를 쉼 없이 하면서 질투의 화신이 되어 갔습니다. 아내의 집착은 사회생활도 대인관계도 힘들 정도로 저를 지치게 했습니다. 결국 가정을 지키기가 너무 힘들어 이혼을 요구했고, 아내는 많은 위자료를 달라고 했습니다. 당시 저는 사업이 망해 위자료를 줄 수 있는 환경이 못 되었으면서 할부로라도 줄 테니 제발 헤어져 달라고 빌었습니다.

그 무렵 아내는 처제의 권유로 우리들교회에 등록했고, 저도 따라 등록했습니다. 말씀이 제대로 들리지도 않았으면서 목사님 말씀이 꼭 남자들 편에 서 주시는 것처럼 들렸습니다. 신이 나서 목장예배도 참석했지만, 사울에게 은혜가 없었던 것같이 저도 은혜 받을 생각은 안하고 아내를 죽이는 말을 하며 재미있어했습니다.

그런데 언제부터인가 목사님 말씀이 다 제 이야기처럼 들려 깜짝 놀라는 일이 많았습니다. 인생의 목적이 행복이 아니고 거룩임을 알지 못했기에 더 큰 행복을 구하고자 세상 왕을 좇아다녔던 내 삶이 주마등처럼 스쳐 갔습니다. 수요예배 때는 더욱더 구체적으로 그동안 행한 일들이 얼마나 큰 죄인가를 알게 하셨습니다. 열등감과 피해의식으로 뭉쳐 있었던 제가 보였고, 모든 일을 아내 탓으로만 돌린 것을 회개했습니다. 훈련을 양육 받으면서는 하나님이 함께하신다는 확신이 들었습니다(삼상 18:14). 하나님은 저를 부부목장의 부목자와 청소년부 교사로 섬기게 하시면서 말씀 안에서 벗어나지 못하게 하셨습니다. 아내도 목장의 기도와 섬김으로 많이 안정되어서 지금은 싸우는 시간도 많이 줄었습니다.

사랑이 없어 요란하게 살아왔던 우리 가정이 이렇듯 저와 아내가 변하니 고등학생인 큰아이도 주일 아침 천안에서 판교까지 예배 오는 것에 불평하지 않고 제자훈련까지 잘 마치게 되었습니다. 또 초등학교 3학년인 둘째가 큐티를 하고 초등부 홈페이지에 나눔을 올립니다. 내년 2월에는 하나님의 축복으로 늦둥이 공주님도 태어날 예정입니다. 사울처럼 정욕적인 지혜로 능력만 생각하며 자녀도 음모의 수단(삼상 18:17)으로 쓸 수 있었을 죄인을 하늘에서 내려오는 지혜로 귀하게 불러 주신 하나님, 사랑합니다.

말씀으로 기도하기

사울은 다윗을 향한 시기심이 들끓어 결국 그를 죽이고자 계략을 꾸밉니다. 그러나 다윗은 한직으로 쫓겨나고 사지로 몰릴 때마다 모든 일에 더욱 지혜롭게 행합니다. 그 다윗의 지혜가 사울을 두렵게 합니다. 결국 다윗은 요나단과 온 백성과 미갈의 사랑을 받습니다. 그리고 그 이름이 심히 귀하게 됩니다.

시기심이 가득 차면 악령이 더 힘 있게 내립니다(6-10절)

가는 곳마다 악령 들린 한 사람 때문에 눈물 마를 날이 없습니다. 가정에서는 배우자와 내 자식이, 직장에 가면 상사가 그렇습니다. 매일같이 그 사람 때문에 살 수가 없습니다. 그런데 다윗은 자기를 죽이려고 창을 들고 있는 사울 앞에서도 연주를 했습니다. 왕이 악령에 들려 나를 죽이려 한다고 외치지도, 도망치지도 않고 그저 평소와 같이 그 자리를 지켰습니다. 그것이 그의 이름이 심히 귀하게 된 비결이라고 합니다. 다윗처럼 어떤 상황에서도 하나님께서 나와 함께하심을 잊지 않기를 원합니다. 어디서든 더 지혜롭게 행하여 나 한 사람이 중심 잡고 우리 가정을, 회사를, 교회를 살리기 원합니다.

지혜가 악령으로 가득한 시기심을 이깁니다(11-16절)

누가 나를 시기하고 죽일 듯 달려든다면 가만있지 못하고 '눈에는 눈' 하면서 세상의 방법으로 죽일 듯 달려들었습니다. 심지어 교회에서조차도 우리는 누가 나를 조금만 해코지하려고 하면 서로 잘났다고 왈가왈부하곤 합니다. 그런데 이런 것들은 시기와 다툼으로 점철된 마귀적, 정욕적, 세상적 지혜라고 합니다. 다윗의 지혜는 그런 것이 아닙니다. 그는 겸손했고 자기 본분을 알았으며 잘난 척하지 않았습니다. 놀랍게도 이런 다윗의 지혜가 사울의 시기심을 이겼습니다. 우리도 다윗의 지혜로 이 땅에 살아가게 하소서. 다윗의 지혜로 세상의 지혜를 이기게 도와주소서.

음모보다 지혜로우면 이름이 심히 귀하게 됩니다(17-30절)

직장에서, 가정에서 부당한 대우, 음모, 학대에 시달리면서도 무엇이 지혜인지 모른 채 살아왔습니다. 때로는 어떻게든 사울을 이기고 말겠다는 혈기로 요란을 떱니다. 그러나 그 어떤 것도 하나님께서 함께하시는 자의 지혜가 아님을 알았습니다. 다윗은 사울의 음모에도 불구하고 요란하지 않음으로 하나님의 질서를 지켰습니다. 그에게는 은혜가 있었습니다. 그저 음모를 참고 견딘 것이 아니라 하나님께서 함께하심을 믿었습니다. 그랬기 때문에 그는 가는 곳마다 요동하지 않고 상황을 분별할 수 있었습니다. 매일 하나님과 교제하고 늘 주님과 함께 살아가는 내가 되게 하옵소서.

영혼의 기도

하나님 아버지, 제가 얼마나 유명해지기를 원했는지 모릅니다. 유명해지는 것을 목표로 사람들에게 인정받으려고 늘 착함이라는 가면을 쓰고, 나도 속고 남도 속이는 열심으로 얼마나 애썼는지 모릅니다. 내 인생의 곳곳에 무서운 사울이 있습니다.

저는 정말 해석이 안 되었습니다. 얼마나 착하게 열심히 살았는데, 내 열심과 인내로 해결 안 되는 일이 너무도 많았습니다. 교회를 평생 다녔어도 해결할 능력이 없어서 아무것도 못 하고 있을 때 하나님이 저를 방문해 주시고 만나 주셨습니다. 그리고 저의 죄와 악함을 보여 주셨습니다. 죽고 싶고 이혼하고 싶을 때마다 모든 일에 더 큰 지혜를 주셔서 원망과 한탄 속에서 죽을 수밖에 없었던 저를, 걸레질만 하던 제 이름을 심히 귀하게 해 주셨습니다.

사람의 이름이 심히 귀하게 되는 것은 다른 사람을 살리는 것인데, 저는 유명하게 되는 것과 귀하게 되는 것의 차이를 몰랐습니다. 그것을 내게 가르쳐 주시기 위해서 얼마나 많은 주변 사람들을 수고하게 하셨는지 이제는 압니다.

주님, 하물며 걸레질하던 저도 심히 귀하게 됐는데, 누구인들 귀하게 되지 않겠습니까? 사울 같은 사람을 붙여 주신 데는 다 그만한 이유가 있다는 것을 우리가 알게 하여 주옵소서. 두려워하지 않고 죽으면 죽으리라 하고 나아갈 때 하나님이 함께하심으로 우리에게 사명을 주신다는 사실을 알게 하여 주옵소서. 어떠한 원수의 공격에도 절대 무너지지 않는 우리가 되어서 심히 귀하게 되는 이름을 자손들에게 물려주게 하옵소서. 예수의 이름, 그 아름다운 이름을 모든 자녀에게 물려줄 수 있는 믿음의 조상이 될 수 있도록 역사하여 주옵소서.

예수님 이름으로 기도합니다. 아멘.

Part 3.

내 삶의 항해의 끝이

예수님 되기

위함입니다

07

도망자 신세가 되었을 때 살길을 여십니다

삼상 19:1-24

다윗이 도망자가 되었습니다. 분명 그의 이름이 심히 귀하게 되었다고 했는데, 그 말이 떨어지자마자 도망자가 된 것입니다.

다윗은 양을 치다가 사자와 곰도 때려잡고, 천하무적 골리앗도 만군의 여호와의 이름으로 때려잡았습니다. 왕의 사위가 되기 위해 블레셋 사람 200명도 때려잡았습니다. 그런데 그 마음속에 왕의 사위 되기를 좋게 여기는 것이 있었습니다. 그래서 하나님이 다윗의 힘을 빼기 원하셨습니다. 다윗이 사울의 힘으로, 미갈의 힘으로, 요나단의 힘으로 왕이 되기를 원하지 않으셨습니다. 왕의 사위로서 가졌던 명예와 권세와 나라를 다 내려놓기를 원하셨습니다. 그러나 이것도 자기 힘으로는 할 수가 없습니다. 홀로서기도 오직 하나님의 힘에 의지해야 했습니다.

야곱이 거짓말해서 떠났던 것과는 달리 다윗은 예수님의 조상으로 우뚝 서야 했기 때문에 그 훈련의 수준이 아주 높았습니다. 고강도 훈련입니다. 보통은 미움받다가 풀리기도 하는데 사울은 죽을 때까지 다윗을 미워합니다. 끝나지 않는 미움을 다윗에게 허락하십니다. 정말 다윗으로서는 이해할 수 없는 미움입니다. 다윗이 누굽니까? 골리앗을 때려잡은 영웅 중의 영웅입니다. 그런데 하루아침에 도망자 신분이 된 것입니다. 보통 사람이라면 이 고통이 이해가 안 되어서 벌써 정신병에 걸려도 백번은 더 걸렸을 것입니다. 그 길을 가는 것이 얼마나 외롭고 힘들었겠습니까?

그러나 그런 다윗에게 하나님은 도피성이 되어 주십니다. 그리고 다윗의 하나님은 우리에게도 도피성이 되어 주십니다. 하나님의 도우심을 경험하지 않는다면 그런 이해할 수 없는 고통 속에서 버틸 수나 있겠습니까? 그렇지만 그 하나님의 도우심을 오고가는 세대에 증거하라고, 믿음의 권속들에게 증거하라고, 하나님은 다윗을 인도해 가십니다.

이해할 수 없는 일이 내 인생에 닥쳤습니까? 지금 어디로 도망가고 있습니까? 만약 교회로 도망갔다면, 하나님 앞으로 도망갔다면 그야말로 최고의 선택을 한 것입니다. 하나님은 우리가 도망자 신세가 되었을 때 살길을 여십니다. 우리를 살게 하시는 예수 그리스도의 도피성으로 인도받기를 원합니다.

외로운 길에서 심히 사랑하는 변호자가 있게 하십니다

다윗이 외로운 길을 걸을 때 주님은 생명을 내걸고 변호해 주는 한 사람을 보내셨습니다. 바로 요나단입니다.

1 사울이 그의 아들 요나단과 그의 모든 신하에게 다윗을 죽이라 말하였더니 사울의 아들 요나단이 다윗을 심히 좋아하므로 2 그가 다윗에게 말하여 이르되 내 아버지 사울이 너를 죽이기를 꾀하시느니라 그러므로 이제 청하노니 아침에 조심하여 은밀한 곳에 숨어 있으라 3 내가 나가서 네가 있는 들에서 내 아버지 곁에 서서 네 일을 내 아버지와 말하다가 무엇을 보면 네게 알려 주리라 하고 **삼상 19:1-3**

사울이 그동안은 즉흥적이고 은밀하게 다윗을 죽이고자 했는데 다 실패로 돌아가니 이제는 공식적으로 그를 죽이려고 합니다. 사울의 광기가 점점 최고조에 치닫는 것입니다. 요나단도, 사울의 신하들도 전부 다윗을 좋아하는데 사울 혼자서 죽이겠다고 날뜁니다. 이유도 없이 매일 칼을 들고, 단창을 들고 죽이겠다고 덤비니 얼마나 기가 막힐 노릇입니까? 다윗 입장에서는 스트레스와 외로움이 얼마나 컸겠습니까?

그런데 똑같은 일을 예수님도 겪으셨습니다. 헤롯의 협박을 피해 애굽으로 피신하시지 않았습니까? 이것은 단지 어떤 환경 때문에 도망가는 것과는 굉장히 다릅니다. 우리의 아픔과 질고를 위해서 하나님의 아들이신 예수님이 고난으로 순종을 배운 것 아닙니까? 예수님이 고난받으심으로 우리가 나음을 입게 되었습니다. 다윗도 이 훈련을 받은 것입니다.

나보다 더한 고난을 미리 받은 예수님과 다윗을 보면서 별 인생이 없다는 것을 느낍니다. 이 고난의 여정에서 하나님은 생명과도 같은 친구 요나단을 허락하셔서 다윗을 변호하게 하십니다. 얼마나 기쁜 일입니까? 요나단이 다윗을 심히 좋아했다고 합니다. 심히 사랑했다는 이야기입니다. 그래서 그는 혈연을 넘어, 효를 넘어 우정을 택합니다.

> 4 요나단이 그의 아버지 사울에게 다윗을 칭찬하여 이르되 원하건대 왕
> 은 신하 다윗에게 범죄하지 마옵소서 그는 왕께 득죄하지 아니하였고 그
> 가 왕께 행한 일은 심히 선함이니이다 5 그가 자기 생명을 아끼지 아니하
> 고 블레셋 사람을 죽였고 여호와께서는 온 이스라엘을 위하여 큰 구원을
> 이루셨으므로 왕이 이를 보고 기뻐하셨거늘 어찌 까닭 없이 다윗을 죽여
> 무죄한 피를 흘려 범죄하려 하시나이까 삼상 19:4-5

요나단은 아버지 앞에서 다윗을 변호합니다. 다윗 편을 드는 것이 아니라, 그가 속한 진리의 편을 든 것입니다. 왕은 신하에게 범죄하면 안된다고, 어떻게 왕이 되어 신하를 질투할 수 있느냐는 이야기를 한 것입니다.

요나단은 우정을 선택한 후 아버지가 아닌 백성을 선택했습니다. 다윗이 외롭고 힘든 길을 걸어가는데, 십자가를 지러 가는데 이렇게 생명을 내놓는 친구의 변호가 아니었으면 어떻게 그 길을 갈 수 있었겠습니까? 내가 하나님이 택한 사람이라면, 주의 종이라면, 내가 십자가를 지러가야 한다면 하나님은 반드시 이렇게 목숨을 내걸고 변호해 주는 한 사람의 친구를 허락하십니다. 한 사람 이상 반드시 있게 하십니다. 만약 그런 친구를 허락하지 않으시면 그 일을 하지 말아야 합니다. 그런 힘이 없이 혼자서는 그 길을 갈 수 없습니다. 그래서 반드시 말씀을 나누고 마음을 나누고 통하는 친구가 있게 하시는 것입니다.

이처럼 하나님은 우리가 예수를 믿으면 시기별로, 믿음의 분량대로 나에게 통하는 지체를 주십니다. 믿음의 분량대로 걸어오게 하시는 것이 하나님의 방법입니다.

사울이 요나단의 말을 듣고 맹세하되 여호와께서 살아 계심을 두고 맹세 하거니와 그가 죽임을 당하지 아니하리라 삼상 19:6

요나단이 이렇게 멋지게 다윗을 변호하니까 사울의 마음이 갑자기 돌아섭니다. 그러더니 여호와의 살아 계심을 두고 맹세할 테니 다윗을 죽이지 않겠다고 합니다. 과연 믿을 만한 맹세입니까? 사울의 인생을 쭉 보니 그야말로 변덕의 대명사입니다. 맹세도 잘하고 말 바꾸기도 잘하고 거짓말도 잘합니다.

이런 지도자들이 우리 인생 곳곳에 있습니다. 집에서는 배우자가, 회사에서는 상사가 아주 변덕이 죽 끓듯 합니다. 그래서 오늘은 죽이겠다, 내일은 살리겠다, 모레는 죽이겠다, 글피는 살리겠다 합니다. 그런 사람이 옆에 있다면 '아, 내 처지가 다윗과 다르지 않구나' 하기를 바랍니다. 이해할 수 없는 일이 올 때 사람은 훈련이 된다는 사실을 기억하기 바랍니다.

저는 사무엘상을 읽으면서 왜 사울 이야기가 이렇게 많은 부분을 차지할까 생각해 봤습니다. 그러고 보니 우리 주변에 사울 같은 사람이 너무나 많다는 것을 알았습니다. 내 옆 사람이 사울이거나 내가 사울인 것입니다. 우리는 다 사울처럼 시기 질투가 충만하고, 남이 잘되는 것을 못

보지 않습니까? 이해할 수 없는 남편과 아내, 자녀와 부모가 깔려 있지 않습니까? 지금 이 사울 때문에 다윗의 도피 생활이 시작되었는데, 이 도망자 신세가 얼마나 오래 지속될지 알 수가 없습니다. 하나님은 이런 사울을 보여 주시면서 우리 속에 거룩을 키워 가라고 하십니다. 오늘은 "죽이겠다" 하다가 내일은 "살리겠다" 하면서 기분에 따라 오락가락하는 변덕을 참고 훈련해야 합니다. 한결같이 기분이 나쁜 사람, 한결같이 기분이 좋은 사람 옆에서는 훈련이 하나도 안 됩니다. 늘 기분 나쁜 사람은 거기에 맞추면 되는데, 오늘은 나쁘고 내일은 좋은 사람이 제일 힘듭니다. 그래서 변덕을 참는 것이 가장 힘든 훈련입니다.

반대로 요나단은 인간으로서도 친구로서도 정말 존경받아야 할 사람입니다. 그는 힘도 세고 활도 잘 쏘는 데다가 전쟁에 나가는 것을 무서워하지도 않습니다. 하고 싶은 말이 있으면 왕에게 직언하는 것도 두려워하지 않는 아주 용감한 사람입니다. 거기다 또 얼마나 다윗을 사랑하는지요. 부드럽고 너그럽고 다정합니다. 신앙까지 있어 분별력 또한 갖추었기 때문에 다윗이 예수 그리스도의 조상이 될 것을 분별했습니다. 자신은 왕의 아들이었지만 양치기였던 다윗을 자기보다 더 낮게 여기는 겸손까지 갖추었습니다. 그야말로 다윗에게 요나단은 최고의 친구였습니다.

인간의 본성은 시기하고 질투하기는 쉬워도, 사랑하고 인정하기는 너무 어렵습니다. 어떻게 보면 다윗보다도 더 훌륭한 사람이 요나단입니다. 모든 것을 갖추고도 양치기 다윗을 사랑하지 않았습니까? 마치 창조주 하나님이 인간에게 순종하셨던 모델을 보여 주는 것 같습니다. 요나단은 영생을 바라보며 이 땅의 왕위가 아무것도 아니라는 사실을 보여 주었습니다.

> 요나단이 다윗을 불러 그 모든 일을 그에게 알리고 요나단이 그를 사울에게로 인도하니 그가 사울 앞에 전과 같이 있었더라 삼상 19:7

요나단은 다윗에게 사울이 그를 살려 주겠다 한 사실을 알립니다. 그래서 다윗이 사울 앞에 섭니다. 요나단은 아버지 사울을 몰라도 너무 모릅니다.

> 8 전쟁이 다시 있으므로 다윗이 나가서 블레셋 사람들과 싸워 그들을 크게 쳐 죽이매 그들이 그 앞에서 도망하니라 9 사울이 손에 단창을 가지고 그의 집에 앉았을 때에 여호와께서 부리시는 악령이 사울에게 접하였으므로 다윗이 손으로 수금을 탈 때에 10 사울이 단창으로 다윗을 벽에 박으려 하였으나 그는 사울의 앞을 피하고 사울의 창은 벽에 박힌지라 다윗이 그 밤에 도피하매 삼상 19:8-10

다윗은 사울의 부하로서 목숨을 걸고 또 전쟁에 나갔습니다. 그런데 이기고 온 다윗에게 사울의 '천천 만만 병'이 재발했습니다. 또 단창을 가지고 다윗을 죽이려고 합니다. 블레셋과의 전쟁에서 목숨 걸고 싸운 것도 힘들어 죽겠는데 거기서 가까스로 목숨 부지해 돌아왔더니 이제 아군인지 적군인지도 모르는 사울이 자신을 죽이려 드는 것입니다. 밖에서는 블레셋 적과 싸우고 집에 왔더니 이제 악령 들린 사울과 싸워야 합니다. 보통 일이 아닙니다. 다윗이 어떻게 해야 합니까? 그렇다고 블레셋과 안 싸울 수 있습니까?

회사에서도 윗사람 잘못 만나면 이런 일이 생길 수 있습니다. 실패하기를 바라면서 가망 없는 프로젝트를 나에게 맡깁니다. 그걸 성사시켜야 합니까, 망하게 둬야 합니까? 나더러 죽으라고 계속 전장으로 보내는데, 거기서 목숨 걸고 싸워 날마다 이기고 돌아오면, 또 이겼다고 날마다 죽이려 듭니다. 이런 상황을 이해할 수 있겠습니까? 도대체 살 수가 없습니다. 이해할 수 없는 이 상황에서 안팎으로 나더러 죽으라고 들들 볶으니 이럴 때는 죽어야 합니까, 살아야 합니까? 나는 하루하루 주님 말씀 따라 사는데 왜 모두 나를 못 죽여 안달이냐 이 말입니다.

그런데 이런 이해할 수 없는 일을 잘 통과했기 때문에 다윗이 예수님의 조상이 될 수 있었습니다. 이해할 수 있는 일이라면 그게 무슨 훈련이 되겠습니까? 이해할 수 없는 일이기에 훈련이 되는 것입니다. 배우자가 먼저 세상을 떠났습니까? 자녀를 앞세워 보냈습니까? 사업이 부도났습니까? 배우자가 외도를 합니까? 자녀가 문제를 일으키면서 날마다 가출합니까? '도대체 저 사람이 나 같은 사람을 두고 왜 외도를 하나', '도대체 이런 집안 환경을 두고 뭐가 모자라서 가출을 하나', '도대체 왜 나한테 이런 일이 생기는가' 하는 이해할 수 없는 일이 일어날 때, 그 일로 괴로워 죽을 것 같을 때 우리는 하나님과 교제하게 됩니다. 하나님은 지금 다윗에게 이것을 원하시는 것입니다.

하나님은 "네 인생에 이해할 수 없는 일이 일어난 지금 나를 만나라"

하십니다. 외롭지 않으면 주님을 만날 수 없습니다. 이 땅에서 남편 사랑, 자녀 사랑, 돈으로 충만하면 절대로 주님을 만날 수 없습니다.

이렇게 힘든데 요나단의 사랑이 다윗을 지켜 줍니다. 그럼에도 여전히 다윗은 외롭습니다. 왜냐하면 내 인생을 요나단이 대신 살아 주는 것이 아니기 때문입니다. 그저 사랑으로 천국을 미리 맛보는 것뿐입니다. 지금 내게 닥친 사건들도 그렇습니다. 이해할 수 없는 일이라 부르짖지만, 우리의 선조 다윗이 이 길을 먼저 걸어갔습니다.

+ 내가 힘들 때 주의 사랑으로 나를 심히 사랑하면서 변호를 해 준 사람이 있습니까?

+ 이해할 수 없는 고난을 겪고 있습니까? 그 사건을 통해 하나님을 잘 만나고 있습니까?

인간의 사랑으로도 돕게 하십니다

11 사울이 전령들을 다윗의 집에 보내어 그를 지키다가 아침에 그를 죽이게 하려 한지라 다윗의 아내 미갈이 다윗에게 말하여 이르되 당신이 이 밤에 당신의 생명을 구하지 아니하면 내일에는 죽임을 당하리라 하고 12 미갈이 다윗을 창에서 달아 내리매 그가 피하여 도망하니라 13 미갈이 우상을 가져다가 침상에 누이고 염소 털로 엮은 것을 그 머리에 씌우고 의복으로 그것을 덮었더니 14 사울이 전령들을 보내어 다윗을 잡으려 하매

미갈이 이르되 그가 병들었느니라 15 사울이 또 전령들을 보내어 다윗을 보라 하며 이르되 그를 침상째 내게로 들고 오라 내가 그를 죽이리라 16 전령들이 들어가 본즉 침상에는 우상이 있고 염소 털로 엮은 것이 그 머리에 있었더라 17 사울이 미갈에게 이르되 너는 어찌하여 이처럼 나를 속여 내 대적을 놓아 피하게 하였느냐 미갈이 사울에게 대답하되 그가 내게 이르기를 나를 놓아 가게 하라 어찌하여 나로 너를 죽이게 하겠느냐 하더이다 하니라 삼상 19:11-17

다윗을 향한 미갈의 사랑이 이렇습니다. 사울이 다윗을 죽이려하던 날 밤, 미갈이 이 사실을 알고 다윗을 도망치게 합니다. 화가 난 사울이 "왜 다윗을 살려 주었느냐" 묻자 "그가 나를 죽이겠다 하여 어쩔 수 없이 살려 주었다"고 거짓말을 합니다.

미갈은 선의의 거짓말로 다윗을 도왔습니다. 그러나 그 도움은 예수님 때문이 아니라 순전히 인간적인 사랑 때문입니다. 나중에 다윗이 왕이 되어 언약궤를 가지고 돌아오던 날, 그가 춤을 추다가 속옷이 드러나자 심중에 업신여긴 사람이 바로 미갈입니다(삼하 6:16). 미갈은 집안과 출신 때문에 다윗을 천하게 여기고 무시합니다. 자신은 왕족 출신으로 믿는 집안 딸이라며 잘난 척을 합니다. 한 치 앞만 보고 분별하지 못하는 어리석음입니다. 말씀이 기쁘게 깨달아지는 언약궤의 사랑이 아니라 그저 우상처럼 사랑하여 다윗을 도운 것입니다. 지금 그 집에 우상이 있지 않았습니까? 다윗 대신 그 자리에 우상을 눕히지 않습니까? 요나단은 집안을 뛰어넘는 사랑이었지만, 연약한 미갈은 아버지의 영향을 받은 것입니다.

누군가를 우상처럼 사랑하면 인생이 힘듭니다. 나와 같이 있어 주지 않는다고 눈물 흘리며 부르짖게 됩니다. 시기 질투하고 업신여깁니다. 그래서 우상은 사랑이라 하지 않고 숭배라 합니다. 서로를 우상처럼 여기는 부부는 그 관계가 뭔가 불편합니다. 날마다 싸움이 끊이지 않습니다. 참사랑이 아니어서 그렇습니다. 남편이 나를 사랑한다고 하는데 그것이 도리어 나를 힘들게 할 수 있습니다. 하나님 자리에 남편이 가 있어서 그렇습니다.

미갈은 문자 그대로 공주입니다. 교양이 흘러넘칩니다. 왕의 딸이니 불편한 것은 딱 질색입니다. 지금으로 적용하면 주일예배도, 목장예배도 딱 질색이고 나 홀로 신앙을 추구합니다. 교양이 있어서 다윗 공동체는 다 지질하게만 보입니다. 환난당하고 빚지고 원통한 자들이 모여 있으니 딱 질색입니다. 그러니 미갈은 다윗이 하나님 때문에 너무도 기뻐할 때 얼마나 우습게 여기고 무시했는지 모릅니다.

사실 이 상황에서는 미갈이 다윗을 따라나서는 것이 옳지 않습니까? 이미 그녀는 다윗의 아내입니다. 생과 사를 같이하는 운명 공동체입니다. 그러나 미갈은 다윗을 도와는 주지만 같이 도망가지 않습니다. 자신이 다윗보다 굉장히 위에 있으니 그렇습니다. 다윗은 명예와 권세를 다 버리고 가는데, 자기는 왕의 딸이니까 그 명예와 권세를 절대 내려놓지 못하는 것입니다. 아버지가 왕인데 설마 나를 죽이기야 하겠는가 하는 것입니다.

내 옆에 꼭 경건한 사람만 나를 도와주는 것은 아닙니다. 때로는 에로스적인 사랑이 나를 돕기도 합니다. 돈으로, 권세로 나를 돕기도 합니다.

그러나 우리는 육신의 욕심으로 하는 사랑을 하지 말아야 합니다. 다윗도 미갈 때문에 인생이 참 꼬이지 않습니까? 도움의 손길이 왔다고 아무 손이나 덥석덥석 잡아서는 안 됩니다.

그러나 어찌되었든 이런 믿음 없는 딸조차도 다윗을 도왔습니다. 믿음 있는 아들도 다윗을 도왔습니다. 자기도 모르게 구원을 위해 쓰임받는 사람이 있는 것도 맞습니다. 다윗은 이런 사람, 저런 사람을 만나면서 아가페적인 사랑과 에로스적인 사랑의 실체를 경험해 갑니다. 이 모든 것이 다윗의 영성에 도움을 줍니다. 이것이 성경의 메시지입니다. 성경은 가고 오는 세대에 다윗이 경험하고 느꼈던 것을 말해 주며, 너희는 그렇게 살지 말라 합니다. 하나님을 사랑하는 자 곧 그의 뜻대로 부르심을 입은 자들에게는 모든 것이 합력하여 선을 이룹니다(롬 8:28).

사울은 믿음이 있는 아들 요나단에게도 속고 믿음이 없는 딸 미갈에게도 속는 외로운 사람입니다. 그러나 사울의 외로움은 다윗의 고독과는 차원이 다릅니다. 사울이 다윗에게 미갈을 주고 싶어 준 것입니까? 다윗을 올무에 걸리게 하려고, 그를 블레셋 손에 죽게 하려고 꾸민 일이었습니다. 그런데 그 일로 다윗이 죽기는커녕 블레셋 사람 200명을 죽였습니다. 그러더니 이제는 그 딸이 다윗을 살려 줍니다. 자기 꾀에 자기가 넘어가고 있습니다. 사울의 외로움은 그가 자초한 것입니다.

그런데 지금 다윗의 상황은 어떻습니까? 사도 바울도 예수 믿은 후 다메섹에서 유대인들 손에 죽게 되었을 때 광주리를 타고 도망간 일이 있었는데, 다윗도 지금 광주리를 타고 도망가는 너무나도 초라한 여정이 기다리고 있습니다. 한 나라의 영웅이, 기름부음까지 받은 사람이 목숨 부지하겠다고 광주리 타고 벽에 매달려 도망가는 것이 얼마나 치사합니까? 자존심 센 사람들은 이런 상황에서 "내가 죽으면 죽었지 이렇게 치사하게 예수 안 믿겠다" 하지 않겠습니까? 그러나 인생은 도망자로서 나를 초라하게 만드는 일들이 기다리고 있습니다.

+ 믿음도 없는데 인간적인 사랑으로 나를 도와주는 사람이 있습니까?
+ 혹시 내 배우자, 자녀를 우상처럼 여기며 사랑하고 있지는 않습니까?

최고의 도피성은 예수 그리스도의 공동체입니다

다윗이 도피하여 라마로 가서 사무엘에게로 나아가서 사울이 자기에게 행한 일을 다 전하였고 다윗과 사무엘이 나욧으로 가서 살았더라 삼상 19:18

우리 인생에 최고의 도피성이 예수님이시듯, 다윗의 도피처가 사무엘이 된 것은 축복 중의 축복입니다. 만약 다윗이 이새와 형제들이 있는 고향으로 도망갔다면 어떻게 됐겠습니까? 사울의 손에 온 가족이 몰살을 당했을지 모릅니다. 다윗의 입장이 되어 보니 세상에 도망갈 곳이 없습니다. 아내에게 가도 안 되고, 친구에게 갈 수도 없습니다.

예수를 믿어도 도망갈 곳이 없다고 생각하는 사람들이 있습니다. '세상 어디도 내 편은 없구나, 내가 갈 데가 없구나' 하는 사람들이 있습니다. 저도 제 교양으로 갈 곳이 없었습니다. 결혼 5년 만에 패잔병처럼 친정으로 도망을 갔는데, 다음 날 아침에 밥을 먹으라 해도 도저히 먹을 수 없었습니다. 그때 친정아버지가 "저 따위로 하니 쫓겨났지" 하셨습니다. 친정에도 못 있겠기에 하는 수 없어서 기도원에 갔습니다. 호텔 갈 돈도 없었습니다. 5년을 부잣집에서 며느리로 살았는데 수중에 돈이 하나도 없었습니다. 그래서 겨우 찾아간 곳이 기도원이었습니다. 다윗도 도망갈 곳이 없어서 사무엘에게 갔다는데, 오직 기도할 틈을 얻기 위해서만 분방하라고 했는데(고전 7:5), 만세전부터 택하심이 있었기에 기도할 틈을 얻기 위해 제가 그날 기도원으로 간 줄 믿습니다.

오늘 교회로, 하나님 앞으로 도망 오신 분이 있습니까? 인생에 최고의 선택을 한 것입니다. 제가 힘들었을 때 누가 이런 이야기를 해 주었다면 얼마나 좋았을까요? 그때 이런 설교를 들을 수 있었다면 정말 힘을 얻었을 것 같습니다. 다행히 저는 그때 선교사님이던 언니가 저를 위해 같이 옆에서 금식기도해 주었습니다. 제가 "배고파 못 살겠다" 하면 옆에서 "찬송하자, 기도하자, 힘내자" 하면서 전혀 금식하는 사람 같지 않게 힘을 주었습니다. 힘들 때마다 나를 도와주는 공동체가 있었습니다. 제가 그렇게 간절해 봤기 때문에 누군가 간절한 마음으로 제 설교를 들으면서, 제 책을 읽으면서 힘 얻을 한 사람이 있을 것이라 생각하면 기도하게 됩니다. 누군가 저의 간증으로 힘을 얻을 한 사람이 있을 것이라 믿으며 간절하게 기도합니다. 그 한 사람 때문에 우리가 모두 힘을 합해 예배를 드려야 합니다. 그 한 사람이 살아나면 그를 통하여 또 다른 한 사람이 살아날 줄 믿습니다.

악령은 오직 성령의 힘으로만 이길 수 있습니다. 사울도 악령이 들었으니 이것은 인간의 힘으로 되지 않습니다. 사람이 잘해 주어 되는 것도 아닙니다. 다윗은 사무엘, 즉 성령의 공동체를 찾아갔습니다. 힘 있게 악령이 내려도 성령의 공동체에서 성령으로 힘을 입으면 이길 수 있습니다.

> 19 어떤 사람이 사울에게 전하여 이르되 다윗이 라마 나욧에 있더이다 하매 20 사울이 다윗을 잡으러 전령들을 보냈더니 그들이 선지자 무리가 예언하는 것과 사무엘이 그들의 수령으로 선 것을 볼 때에 하나님의 영이 사울의 전령들에게 임하매 그들도 예언을 한지라 21 어떤 사람이 그것을 사울에게 알리매 사울이 다른 전령들을 보냈더니 그들도 예언을 했으므로 사울이 세 번째 다시 전령들을 보냈더니 그들도 예언을 한지라 22 이에 사울도 라마로 가서 세구에 있는 큰 우물에 도착하여 물어 이르되 사무엘과 다윗이 어디 있느냐 어떤 사람이 이르되 라마 나욧에 있나이다 23 사울이 라마 나욧으로 가니라 하나님의 영이 그에게도 임하시니 그가 라마 나욧에 이르기까지 걸어가며 예언을 하였으며 24 그가 또 그의 옷을 벗고 사무엘 앞에서 예언을 하며 하루 밤낮을 벗은 몸으로 누웠더라 그러므로 속담에 이르기를 사울도 선지자 중에 있느냐 하니라 삼상 19:19-24

어떤 사람이 다윗이 라마 나욧, 사무엘의 집에 있다고 사울에게 전합니다. 그 전하는 사람 때문에 섭섭해하지 말아야 합니다. 그것도 다 주님의 주권임을 믿고 미워하지 마시기 바랍니다.

결국 사울이 다윗을 잡으려고 전령들을 보냅니다. 세 번이나 보냅니다. 그런데 이 전령들이 라마 나욧 공동체에 가기만 하면 다 은혜를 받아 예언을 합니다. 사울이 "이것들이!" 하면서 자기가 직접 가는데, 이제는 사울까지 그곳에서 은혜를 받아 자기도 모르게 벌거벗고 예언을 합니다. 사울이 옷까지 벗었다는 것은 '왕권을 버린다, 왕권을 포기한다'는 의미가 있습니다. 그야말로 사울이 충만함을 받은 것입니다.

지금 사울과 전령들의 목적이 무엇입니까? 다윗을 잡아 죽이는 것입니다. 사울이 눈만 뜨면 예배하고 금식하는 이유가 무엇입니까? 다윗을 죽이기 위해서입니다. 그를 두고 괜히 예배 중독자라고 하는 줄 아십니까? 그런데 그런 목적을 가지고 있던 사람들이 라마 나욧 공동체에 와서는 은혜를 받았습니다. '어떻게 예배드리나 구경이나 하자'며 앙심을 품고 왔다가 다 은혜를 받았습니다. 이것이 하나님께서 다윗을 해하지 못하도록 보호하신 방법입니다. 성령의 불이 활활 타니 어떤 악령 든 불신자도 견디지 못하는 것입니다.

우리들교회에서도 이런 역사가 얼마나 많이 일어났습니까? 어떤 집사님은 배우자가 하도 이혼을 해 달라기에 "그럼 이혼해 줄 테니 교회 한번만 가자"고 합니다. 그런데 앉으나 서나 이혼을 외치던 그 배우자가 교회에 구경 한번 왔다가 여기에 주저앉았습니다. 이런 일이 셀 수 없이 많습니다. 그뿐입니까? 안 믿는 가족에게 "오늘 마지막으로 한 번만 교회에 가 보자" 했더니 "네가 그렇게 죽고 못 사는 예수님을 가서 보고 내가 절단 내겠어. 내가 그 목사를 가만두지 않겠어!" 하고 와서는 다 은혜를 받았습니다. 한번은 제가 메일을 받았는데, "목사님, 우리 남편이 목사님을 죽이러 간대요" 하는 것입니다. 그런데 저는 아직 살아 있습니다. 아마 그 남편분도 교회에 왔다가 은혜 받은 줄 믿습니다. 라마 나욧의 공동체처럼 이런 악령 들렸던 사람들이 다 우리들교회 와서 은혜를 받고 살아난 역사가 일어난 줄 믿습니다. 그러니 옆에 악령 들린 사람이 있으면, 그저 귀엽다 하기 바랍니다. '저 역할을 하느라 인생이 얼마나 힘들까' 생각하기를 바랍니다.

그런데 사울은 아무리 예언을 해도 지혜롭게 행했다는 이야기가 한 번도 없습니다. 진리의 성령님이 말씀으로 임하시면 장래의 일을 알게 하시는 하나님께서 이 땅의 인생이 다가 아니라는 것을 깨닫게 해 주셨을 텐데, 사울은 그런 지혜가 없습니다. 다윗은 어땠습니까? 어떤 상황에서 무엇을 하든 지혜로웠습니다. 이것이 성령님이 찾아오시는 모습인데, 사울은 눈만 뜨면 예배를 드리면서도 외적으로만 성령충만을 유지하려 하니 성령은커녕 악령만 찾아옵니다. 매일 어디 가서 은혜 받기만 좋아하고 방언 받는 것만 따라다니면 안 됩니다. 집이 깨끗이 청소되고 난 후 성령으로 채워지지 않으면 더한 악령이 들어옵니다(마 12:44-45). 하나님께 등 돌린 사람의 특징은 판단력을 잃어버리는 것입니다. 성령이 임한 사람은 말씀을 보기 시작해야 합니다. 말씀이 없는데 무슨 판단을 제대로 하겠습니까? 말씀과 함께하는 고난과 말씀 없는 고난은 하늘과 땅 차이입니다. 말씀 없는 고난은 그저 생고생입니다. 비교가 되지 않습니다.

전쟁 영웅 다윗이 골리앗을 물리치고 이제 젖과 꿀이 흐르는 가나안 땅에 들어가나 했더니 아니었습니다. 그야말로 고난의 시작이었습니다. 그러나 신명기 12장 1절에서 "네 조상의 하나님 여호와께서 네게 주셔서 차지하게 하신 땅에서 너희가 평생에 지켜 행할 규례와 법도는 이러하니라" 합니다. 하나님께서 차지하게 하신 땅에서 행복하게 잘살라는 것이 아니라 평생에 지켜 행할 규례와 법도가 있다고 하십니다.

그런데 우리는 목표했던 학교에 붙고 직장에 들어가고 승진하면 고생 끝 행복 시작인 줄 압니다. 들어가고 싶은 학교에 들어갔더니 그다음부터 말씀을 지키지 못하고 다이어트 신, 미팅 신, 알지 못하는 세상 신들에 눈이 돌아갑니다. 회사에 들어가니 자격지심이 생겨서 가방끈의 신, 자격증의 신에 눈이 돌아갑니다. 신명기 12장 2절에서 주님은 "그들의 신들을 섬기는 곳은 높은 산이든지 작은 산이든지 푸른 나무 아래든지를 막론하고 그 모든 곳을 너희가 마땅히 파멸하며" 하시고, 3절에서는 "아세라 상을 불사르고 또 그 조각한 신상들을 찍어 그 이름을 그곳에서 멸하라" 하시는데, 우리는 보기에 아까워 멸하지 못합니다. 그 유명하고 좋은 것들을 어떻게 마땅히 멸하고 파멸할 수 있겠습니까? 에로스가 있고 골프가 있고 각종 우상이 있습니다. 깨트리고 불사르고 찍고 그 이름을 멸하라 하시는데 '왜 내가 차지한 땅에서 그것을 부수고 찍어야 하는가?' 합니다. 이렇게 사람의 일에는 되었다 함이 없습니다.

그러나 학교 다니는 것과 말씀 지키는 것은 별개가 아닙니다. 직장 생활을 하는 것과 말씀 지키는 것도 별개가 아닙니다. 너무나 유명한 것, 편한 것만 좋아하면서, 악하고 음란하기에 차지하게 하신 땅에서 쾌락을 만족시킬 것만 생각하면 안됩니다. 그런 생각은 날마다 찍고 불사르지 않으면 잡초처럼 수북이 쌓입니다. 주일에 교회에 와서 그 우상들을 다 깨트리고, 수요예배, 목장예배에 와서 부수고 찍지 않으면 우리 속에 음란과 악이 자꾸 자랍니다. 권세도 있고 돈도 차지하게 되었는데 눈앞의 예쁜 여자를 어떻게 마땅히 파멸하겠습니까? 내가 마시고 싶은 술이 있는데 어떻게 내 능력과 권세로 하고 싶은 것을 안 할 수가 있겠습니까? 내 힘으로는 안 됩니다. 능력이 있는 다윗도 자기 힘으로 우상을 파멸하지 못합니다. 그래서 다윗의 힘을 빼기 위해 사울이 수고를 합니다.

성령님의 도움으로 매일 큐티하며 진리의 성령님께 찔고 부술 것을 말씀으로 인도받는 것이 최고의 도피성이라는 것을 깨닫습니까? 도망은 진리의 말씀, 큐티, 공동체로 해야 합니다. 이렇게 힘들 때 다윗은 시편 59편의 기도를 했습니다. 너무 힘들고 어려우니 하나님을 찾았습니다. 하나님이 피난처 되심을 노래했습니다. 이해할 수 없는 일을 겪으면서 얼마나 외로웠으면 주님을 도피성 삼아 교제했겠습니까? 주님께서 깨달음을 주신 것입니다. 사울이나 다윗이나 콩가루 집안이기는 마찬가지이지만, 하나님은 다윗에게만 예수님의 조상이라는 가문의 축복을 주신 것입니다.

다윗같이 인생의 이해할 수 없는 고난 속에 있는 집사님이 우리들교회에도 있습니다. 그분은 우리가 들어가기도 힘든 명문대학 출신으로 외모도 출중합니다. 성품도 착한 데다가 부자 남편까지 만나 모두가 부러워할 만한 결혼도 했습니다. 그런데 그 남편이 자꾸 한눈을 팔고 경제사범으로 감옥에도 다녀왔답니다. 수도 없이 전도를 해서 기적처럼 남편이 교회에 나왔는데, 신앙생활을 좀 하는 것 같다가 다시 집을 나가 버리더니 지금은 다른 여자를 만나고 있다고 합니다. 남편에게 악령이 들었습니다. 그런데 남편만 그러는 것이 아니라 두 아들도 다 악령이 들어서 온 아파트를 시끄럽게 하며 소란을 피운다고 합니다. 이제는 집사님이 과외를 하며 돈까지 벌어야 한다고 합니다. 이런 상황을 어떻게 받아들이고 이해할 수 있겠습니까? 그런데도 집사님은 요나단 같은 친구가 도와주고, 안 믿는 미갈 같은 시부모가 도와주고, 라마 나욧의 공동체 같은 우리들 공동체에서 힘 받고, 진리의 성령님이 도와주셔서 불행이라고는 모르는 천사 같은 얼굴로 주변 사람들에게 위로와 생명을 선사합니다. 진리의 성령님이 도와주셔서 수많은 사람들을 살리고 있습니다. 그 집사님만 보면 어찌나 편한지, 만나는 사람마다 다 위로를 얻습니다.

지금 이 집사님이 예비 목자들을 교육하고 있는데, 어느 분이 "변하지 않는 식구들 때문에 너무 힘들다고, 어떻게 하면 좋겠느냐?"고 질문했다고 합니다. 그랬더니 집사님이 이렇게 답해 주었습니다.

"남편이나 자녀 때문에 칭찬받고 인정받으면 내가 굉장히 옳은 삶을 산 것 같지만 절대로 그렇지 않습니다. 중요한 것은 문제아가 우리 집에 있다고 해도 상황 자체를 받아들이고 오늘을 누려야 하는 것입니다.

저도 아이를 위해 정말 애썼지만 결국 아이는 고등학교를 마치지 못하고 자퇴를 했습니다. 그때 저는 아이에게 정말 수고했다고 축복해 주었습니다. 저라고 옳고 그름으로 따지고 싶은 유혹이 왜 안들겠습니까? 자퇴를 하더니 날마다 드러누워 있고, 방에 들어가면 며칠을 안 나왔습니다. 수염이 가득해서는 밥도 쭈그리고 앉아 컵라면만 먹고, 다시 들어가 노트북만 들여다보고 있는 아이를 지켜보기가 너무 힘들었습니다. 자녀가 망가져 가는 것을 지켜볼 수밖에 없다는 생각에 너무나 마음이 아팠습니다.

그러나 그때 '너나 나나 같은 죄인이다. 우리는 서로 고치려 들어서는 안 된다. 믿음은 관계다. 지금의 제한된 환경에서 하나님이 무슨 말씀을 하시는가? 이 고난에서 나는 무엇을 깨달아야 하는가? 하나님의 시각으로 무엇을 보아야 하는가?'를 생각했습니다.

저 자신이 완벽하고 좋은 부모라는 사실을 내려놓는 것이 제일 두렵습니다. 또 남편이 집을 나가 부부목장을 못 가고 있는데, 언제 올지 몰라 이 고난에서 계속 묶여 있으려고 합니다. 이 고난을 버티는 것이 아니라 잘 누리려고 합니다."

또 어떤 분은 이 집사님에게 "남의 가정이 살아나서 회복되면 내 남편이 온 것처럼 기쁩니까?" 하고 물었답니다. 그랬더니 이렇게 답해 주었습니다.

"그것이 내가 이 고난 속에서 가장 기쁨을 누릴 수 있는 비결이고, 유월절과 칠칠절을 누리는 비결입니다."

또 어떤 분은 "내가 어렵게 죄와 고난을 오픈했는데 그까짓 것이 무슨 오픈이냐며 무시를 당해 힘듭니다" 했더니 이런 말을 해 주었답니다.

"저도 남편이 바람피우는 것을 이야기하기가 쉽지 않았습니다. '그 사람들이 바람을 끊어 주는 것도 아닌데 내가 왜 남에게 그런 이야기를 해야 하는가' 의구심이 들었습니다. 그래도 말씀을 깨달으면서 조금씩 오픈하기 시작했습니다. 처음에는 공동체에서 위로해 주고 편을 들어 주었지만 한편에서는 '돈이 있으니 살았지' 하는 말도 들었습니다. 그러면 분이 올라오기도 했습니다. 또 부부목장에서는 '아내들이 원인을 제공해서 남편들이 바람피우는 것이다'는 말도 들었습니다. 그때는 이런 상황도 힘든데 왜 그런 말까지 들어야 하는 건가 회의가 밀려 왔습니다.

그런데 점점 진리의 성령님이 내게 오셨습니다. 제 고난이 고차원적이라는 생각에서 점점 내려가게 되었습니다. 생각해 보니 저는 그냥 '바람피우는 남편을 둔 여자', '남편에게 맞는 여자'라는 이야기가 너무 듣기 싫었던 것이었습니다. 그냥 그것을 인정했어야 하는데 그보다 고차원적으로, 좀 더 고상하게 '이런 고난에서 나는 어떤 말씀을 깨달았는가' 하는 소리만 하고 싶었던 것입니다.

남편에게 사랑을 못 받는 것은 정말 고통입니다. 그런데 사랑을 못 받는 여자로 찌그러져 죽게 되었을 때 하나님께서 새로운 사랑을 알게 해 주셨습니다. 단지 '예전에 바람을 피웠는데 지금은 너무 잘되었다' 하는 것이 아닙니다. 오늘도, 내일도 죄인인 내가 보여야 합니다. 남편보다 내가 더 죄인이라는 것을 알아야 합니다. 그게 지경이 더 넓어지는 것입니다.

지금도 제가 누군가를 양육하는 것이 아니라 저 때문에 양육받을 여러분을 하나님이 불러 주셨다고 생각합니다. 저를 우리들교회 공동체에 묶어 주신 것이 하나님께서 최고로 후대하신 것이라고 생각합니다. 아무리 쥐어짜도 보이지 않던 내 죄가 공동체에 있기만 하면 명명백백히 드러나 보이니 얼마나 감사합니까?"

이것이 바로 라마 나욧 공동체의 나눔 아니겠습니까? 이 집사님은 도망갈 수밖에 없는 환경, 이해할 수 없는 일 가운데 있습니다. 죄라고는 전혀 짓지 않았을 것같이 착하고 너무나 모범생인 데다가 은사가 넘치는 분인데 왜 이런 고난을 당해야 합니까? 그러나 그런 가운데 무엇보다 중요한 라마 나욧 공동체인 예수 그리스도의 도피성으로 들어갔다고 하니 어찌나 다행인지 모릅니다. 우리도 이해할 수 없는 상황에서 도망을 잘 가야 합니다. 외롭다고, 괴롭다고 아무 데로나 가면 안 됩니다. 내게 닥친 이 모든 일들이 다른 사람들을 구하라고 주신 약재료임을 알고 예수 그리스도의 도피성, 라마 나욧의 공동체로 도망가기를 바랍니다.

인생에 어떤 이해할 수 없는 일이 닥쳤습니까? 하나님은 그런 상황에서 요나단처럼 나를 심히 좋아해서 변호해 줄 수 있는 친구를 주신다고 합니다. 미갈처럼 생각지도 않은 세상의 도움도 주신다고 합니다. 또 진리의 성령 공동체, 라마 나욧의 공동체를 도피성으로 주신다고 합니다. 아무리 세상의 도움이 있어도 우리는 이 성령의 공동체로 도망가야 합니다. 이것이 가장 중요합니다. 이 공동체에 있으면 내가 쥐어짤 필요 없이 내 죄가 보입니다. 그래서 다윗처럼 하나님을 온 맘 다해 섬길 수 있습니다. 우리는 잠시 후면 천국에서 만날 영생의 삶을 준비해야 합니다. 이 땅에서 아무리 고생하고 수고하면 뭐 합니까? 우리의 마지막 종착역은 천국이 되어야 합니다.

+ 지금 어떤 이해할 수 없는 고난 가운데 있습니까?
+ 그래서 지금 어떤 도피성으로 피난해 있습니까?

우리들 묵상과 적용

초등학교 4학년 때 아버지가 알코올중독으로 돌아가시고 어머니 혼자 저희 8남매를 키우셨습니다. 중학교 때 큰형의 폭력을 견디다 못해 서울로 올라와 밤낮으로 "찹쌀떡 ~, 메밀묵 ~, 김밥 ~"을 외쳐 가며 장사하면서 겨울 찬바람에도 열심히 뛰어다녔습니다. 그러다가 교회에 가게 됐고, 지금의 아내를 만나 목사님 주례로 결혼했습니다. 장모님 앞에서 절대 바람피우지 않겠다고 다짐했던 기억이 납니다. 교회를 다니며 열심히 봉사하며 여러 가지 직분의 감투를 썼지만, 학력에 대한 열등감을 감추려고 사람들의 비위를 맞춰 주며 골프 모임을 쫓아다니다가 세상 음란으로 점점 빠져들었습니다. 같은 교회를 다니던 유부녀와 1년 넘게 음란을 행해 오다가 아내가 그녀와 나눈 핸드폰 문자메시지를 확인하는 바람에 들통났습니다. 아내는 이 일을 교회에 알렸고, 저는 더 이상 교회에 다닐 수 없게 됐습니다. 저는 회개하기보다 우리끼리 해결할 수 있었던 문제를 여자가 지혜롭지 못하여 크게 만들었다고 혈기와 분을 퍼부으며 새벽에 집을 나와 외도녀와 함께 지냈습니다. 그 사이 아내의 자살기도 사건이 있었지만 119에 신고해 위급한 상태를 넘겼습니다.

큰 교회로 옮겨 다니려 했지만 무슨 일인지 이단으로 오해를 받고 쫓겨나는, 이해할 수 없는 사건을 겪으며 2010년 1월 아내에게 끌려 우리들교회에 등록했습니다. 첫 예배 때, 목사님은 요셉과 보디발의 아내 이야기를 해 주셨는데, 유혹으로부터 시간과 공간을 차단하라면서, 끊임없이 말씀을 적용하고 가는 것이 형통이라고 하셨습니다. 사울에게 하나님의 영이 임해 왕복을 벗은 것처럼 저도 말씀의 은혜를 받고 나의 음란과 그동안 교회를 기복적으로 열심히 다닌 것을 알게 되었습니다. 목장에서도 심히 사랑하는 요나단 같은 분들이 저의 믿음의 분량만큼 변호해 주며 애써 주셨지만(삼상 19:4-5), 저는 변덕을 부리는 사울처럼 교회에서 받는 훈련도 거절했습니다(삼상 19:6).

그런데 그동안 순종적이던 아내가 참고 억누르고 있던 분을 쏟아 내기 시작했습니다. 밤새 음란을 행하고 집에 와 보니 아내가 옷을 찢어 놓고 죽고 싶다면서 이혼을 요구하며 울부짖었습니다. 이후로 아내는 가슴에 혹 수술을 두 번 했고, 저의 사업도 바닥을 쳐 사방이 막히는 물질 고난으로 숨을 쉴 수 없게 되었습니다. 아들마저 새벽까지 술을 마시고 들어와서 개처럼 토하는 사건이 벌어졌습니다. 저는 처음으로 '이 모든 것이 내 삶의 결론'이라는 것을 인정했습니다. 회개의 눈물이 하염없이 쏟아졌습니다. 저의 음란은 물론 인정 중독과 분별력 없는 행동과 말 때문에 가족이 죽어 가고 있는 것을 깨닫게 되었습니다. 참사랑을 깨닫게 되니 아내가 혼자 외롭게 생명을 걸고 참고 견디며 아파했을 세월들이 생각나 회개의 눈물이 멈추질 않았습니다.

라마 나욧의 공동체로 도망할 곳이 있어 하나님의 규례와 법도를 적용하고 가게 되었습니다(삼상 19:18). 30년간 끊지 못했던 음란과 술을 진리의 성령이 도와주시는 사랑으로 기적같이 완전히 끊었고, 세상 모임과 운동 중독도 하나씩 찢고 빻으며 불살라 정리했습니다. 예수님의 도피성으로 인도해 주신 하나님, 사랑합니다.

말씀으로 기도하기

사울이 자꾸 창을 들고 죽이려고 쫓아오니 다윗이 도망자가 되었습니다. 누구나 갈 곳 없이 외로운 길에 설 때가 있습니다. 이해할 수 없는 일이 인생에 닥칠 때가 있습니다. 그럴 때 우리는 어디로 도망갑니까? 하나님은 우리가 도망자 신세가 되었을 때 살길을 여십니다. 우리를 살게 하시는 예수 그리스도의 도피성으로 가야 합니다.

외로운 길에서 심히 사랑하는 변호자가 있게 하십니다(1-10절)

하나님의 말씀을 믿으며 신앙생활을 잘 해 온 것밖에 없는데 이해할 수 없는 일들이 자꾸 생깁니다. 배우자가 나를 죽이겠다고 들들 볶고, 직장에서 어디 한번 죽어 보라고 들이댑니다. 살 수가 없는 하루하루입니다. 이럴 때 주님은 요나단 같은 변호자를 보내 주신다고 합니다. 이 시간이 도리어 주님을 만날 때라고 합니다. 생각해 보니 아무리 주변에서 죽어라, 죽어라 해도 죽지 않고 살아 있는 것이 은혜입니다. 도대체 주님의 뜻이 무엇인가 궁금해 기도하다가 매일 주님을 만납니다. 이것이 주님이 제게 허락하신 훈련임을 깨닫게 하시니 감사합니다.

인간의 사랑으로도 돕게 하십니다(11-17절)

다윗이 사울을 피해 도망을 칩니다. 분명 한 나라의 영웅이었는데 이제는 광주리 타고 벽에 매달려 목숨을 건지는 도망자 신세가 되었습니다. 누구에게나 인생에 이런 치사하고 초라한 일들이 있습니다. 어떻게 아무 사건 없이 인생이 살아지겠습니까? 그러나 돌아보면 뜻하지 않은 주님의 도우심이 있었습니다. 때로는 믿음 없는 미갈을 통해서도 하나님은 우리를 도우셨습니다. 고통당할 때는 왜 이런 일이 생겨야 하느냐고, 왜 돈도 권력도 없어 이 일을 당해야 하느냐고 했지만, 실상은 우상더러 같이 있어 주지 않는다고 울부짖은 것이었습니다. 모든 것을 합력하여 선을 이루시는 주님께 감사합니다.

최고의 도피성은 예수 그리스도의 공동체입니다(18-24절)

다윗이 사무엘에게 갑니다. 성령의 공동체, 예수 그리스도의 공동체로 간 것입니다. 세상 어디에도 내 편은 없다고, 내가 이런 처지가 되어 어디로 갈 수 있겠느냐고 부르짖어도 이상하지 않았을 상황에 인생 최고의 선택을 했습니다. 인생을 살면서 이해할 수 없는 사건이 왔을 때 어떤 사람은 술로, 쾌락으로 그 고통을 달랩니다. 하지만 인생 최고의 선택은 라마 나욧의 공동체, 예수 그리스도의 공동체를 선택하는 것입니다. 하나님은 우리에게 최고의 도피성이 되어 주시기 때문입니다. 인생의 외로움과 고난의 길에서 라마 나욧의 공동체, 예수 그리스도의 공동체를 선택하게 해 주옵소서. 그럴 때 천국을 경험하게 될 줄 믿습니다.

영혼의 기도

하나님 아버지, 우리 인생에 이해할 수 없는 일들이 반드시 일어납니다. 다윗은 단창과 칼을 들고 죽이려고 달려드는 사울을 피해 도망을 다녔습니다. 이 모든 일들이 하나님께서 후대하여 주시는 선물인지를 우리가 무슨 수로 깨닫겠습니까?

하지만 요나단 같은 사랑하는 친구가, 믿음 없는 미갈이 나를 돕습니다. 라마 나욧 공동체, 진리의 공동체에서 장래 일을 알게 하시고 이 땅이 다가 아니라는 것을 알게 하십니다. 세상 모든 학문과 우리가 갖춘 최적의 조건으로도 비교할 수 없는 하나님, 그 하나님 자체가 상급이라는 사실을 깨닫게 하십니다. 그래서 우리에게 닥친 이 일들을 간증하며 나아갈 때 이것이 약재료가 되어 많은 사람이 천국의 모습을 보게 됩니다. 이런 다윗과 같은 이들이 교회 곳곳에 있는 것이 감사합니다.

주님, 우리의 고난을 부끄러워하지 않게 도와주옵소서. 오히려 다른 사람들을 살리기 위한 약재료인 것을 감사하게 하옵소서. 온 맘 다해 주님을 사랑하는 것이 무엇인지, 그리 아니하실지라도 주님을 사랑하는 것이 무엇인지 볼 수 있음에 감사하게 하옵소서. 우리 마지막 도피처가 예수 그리스도가 되게 도와주시고 십자가를 잘 지고 갈 수 있게 하옵소서. 우리 가정에 중심을 잡고 있는 한 사람이 되어서 모두를 살릴 수 있게 하여 주옵소서.

예수님 이름으로 기도합니다. 아멘.

08

가장 좋은 길은 영생을 준비하는 삶입니다

삼상 20:1-42

다윗의 이름이 심히 귀하게 되겠다고 했지만 그는 결국 도망자 신세가 되었습니다. 그런 와중에 자기의 진로를 깊이 생각하게 되었습니다. 그리고 가장 좋은 길, 라마 나욧의 공동체, 예수 그리스도의 공동체로 가는 길을 선택했습니다. 이것은 다윗에게 인생 최고의 선택이요 가장 좋은 길이었습니다. 그런 다윗의 결단을 따라가 보기를 원합니다. 가장 좋은 길을 택하려면 무엇을 어떻게 해야 할까요?

마지막까지 구원이 남아 있을까 생각해 봐야 합니다

다윗이 라마 나욧에서 도망하여 요나단에게 이르되 내가 무엇을 하였으며 내 죄악이 무엇이며 네 아버지 앞에서 내 죄가 무엇이기에 그가 내 생

사울이 라마 나욧에서 잠시 성령 충만해져서 황홀경에 빠지지 않았습니까? 그래서 사울이 다윗을 재임용한 듯싶습니다. 그렇지만 다윗은 사울이 언제 다시 자기를 죽일지 몰라 '과연 이곳에 몸담고 있어야 하나' 심각하게 생각했습니다. 그러면서 요나단에게 "내가 무슨 죄를 지었느냐? 네 아버지는 왜 나를 죽이려 하느냐?"고 묻습니다. 그랬더니 요나단이 말합니다.

"결단코 아니다. 아버지는 크고 작은 일을 내게 반드시 알리시는 분이다. 만약 너를 죽이려 했다면 왜 내게 숨겼겠느냐?"

다윗이 말합니다.

"너와 내가 가까우니 아들인 네가 슬퍼할까 봐 그가 너에게 내 일을 알리지 않은 것이다. 그러나 나와 죽음 사이는 한 걸음이다."

그러자 요나단이 "네 마음의 소원이 무엇이든지 내가 다 이루어 주겠다" 하니, 다윗이 또 말합니다.

"그러면 내가 시험을 해 보겠다. 내일 초하루에 왕족들과 같이 식사하는 자리에 내가 나가지 않고 사흘간 숨어 있겠다. 만일 네 아버지가 나에 대해 묻거든 다윗이 고향에서 드리는 매년제를 위해 베들레헴에 가기를 간청해 보내 주었다고 이야기해라. 만약 그 이야기를 듣고 왕이 좋게 생각하면 나를 죽이지 않기로 한 것이지만, 너무나 노하면 나를 해하려고 결심한 줄 알아라."

이때 다윗은 자신을 '네 종'이라고 칭합니다. 요나단과 아무리 친해도 너무나 예의를 갖추는 것입니다. 그러면서 "우리는 여호와 앞에서 약속하지 않았는가. 만약 내게 죄가 있다면 나를 죽여라. 네 아버지에게 갈 것이 뭐가 있느냐?" 합니다. 그러자 요나단이 "너에게 그런 일은 절대로 일어나지 않을 것이다. 만약 아버지께서 너를 해치려고 확실히 결심한 줄 알게 되면 내가 너에게 그 사실을 알려 주겠다"고 합니다. 다윗이 "그것을 어떻게 알리겠느냐?" 하니, 요나단이 "우리 들로 나가자" 하면서 알려 주겠다 합니다. 이것이 사무엘상 20장 2-11절까지의 내용입니다.

그런데 궁금하지 않습니까? 다윗은 분명 사울로부터 도망쳤잖아요. 그런데 왜 다시 사울 밑으로 돌아왔을까요? 사울이 세 번이나 죽이려 하지 않았습니까? 저는 여기에서 마지막까지 결단하기 어려워하는 다윗의 마음을 헤아려 봤습니다. 사울이 라마 나욧에서 성령 받아 벌거벗고 예언하지 않았습니까? 하나님의 영이 임했던 것입니다. 그걸 보고 다윗의 마음에 이런 생각이 들었을 것입니다. '사울 왕이 혹시 변한 걸까? 그렇다면 다시 한번 그를 믿어 볼까?' 사울은 맨날 단 쌓고 번제에 화목제 드리고 금식하던 사람 아닙니까? 그러다가 성령을 받고 예언까지 하게 되었으니 다윗도 헷갈리는 것입니다. 달라진 것도 같고 안 달라진 것도 같습니다. 어떻게 하면 사울의 의중을 확인할 수 있을까 고민하는 것입니다.

그러나 아무리 큐티가 좋고 우리들교회가 좋고 예배가 좋고 찬양하는 것이 좋아도 삶이 달라지지 않으면 가짜입니다. 무조건 믿어서는 안 됩니다. 그때는 그저 사무엘과 같이 있었기 때문에 성령이 운행했던 것입니다. 지금 다윗은 홀로 서야 합니다. 이제는 사무엘도 나이가 많아 늙어서 다윗을 계속 도와줄 형편이 못 됩니다. 제일 사랑하는 요나단도 결국은 다윗을 도와줄 힘이 없습니다. 미갈이라고 그를 도울 수 있겠습니까? 이 세상에 날 도와줄 사람이 누가 있습니까? 이것을 객관적으로 직면해야 합니다. 이것을 절대적으로 인식해야 합니다. 남편도 자식도 나를 도와줄 수 없습니다. '누가 나를 도와줄까' 하면서 기웃거리는 마음을 내려놓아야 합니다.

그런데 지금 다윗은 사울이 자기를 정말 미워하는지 알고 싶어 합니다. 그의 의중을 궁금해합니다. '그가 회개하고 돌아온 거면 다시 예전처럼 서로 동역자가 될 텐데' 하면서 '혹시 내가 사울 왕을 기다려 주지 못하는 것은 아닐까?' 고민합니다. '사울이 나를 쫓아와 죽이지만 않는다면 굳이 떠날 필요가 뭐 있어?' 하는 것입니다. 조심조심하면서 사울의 속마음을 확신하고 싶어 하는 것입니다.

과연 다윗은 사울이 두려워서 그랬을까요? 그 대단한 골리앗조차 하나님을 모욕했다는 이유로 단번에 때려잡은 다윗이잖아요. 그에게 사울을 때려잡을 힘이 없었겠습니까? 다윗은 사울을 물리칠 수 있는 물리적인 힘이 있는 사람입니다. 지금 그가 두려워하는 것은 사울이 아닙니다. 하나님의 뜻을 무서워하는 것입니다. 이것이 중요합니다. '사울의 구원이 이루어질 수 있는데 혹시 내가 그냥 포기하고 떠나는 것은 아닐까?' 하는 것입니다. 그래서 하나님을 사랑하고 사울도 사랑하는 요나단, 구원의 시각이 같은 요나단과 이것을 의논하는 것입니다. 이런 두려움이 우리에게도 있어야 합니다.

사울은 기름부음을 받은 이스라엘의 왕입니다. 다윗은 그런 사울을 자신이 어떻게 할 수 없다는 사실을 알고 있습니다. 이것은 눈에 보이지 않는 하나님을 두려워하는 것입니다. 하나님이 가라 하면 가고 있으라 하면 있겠다 하는 믿음인 것입니다. 이런 역할에 대한 순종이 다윗에게 는 뼛속 깊이 배어 있었습니다.

어떤 사람이 저에게 이런 메일을 보냈습니다. "다윗은 모두가 사랑하 는데 사울은 모두가 미워하니 그런 사울이 너무 불쌍합니다. 다윗처럼 사랑받고 싶지 않은 사람이 어디 있습니까? 그런데 그것이 마음대로 안 되지 않습니까?" 생각보다 이런 질문을 하는 성도들이 많습니다. 그렇지 만 이 말이 맞는 것 같아도 사실은 맞는 말이 아닙니다. 사랑받고 싶으면 하나님께 순종해야요. 다윗은 항상 하나님께 순종하지만 사울은 불순 종합니다. 그러니 사울은 왕인데도 언제나 인간관계에서 문제가 생기는 것입니다. 언제나 자기가 최고여야 하기 때문에 사무엘이 자기보다 영적 으로 최고인 것을, 다윗이 육적으로도 최고인 것을 못 받아들입니다. 그 러다가 이제는 살인까지 불사합니다. 나중에는 아들마저 죽이고자 합니 다. 그래서 사랑받지 못하게 되었는데 누구 탓을 합니까?

다윗은 골리앗을 물리친 영웅이었지만 그것이 자기 힘으로 된 것이 아니라는 사실을 알고 있습니다. 골리앗을 자기가 어떻게 물리쳤습니 까? 만군의 여호와의 이름으로 물리치지 않았습니까? 그런 다윗은 사울 이 하나님께서 세우신 질서라는 것을 압니다. 그래서 그를 함부로 대할 수 없었습니다.

우리는 하나님의 질서보다 옳고 그름으로 능력으로 사람을 대합니다. 그래서 옳고 그름으로 부모를 정죄하고 남편을 정죄하고 상사를 정죄합 니다. 그러나 부모와 남편과 직장 상사는 하나님이 기름부으신 질서라는 사실을 알아야 합니다. 하나님은 이 질서를 지키는 것이 얼마나 중요한 십자가의 길인지 다윗을 통해 매 장마다 보여 주십니다. 만약 능력이 있다는 이유로 자식이 부모를 무시하고 짓밟으면 어떻게 되겠습니까? 질서가 파괴되어 그 가정은 깨어질 것입니다. 직장에서도 마찬가지입니다. 이것은 하나님의 질서가 아닙니다. 능력으로 결정하는 것이라면 인생이 쉽겠습니까? 그러면 아무도 구원받지 못합니다. 하나님은 능력을 통해서가 아니라 질서를 통해 구원을 이루십니다.

물론 무조건 절대 복종하라는 말은 아닙니다. 요나단은 아버지를 사랑했지만 아버지를 넘어서는 구원의 사랑으로 다윗과 함께했습니다. 이것을 잘 이해해야 합니다. 아버지가 구원을 방해한다면 아버지와 몸은 함께 있어도 심정적으로 지지하면 안 됩니다. 이 땅에서 육신의 질서를 위해서 이렇게 몸이 함께 있어야 하는 것도 있습니다.

다윗과 요나단은 사울과의 관계에서 가장 좋은 길을 원했습니다. 사울은 한 사람에게는 아버지이고 한 사람에게는 주군입니다. 윗질서입니다. 날이 갈수록 사울의 상태는 안 좋아졌지만 그럼에도 다윗과 요나단은 그를 위해 생각하고 또 생각했습니다. 결과는 그리 좋지 않았지만, 그래도 마지막까지 극단적인 선택을 하지는 않았습니다. 우리도 그렇습니다. 사울을 생각한 다윗과 요나단처럼 구원이 남아 있을까 생각하고 또 생각해야 합니다.

+ 가정과 질서에서 하나님이 세워 주신 윗질서에 순종하고 있습니까?
+ 미우나 고우나 구원을 위해 기도하고 섬겨야 할 사람은 누구입니까?

언약의 사랑이 있어야 합니다

12 요나단이 다윗에게 이르되 이스라엘의 하나님 여호와께서 증언하시거니와 내가 내일이나 모레 이맘때에 내 아버지를 살펴서 너 다윗에게 대한 의향이 선하면 내가 사람을 보내어 네게 알리지 않겠느냐 13 그러나 만일 내 아버지께서 너를 해치려 하는데도 내가 이 일을 네게 알려 주어 너를 보내어 평안히 가게 하지 아니하면 여호와께서 나 요나단에게 벌을 내리시고 또 내리시기를 원하노라 여호와께서 내 아버지와 함께하신 것 같이 너와 함께하시기를 원하노니 14 너는 내가 사는 날 동안에 여호와의 인자하심을 내게 베풀어서 나를 죽지 않게 할 뿐 아니라 15 여호와께서 너 다윗의 대적들을 지면에서 다 끊어 버리신 때에도 너는 네 인자함을 내 집에서 영원히 끊어 버리지 말라 하고 16 이에 요나단이 다윗의 집과 언약하기를 여호와께서는 다윗의 대적들을 치실지어다 하니라 삼상 20:12-16

요나단은 육적인 자기 집안을 위해서 이렇게까지 할 사람이 아닙니다. 아버지에게 고하지 않은 채 생명을 내놓고 블레셋과 싸우러 갔던 사람입니다. 그런데 요나단은 지금 다윗이 이 나라의 왕이 될 것을 압니다. 그래서 그는 다윗에게 여호와의 인자함, 즉 헤세드의 사랑, 언약의 사랑을 나와 내 후손들에게까지 베풀어 달라 합니다. 그러면서 다윗의 대적들을 여호와께서 치실 것이라고 합니다. 그 대적에는 자기 아버지도 포함됩니다. 요나단은 지금 자기 집안을 너무나 객관적으로 보고 있습니다. 하나님의 뜻을 너무나도 잘 인식하고 있습니다. 내 아버지는 너무나 이상한 사람이지만 그럼에도 순종했습니다. 그래서 모두 죽을 이 집에서 므비보셋 하나를 건질 수 있었습니다.

> 다윗에 대한 요나단의 사랑이 그를 다시 맹세하게 하였으니 이는 자기 생명을 사랑함같이 그를 사랑함이었더라 삼상 20:17

요나단의 사랑이야말로 헤세드의 사랑입니다. 요나단은 다윗에게 "이 언약의 사랑으로 내가 너를 지킬 것이니 너도 나처럼 다른 사람들을 지켜라" 합니다. 결국 다윗을 향한 요나단의 사랑이 그를 다시 맹세하게 합니다.

진정한 사랑은 둘만 쳐다보며 좋아하는 것이 아니라 상대방을 하나님께 헌신하게 합니다. 요나단은 자기의 인생 전체를 다윗에게 헌신했습니다. 그래서 '나를 보고 너의 인생 전체를 헌신해서 다른 사람들을 주께 헌신하게 하라'는 예수 그리스도의 표상을 보여 준 것입니다. 이 사랑은 예수님의 변치 않는, 영원한 사랑입니다. 환경에 굴복하는 사랑이 아닙니다. 이처럼 전적인 예수 그리스도의 심장을 가지고 십자가를 가르치고 죽어 주는 사랑이 있었기 때문에 다윗이 좋은 길을 택할 수 있었습니다.

가장 좋은 선택은 서로가 하나님 나라를 위해서 결정하는 것입니다. 사람들은 정욕적이고 악하고 음란해서 하나님 나라를 버립니다. 물론 하나님 나라를 택하는 것은 인간의 힘으로는 불가능한 일입니다. 그래서 사도 바울이 "오호라 나는 곤고한 사람이로다 이 사망의 몸에서 누가 나를 건져내랴"(롬 7:24) 하고 탄식하지 않았습니까? 그런데 요나단은 자기 왕위도 버리고, 좀 더 나은 하나님의 사람이 하나님 나라 이스라엘을 지켜 주기를 간절히 바랐습니다. 사심이라고는 하나도 없는 그의 모습을 보면서 이것이 요나단의 끝없는 사랑인 것을 깨닫습니다.

요나단은 자기희생의 사람입니다. 아버지에게 받을 어떤 위험도 각오하고 다윗을 사랑했습니다. 요나단의 이러한 사랑 때문에 다윗이 사울의 미움을 해석하면서 갈 수 있었습니다. 누군가 나를 너무 미워하는데 한쪽에서 해석을 잘해 주면 그 미움을 해석하면서 갈 수 있습니다. 우리가 이 라마 나욧의 공동체, 목장에서 날마다 해석해 주는 것이 얼마나 대단한 사랑인지 모릅니다. 아무리 한쪽에서 미워해도 한쪽에서 이렇게 해석해 주면 그 미움은 아무것도 아닙니다. 마침내 다윗은 예수 그리스도의 조상이 되었고 사울 가문에서는 므비보셋 하나만 살아남았습니다. 이렇게 애통 절통해도 한 사람이 살아남은 것, 이것이 사울 가문을 향한 하나님의 무한한 인자하심입니다. 왜냐하면 사울이 속한 베냐민 지파에서 훗날 사도 바울이 나기 때문입니다.

+ 내 사랑은 언약에 근거한 자기희생의 사랑입니까, 이기적인 사랑입니까?
+ 내 생명을 사랑함같이 사랑하는 사람은 누구입니까?

의도가 드러나기까지 구체적으로 인도함을 받아야 합니다
요나단이 다윗에게 계속해서 "아버지는 너를 죽이지 않을 거야" 하니 다윗으로서는 사울의 의도를 객관적으로 알아야 했습니다. 아무리 감추려 해도 시간이 지나면 악인의 태도는 드러나게 되어 있습니다.

> 18 요나단이 다윗에게 이르되 내일은 초하루인즉 네 자리가 비므로 네가 없음을 자세히 물으실 것이라 19 너는 사흘 동안 있다가 빨리 내려가서 그 일이 있던 날에 숨었던 곳에 이르러 에셀 바위 곁에 있으라 20 내가 과녁을 쏘려 함같이 화살 셋을 그 바위 곁에 쏘고 21 아이를 보내어 가서 화살을 찾으라 하며 내가 짐짓 아이에게 이르기를 보라 화살이 네 이쪽에 있으니 가져오라 하거든 너는 돌아올지니 여호와께서 살아 계심을 두고 맹세하노니 네가 평안 무사할 것이요 22 만일 아이에게 이르기를 보라 화살이 네 앞쪽에 있다 하거든 네 길을 가라 여호와께서 너를 보내셨음이니라 23 너와 내가 말한 일에 대하여는 여호와께서 너와 나 사이에 영원토록 계시느니라 하니라 삼상 20:18-23

요나단과 다윗이 계속해서 작전을 세웁니다. 사흘 동안 다윗이 에셀 바위 곁에 숨어 있을 때 요나단이 그쪽으로 화살을 쏘고 아이를 보내겠다고 합니다. 그때 아이에게 "화살이 네 이쪽에 있으니 가져오라 하면 너는 돌아오고, 화살이 네 앞쪽에 있다고 소리치면 너는 너의 길을 가라"고 합니다. 구체적으로 암호까지 정하고 미리 방도를 강구했습니다. 이런 것을 두고 믿음이 없다고 하는 사람도 있습니다. 그러나 사탄의 방법은 너무도 치사하고 갑작스럽기 때문에 이런 구체적인 준비가 필요합니다.

우리가 무조건 믿음으로 직장을 떠날 수 있습니까? 각자의 환경에서 떠나거나 옮겨야 한다면 그 분명한 이유를 구해야 합니다. 직장에서 돈을 많이 주어도 떠나야 할 때가 있고 주지 않아도 붙어 있어야 할 때가 있습니다. 가장 중요한 것은 하나님의 뜻이기에 우리는 그 이유를 구체적으로 알아보아야 합니다. 이혼도 마찬가지입니다. 우리가 이 땅에서 사는 목적이 행복이 아닌 거룩이기 때문에 마지막까지 생각하고 또 생각해야 하는 것입니다. 그래서 우리는 매사에 구체적인 준비가 필요합니다. 하나님의 뜻을 알아보기 위해 무진 애를 써야 합니다.

24-29절에 드디어 다윗과 요나단의 작전이 실전이 됩니다. 사울이 다윗의 소식을 묻자 요나단은 다윗이 시킨 대로 제사를 드리기 위해 고향에 가고자 간청하기에 보내 주었다고 합니다. 과연 사울의 반응이 어땠을까요?

> 사울이 요나단에게 화를 내며 그에게 이르되 패역무도한 계집의 소생아
> 네가 이새의 아들을 택한 것이 네 수치와 네 어미의 벌거벗은 수치 됨을
> 내가 어찌 알지 못하랴 삼상 20:30

자기 부인을 패역무도한 계집이라 하면서 자식을 모욕합니다. 마치 아버지가 어머니에게 "얘가 다 당신 닮아서, 당신 때문에 공부도 못하고 이렇게 문제아가 되었다!" 하는 것 같습니다. 그러면서 또 뭐라고 합니까?

이새의 아들이 땅에 사는 동안은 너와 네 나라가 든든히 서지 못하리라

그런즉 이제 사람을 보내어 그를 내게로 끌어 오라 그는 죽어야 할 자이 니라 한지라 삼상 20:31

　드디어 사울이 본심을 드러냅니다. 다윗을 당장 데려오라면서 죽여야 한다고 외칩니다. 그러면서 너무나 집요하게 이새의 아들을 대적합니다. 이새의 아들은 예수 그리스도의 조상입니다. 그런데 도리어 "그 이새의 아들 때문에 요나단 네가 망한다"고 합니다. 그것을 왜 모르느냐고 거꾸로 이야기합니다.

　우리도 그러지 않습니까? "옆집에 너보다 공부 잘하는 그놈 때문에 네가 명문대학에 못 간다"고 합니다. "그 한 놈만 없어져도 네 석차가 한 등수는 오를 거다"라고 합니다. 또 "내 자식은 문제가 없는데 다 옆집 놈이 문제"라고 합니다. 이게 맞는 말입니까? 옆집 자식이 공부를 잘하면 내 자식이 득을 보면 봤지 해될 것이 뭡니까? 그리고 내 자식 잘못되는 것이 옆집 자식과 무슨 상관입니까? 혹시 직장에서 저놈 때문에 내가 승진을 못 한다고 생각합니까? 교회에서 영적인 것도 육적인 직분으로 생각하면서 목자를 시기하고 리더들을 시기하고 있습니까? 모든 일의 결과는 결국 하나님의 손에 달린 것을 깨닫기 바랍니다.

　지금 사울도 믿음으로 생각하지 못하고 만사를 육적으로 생각하니 예수를 죽여야 한다면서 대적하고 있습니다. 이새의 아들이 있어야 내가 든든히 설 수 있다는 것을 모릅니다. 믿음 있는 사람이 내 옆에 있어야 내가 든든히 설 수 있습니다. 사울은 아무리 말해 주어도 못 알아듣습니다. 이 세상에서 자기가 최고이기 때문에 모든 일을 자기가 하려 합니다.

요나단이 그런 사울에게 "그가 죽을 일이 무엇입니까, 무엇을 행하였습니까?" 하고 물으니 이제는 사울의 단창이 요나단을 향합니다. 요나단은 그의 아버지가 다윗을 죽이려고 결심한 줄 알게 되었습니다(32-33절). 이때의 요나단의 절망감과 슬픔이 느껴집니까? 그는 아버지를 그렇게까지 보지 않았습니다. 그래서 계속해서 다윗에게 "우리 아버지는 그럴 분이 아니다" 하면서 변호했습니다. 그런데 다윗의 염려가 사실이 되었습니다. 얼마나 괴롭고 슬펐겠습니까? 요나단이 심히 노하여 식탁에서 떠났다고 합니다. 그 달의 둘째 날에는 먹지도 않고 다윗을 위하여 슬퍼했다고 합니다(34절).

다윗으로서는 이렇게 사울의 의중을 알아보기로 하기를 잘했습니다. 아무도 믿을 수 없고, 믿어서도 안 된다는 사실을 깨달았을 것입니다. 미갈도 믿으면 안 됩니다. 부하들도 명예도 권세도 재물도 어떤 것도 믿어서는 안 됩니다. 다윗은 오직 구원을 위해서 가장 좋은 길을 찾아가야 합니다. 그걸 위해 하나님은 지금 다윗에게 이 훈련을 시키시는 것입니다.

그런데 하나님은 왜 이렇게 비싼 수업료를 내게 하시는 걸까요? 왜 이렇게까지 다윗에게 하나님의 인도 받는 방법을 가르치시는 걸까요? 이렇게 위기에 몰리지 않으면, 긴급하고 갈급하지 않으면 누가 결사적으로 기도하면서 하나님의 음성을 들으려 하겠습니까? 생명이 경각에 달렸으니 날마다, 분초마다 성경 말씀을 통해서 오늘 하나님이 내게 뭐라고 하시는가 들으려 하지 않겠습니까?

그래서 다윗 영성 최고의 스승은 결국 사울인 것입니다. 우리 영성의 스승은 나를 괴롭히는 사람입니다. 사울같이 옆에서 나를 괴롭히는 사람 때문에 하나님의 음성을 듣고, 그분이 인도하시는 방법을 배우게 되니 고마움까지 느끼게 됩니다. 그러니 나를 위해 수고한다는 이야기를 진심으로 하게 됩니다. 인간과는 비교도 되지 않는 창조주의 뜻을 나로 깨닫게 하기에 감사하게 됩니다.

다윗이 요나단을 위해 한 일이라고는 나중에 므비보셋 하나 거두어 준 것뿐인데도, 요나단은 주고받는 사랑이 아닌 무조건적인 사랑을 합니다. 왜냐하면 다윗에게서 예수 씨를 보았기 때문입니다. 요나단은 다윗을 돕는 데 아까운 것이 없습니다. 누군가는 '왜 저렇게 다윗을 돕나' 하고 이상하게 볼지 모르지만, 요나단은 그게 다 예수 씨를 키워 내는 것이라는 사실을 알고 있습니다.

결국 다윗을 죽이려는 사울의 본심을 알게 된 요나단은 작은 아이를 데리고 나가 다윗과 암호를 주고받습니다. 다윗이 죽음을 피해 그곳을 떠나게 합니다.

+ '너 때문에, 너 때문에'하며 원망하고 있는 사람은 누구입니까?
+ 비싼 수업료를 치러 가며 지금 내가 받고 있는 하나님의 훈련은 무엇입니까?

떠남이 가장 좋은 길이 될 수 있습니다

41 아이가 가매 다윗이 곧 바위 남쪽에서 일어나서 땅에 엎드려 세 번 절한 후에 서로 입 맞추고 같이 울되 다윗이 더욱 심하더니 42 요나단이 다

윗에게 이르되 평안히 가라 우리 두 사람이 여호와의 이름으로 맹세하여
이르기를 여호와께서 영원히 나와 너 사이에 계시고 내 자손과 네 자손
사이에 계시리라 하였느니라 하니 다윗은 일어나 떠나고 요나단은 성읍
으로 들어가니라 삼상 20:41-42

다윗과 요나단의 마지막 장면입니다. 이후에 잠시 스치듯 지나가면서
만난 적이 있지만(삼상 23:15-18), 공식적으로는 이것이 이 둘의 마지막 만
남입니다. 다윗은 허허벌판으로 나가야 하니 슬퍼 더욱 심히 울었습니다.

다윗은 이렇게 정처 없이 떠나지만 요나단은 아버지에게로 돌아옵니
다. 다윗은 드러나는 구속사의 주인공으로 우뚝 서지만, 요나단에게는 영
육의 보상이라고는 하나도 없는 것처럼 보입니다. 왕자의 직분도 필요 없
을 정도로 다윗을 그토록 좋아하는데 요나단이라고 떠나고 싶지 않았겠
습니까? 다윗을 죽이고자 하는 아버지와 같이 왕궁에서 사는 것이 얼마
나 가혹한 환경입니까? 그 아버지와 함께 전쟁터에도 나가서 블레셋과
싸워야 합니다. 저는 이 장면에서 요나단이 훨씬 힘들었을 것 같다는 생
각을 했습니다. 요나단으로서는 다윗보다 더한 고난이었을 것입니다.

그러나 언약으로 맺어진 사랑이 있는 요나단은 사울의 궁에서도 가장
좋은 길을 택합니다. 그 사랑이 유효했습니다. 우리 가정에서도, 직장에
서도, 인간관계에서도 언약의 사랑인 헤세드, 즉 인자하심, 자비하심, 말
씀에 근거한 사랑은 어디에서도 유효하다고 생각합니다. 가장 좋은 길은
좋은 환경에 있는 것이 아닙니다. 언약이 있기 때문에 떠나고 헤어지는
것이 가장 좋은 길입니다.

우리가 다윗과 요나단의 사랑을 최고의 사랑이라고 하는 이유가 있습니다. 이 사랑은 유다와 베냐민 지파에서 시작되었습니다. 그리고 지금 다윗과 요나단을 거쳐 수천 년 뒤에 예수님과 사도 바울로 이어집니다. 하나님은 이들을 통해 시간을 초월해 언약을 이루시는 사랑과 은혜를 보여 주십니다. 예수님은 유다 족속이고 사도 바울은 베냐민 족속, 즉 사울 가문 아닙니까? 다윗과 요나단은 이 땅에서는 너무나 짧게 만나고 헤어졌지만, 떠남을 통해 영원토록 만나는 것이 무엇인지를 보여 주고 있습니다. 그래서 이 떠남이 너무도 좋은 길인 것입니다. 이처럼 우리가 언약을 믿고 가면 하나님은 가장 좋은 길, 영생을 준비하는 삶으로 인도하십니다.

다윗이 얼마나 떠나기가 싫었으면 1-42절까지 하나님의 인도함을 구했겠습니까? 이렇게도 구해 보고 저렇게도 구해 보고, 마지막까지 "이것이 길이 아니면 떠나지 않겠다" 하지 않습니까? 구원 때문에 경거망동하지 않고 마지막까지 간절하게 진실을 구하지 않습니까?

어느 집사님의 간증이 있어 소개합니다. 집사님은 25년 이상 결혼생활을 하면서 구원 때문에 끊임없이 남편을 참아 주고 인내했는데, 그때마다 결단해야 할 일이 있었다고 합니다. 이 집사님은 결혼 전부터 믿음이 있었는데, 남편이 결혼하면 교회에 다닌다 하기에 불신결혼을 했습니다. 처음에는 결혼을 통해서 '남편과 모든 식구들을 구원하리라' 하는 교만한 마음이 있었지만, 정작 결혼을 하니 당연히 남편은 교회를 안 나갔습니다. 게다가 바람도 피워서 피 터지게 싸우며 결혼생활을 이어 왔습니다. 집사님은 폭행과 폭언을 일삼는 남편을 보면서 그때부터 정신이 차려져서 예배를 사수하고 죽으면 죽으리라는 각오로 모든 공예배를 드렸습니다. 그랬더니 자기 죄가 조금씩 보이기 시작했답니다. 그동안 집사님은 돈을 못 버는 남편을 무시하면서, 남편 때문에 망했고 힘들었다고 핑계를 댔습니다. 남편을 멸시하고 판단하며 살았습니다. 바람피우고 폭행을 일삼고 돈도 안 버는 남편이 어찌 무시가 안 되겠습니까? 그럴 때마다 너무나 열심히 예배를 드리고 교회를 다니니 남편은 그동안 모르게 피우던 바람을 대놓고 피우더랍니다. 그런 남편 때문에 힘들었지만 그것보다 주님이 만나 주시는 것이 너무 감사하더랍니다. 그래도 하나님의 참사랑을 알게 해준 남편이기에, 전에는 구원에 관심이 없었는데 애통함을 주셔서 감사하더랍니다.

그런데 그다음 사연이 정말 기가 막힙니다. 정말 사울 같은 사람이 있는 것 같습니다. 사울의 모델을 하나님께서 보여 주시는 듯합니다.

"남편이 가정이 있는 여자와 10년을 외도하다가 그 여자에게 다른 남자가 생기니 그 여자를 폭행하는 것도 모자라 돈을 요구하며 귀찮게 했습니다. 결국 그 여자가 남편을 고소했고, 남편은 감옥살이를 하게 됐습니다. 그때 죗값을 치르게 놔뒀어야 했는데, 합의를 해 달라고 하니 해 주었습니다. 그뿐 아니라 간통죄로 자신을 고소하지 못하게 하려고 보증인 란에 도장을 찍으라고 했습니다. 만약 거기에 도장을 찍으면 남편이 또 그 여자를 괴롭히면서 속을 썩일 때마다 제가 그 돈을 다 갚아야 합니다. 저는 거기에 도장 찍을 수도 없고 돈도 줄 수 없다고 했습니다.

그랬더니 모든 사람이 들고 일어났습니다. 구원을 위해 도장을 찍어야 한다고, 그래야 남편이 감옥도 안 가고 간통죄로 들어가지 않는다는 것입니다. 저는 남편에게 만약 내가 도장을 찍어 주면 이번에는 나와 같이 예수를 믿기를 간절히 바란다고 했습니다. 그랬더니 이번에도 믿겠다 하기에 구원 때문에 도장을 찍어 주었습니다.

그때 큐티를 하는데, 본문마다 '내가 여호와인 줄 알리라'는 말씀이 반복해서 나왔습니다. 그래서 그 말씀을 붙잡으면서 예수 믿지 않는 남편과 시댁 식구들에게 내가 보이고 갈 것이 예수님이라 생각하고 감옥에 있는 남편을 열심히 찾아갔습니다. 결국 남편은 집행유예를 받고 나오게 되었습니다.

그런데 이 남편이 나오자마자 지금이라도 간통죄로 자기를 고소하라면서, 너 때문에 나온 것이 아니라 합니다. 도울 길 없는 것이 축복이라는 말씀이 딱 맞습니다. 여자로 인해 구치소를 다녀왔는데도 여전히 여자들을 쫓아다니고, 직장에서 잘리고, 실업급여로 살면서도 남편은 여자들 만나는 재미로 살고 있습니다. 복음으로밖에 변할 길이 없다는 말이 맞습니다. 믿지도 않는 남편이 어떻게 변하겠습니까? 변해야 할 것은 말씀 듣는 나밖에 없습니다.

저는 정말 그때 다윗이 사울에게 그랬던 것처럼 한 가닥 희망을 가졌습니다. 이렇게 해 주면 남편이 교회라도 나오지 않을까 했습니다. 그렇지만 그 희망이 산산이 부서졌습니다. 주일에 교회에 다녀오니 남편이 어디 다녀오느냐고 묻더군요. 그래서 당신 잘 섬기고 싶어 교육 받고 온다 하니 그런 것 하지 말라면서, 저와 이혼해야겠다며 도저히 같은 공간에서 살 수가 없다고 합니다. 이번 일주일 동안 시간을 줄 테니 결정하랍니다. 20년 전 3천만 원 대출을 받아 전세를 살고 있는데, 이혼하면 이 집을 내 앞으로 해 줄 테니 빚을 다 저더러 갚으랍니다. 이혼 안 할 거면 자기가 전세금 3천만 원을 빼서 나가겠답니다. 그래서 제가 이혼해 줄 테니 6개월만 우리들교회 나가자고 하니 자기는 '너 교회 다니는 꼴 보기도 싫다고, 말도 안 되는 소리 하지 말라'고 합니다. 저는 시간이 필요하다고, 당신이 일주일 동안 나갔다 오면 그때 결정하겠다고 했습니다. 그 결전의 날이 오늘입니다."

이 남편과 왜 살아야 합니까? 자녀들이 어렸을 때부터 집사님이 교회에 다녀오면 이 남편이 문을 잠그고 늘 폭행을 일삼았답니다. 자녀들은 하도 그런 모습을 보며 자라서 상처가 많답니다. 남편이 자녀들에게 교회에 가면 부모 자식 관계를 끊어 버리겠다고 입버릇처럼 말해서 자녀들도 교회를 다니지 않는답니다. 남편은 지금 보호관찰대상자여서 언제라도 똑같은 죄를 지으면 구속이 된다고 합니다. 그런 위치인데도 이혼을 해 달라고 한다는 것입니다. 집사님은 편지에 이런 글도 썼습니다.

"저는 무정하고 지혜도 없고 분별력도 없습니다. 그런데 어떻게 해야 이것이 남편의 구원 사건이 될 수 있는지, 그저 남편 생각만 하면 안됐고 불쌍합니다. 그저 남편이 저를 쫓아내도 할 말이 없는 죄인입니다. 하나님께서는 제게 '네가 나가서 적군과 싸우려 할 때에 말과 병거와 백성이 너보다 많음을 볼지라도 그들을 두려워하지 말라 애굽 땅에서 너를 인도하여 내신 네 하나님 여호와께서 너와 함께 하시느니라'는 신명기 20장 1절 말씀을 주셨습니다. 하나님께서 주신 약속의 과정에서 내가 완악하고 고의적인 살인자가 되니 나를 부수기 위해 고난의 떡을 주시나 봅니다. 이 떡을 먹고 제가 완전히 죽어져야 하는데 안 죽어지니 하나님이 속지 않으시고 이런 사건을 주십니다. 그런 하나님께 감사합니다."

어떤 부부는 하루가 멀다고 싸우면서도 절대로 서로 회개하지 않습니다. 이는 아무리 한쪽이 잘못되었다고 해도 떠날 때가 안 된 것입니다. 그러나 이 집사님은 사건을 통해서 이렇게 회개하고 있지 않습니까? 이런 경우에는 다윗이 그랬던 것처럼 떠나는 것이 가장 좋은 길이 될 수도 있다는 것을 하나님께서 가르쳐 주시는 것이 아닐까 생각합니다.

우리가 가장 좋은 길을 선택하려면 상대방의 의중을 확인해야 하고, 생각에 생각을 거듭해야 하고, 마지막까지 혹시 내가 잘못 결정하는 것은 아닐까 확인하고, 언약의 사랑으로 길을 찾아야 하고, 의도가 드러나기까지 구체적인 인도를 받아야 합니다. 아름다운 눈물의 떠남도 가장 좋은 길이 될 수 있습니다. 비록 잠시 떠나더라도 그 사건이 우리가 예수 그리스도 안에서 다시 만나는 과정이 될 수 있습니다.

그러고 보면 이 땅에서의 만남은 참 짧습니다. 집사님도 1, 2년도 아니고 25년 동안 남편을 기다렸는데, 이렇게 끝까지 남편의 의중을 확인하고 싶어 합니다. 끊임없이 다윗을 죽이려고 하는 사울이 내 옆에 있을 수 있다는 것을 깨닫습니다. 하나님의 구체적인 인도를 받아 가장 좋은 길을 선택하기를 바랍니다. 인생의 목적이 행복이 아닌 거룩이라는 것을 기억하고 거기에 맞추어 우리 집안의 구원이 이루어지는 길을 택하기를 원합니다. 비록 잠깐 떠난다고 할지라도 우리의 만남은 예수 안에서 경험하는 것이기에 슬퍼하지 않기를 기도합니다. 예수 안에서의 만남이 될 수 있도록, 우리가 가장 좋은 길, 생명의 길, 구원의 길을 선택할 수 있기를 기도합니다.

+ 지금 어떤 길로 가고 있습니까? 생명의 길, 구원의 길입니까? 죽음의 길, 심판
  의 길입니까?
+ 내 집안의 구원을 위해 지금 내가 떠나야 할 것은 무엇입니까?

우리들 묵상과 적용

미국에서 생명공학 벤처사업을 통해 세상 성공을 이루어 원하는 것을 누리고 살았습니다. 한국에 돌아와서는 유전자질병진단 벤처회사를 시작해 잘나가는 CEO가 되었지만, 아내와는 이혼을 결심하고 다른 여자와 동거했습니다. 그런데 1년 뒤인 2008년, 대기업 자회사 사장과 저희 회사 부사장의 악의적 작전으로 순식간에 부도가 나면서 검찰과 법원에 불려 다니게 되었습니다. 밀린 급여와 차입금을 해결하기 위해 장비를 처분한 것이 배임죄가 되어서 3개월간 구치소 생활도 했습니다. 집행유예로 풀려난 이후 울분이 가득 차 심각한 우울 증세가 있었던 저는 스스로 세상을 등지려고도 했습니다.

아내는 질서에 순종하는 마음으로 내가 낮에는 집에서 아이들을 돌보고, 밤에는 동거하는 여인 집으로 가는 것을 허락해 주었습니다. 그러면서 우리들교회에 한 번만 참석해 달라고 간절히 부탁했습니다. 아내 소원을 들어준다는 핑계로 휘문 채플에 처음 발을 들였는데, 알 수 없는 무언가가 제 몸을 감싸는 것 같았습니다. 죽기보다 어려운 삶을 살며 지치고 힘들었던 제게 목사님의 설교가 제 이야기로 들려 주체할 수 없는 눈물이 흘렀습니다. 목장에서는 저보다 더한 고난의 삶을 나누는 분들을 보면서 제 이야기를 오픈했고, 함께 울어 주고 아파해 주는 목장 식구들의 헌신으로 목장 참석 2주 뒤에 아내와 재결합했습니다. 가정을 합치자마자 제게 배신감을 안겨 주었던 사람들이 심판을 받기 시작했습니다. 생각하지도 못했던 TV 시사프로그램에 제 사건이 방송되기도 했습니다.

3년간 떨어져 지내던 부부가 한 이불을 덮고 살려니 힘든 싸움의 연속이었습니다. 언약의 하나님으로 요나단이 해석을 잘해 줘서 다윗이 가장 좋은 길을 갈 수 있었던 것처럼(삼상 20:12-17) 그때마다 공동체 식구들의 수고와 헌신으로 위기를 넘겼습니다. 그러나 올해 초, 제 차 안에 직원이 두고 내린 꽃무늬우산을 본 아내는 제가 다시 바람을 피운다고 생각해 이성을 잃더니 제 얼굴에 계란을 던지고, 목을 조르고, 칼로 자해하려는 사건이 있었습니다. 어찌할 바를 몰라 구원의 시각이 같은 공동체에 나누었고, 결국 아내와 함께 정신과 병원을 찾았습니다. 그때 아내의 어릴 적부터의 상처를 알게 된 저는 아내의 아픔이 체휼되었습니다. 결혼생활에서까지 힘들게 살아 온 아내가 불쌍해 가슴 속에서부터 올라오는 뜨거운 눈물을 흘렸습니다.

지난 3년간 교회의 모든 양육을 받으며 저는 다른 사람이 되었습니다. 사울처럼 모든 잘못을 아내에게 돌리고 제 아픔만을 외치며 자기희생 없이 이기적인 사랑을 한 것이 깨달아졌습니다. 그러고 나니 예수님의 사랑을 갖고 남을 위해서도 요나단같이 헌신하며 살아야겠다 맹세하게 되었습니다. 17년을 힘들어하면서도 저를 기다려 준 제 아내에게 너무나 고맙습니다. 하나님의 은혜로 므비보셋을 살려 주신 것같이 아빠 없이 어린 시절을 보내야만 했던 제 아이들을 티 없이 맑게 자라나게 해 주신 주님의 은혜에 한없이 감사합니다. 오직 구원을 위해서 가장 좋은 길을 찾아오게 하신 하나님, 사랑합니다.

말씀으로 기도하기

다윗은 끝까지 사울을 포기하지 않았습니다. 구원 때문입니다. 그가 변화 받은 것은 아닐까 하는 희망을 품은 것입니다. 그러나 우리 기대와는 다르게 떠나야 할 때가 옵니다. 우리가 이 땅에서 가장 좋은 길을 택하기 위해 해야 할 일이 있습니다.

마지막까지 구원이 남아 있을까 생각해 봐야 합니다(1-11절)

다윗이 끝까지 사울의 의중을 궁금해합니다. 사울이 두려워서가 아닙니다. 기름부음의 질서에 순종하고자 하는 마음이요, 하나님을 두려워하는 믿음이었습니다. 그러나 우리는 가정에서나 사회에서 하나님의 질서보다 옳고 그름으로, 능력으로 사람을 대합니다. 남편을 정죄하고 상사를 정죄합니다. 너무 쉽게 질서를 거스르고 그곳을 떠납니다. 그러나 그것은 다윗의 지혜와는 거리가 멉니다. 주님, 우리의 선택이 세상 질서가 아니라 하나님의 질서에 따라 순종하게 하여 주옵소서. 구원의 길을 찾게 하여 주옵소서.

언약의 사랑이 있어야 합니다(12-17절)

우리는 인생을 살면서 수도 없는 선택의 갈림길에 섭니다. 이혼을 앞두고, 이직을 앞두고 무엇이 최고의 길인가 고민합니다. 그럴 때 사람들은 악하고 음란해서 정욕적으로 선택합니다. 그러나 다윗과 요나단은 하나님 나라를 위한 결정을 했습니다. 이것은 요나단에게 다윗을 향한 헤세드의 사랑이 있었기에 가능했습니다. 나의 사랑이 이런 자기희생의 사랑이 되기를 원합니다. 그 사랑의 선택이 우리 가족을, 사랑하는 사람을 구원으로 이르게 하는 최고의 길이 되게 하여 주옵소서.

의도가 드러나기까지 구체적으로 인도함을 받아야 합니다(18~40절)

다윗과 요나단이 사울의 의중을 파헤치기 위해 철저히 준비했습니다. 서로 암호를 정하기도 했습니다. 이것은 하나님의 뜻을 알기 위한 노력이요, 그분의 인도를 받고자 하는 간절함이었습니다. 저도 이런 간절함이 있기를 원합니다. 주님, 제가 구체적으로 하나님의 인도를 받기 위해 준비하게 하옵소서. 경거망동하지 않고 생각하고 또 생각하게 하옵소서. 그래서 하나님의 뜻을 분별하게 하옵소서.

떠남이 가장 좋은 길이 될 수 있습니다(41~42절)

사울이 죽는 그 순간까지 변화하지 않은 것처럼, 그래서 하나님께서 다윗을 떠나게 하신 것처럼, 내 가족 중에도 끝까지 변화하지 않기 때문에 떠나는 것이 가장 좋은 길이 될 수도 있음을 알았습니다. 그러나 떠나기 전 '내 탓입니다' 하는 회개와 낮아짐이 필요하다는 것도 알았습니다. 이 땅에서의 만남은 짧고, 지금의 떠남은 그리스도 안에서 다시 만나는 과정이 될 수 있다는 말씀을 기억하게 하옵소서. 다윗과 요나단의 만남이 예수님과 사도 바울로 이어졌던 것처럼, 언젠가 지금의 떠남이 구원의 사건이 되기를 간절히 기도합니다.

영혼의 기도

하나님 아버지, 다윗이 자기를 단창으로 세 번이나 죽이려고 했던 사울에게 다시 돌아왔습니다. 그러면서도 혹시나 내가 사울의 의중을 잘못 알고 있는 것이 아닐까, 그가 변하여 새사람이 되었는데 내가 떠난 것이 아닐까 고심합니다. 마지막까지 얼마나 신중해야 하는지, 구원 때문에 걸어가야 하는 그 길에서 마지막까지 얼마나 최선을 다해야 하는지 알려 주십니다. 그러나 마지막까지 최선을 다해도 내 힘으로 되지 않는 것이 있습니다. 하나님께서는 때로 떠나는 것이 최선이 될 수도 있다고 하십니다. 다윗도 그랬습니다. 사울이 악령에 들려서 자기를 죽이려 하는 사실이 너무 아프지 않았겠습니까? 떠날 수밖에 없는 이 상황이, 달라지지 않는 사울이 너무나 불쌍하지 않았겠습니까?

이해할 수 없는 일 가운데서 날마다 최선을 다해 묻고 또 물으며, 하나님의 음성을 들으며, 인도함을 받으며 나아가길 원합니다. 가장 좋은 길, 구원의 길이요 생명의 길을 택하기 위해서 오늘도 또 포기하고 내려놓습니다. 혹시 내 욕심이 들어간 것은 없는지 점검합니다. 이 세상에 별 인생이 없는 것을 알게 도와주옵소서. 인생의 목적을 행복이 아닌 거룩에 두고 갈수 있도록 도와주옵소서. 주여, 우리가 결단하는 데 도움을 얻는 오늘의 말씀이 될 수 있도록 역사하여 주시옵소서.

예수님 이름으로 기도합니다. 아멘.

09

어떤 죄를 지어도 우리를 받아 주십니다

삼상 21:1-15

'집' 하면 영혼의 집도 있고 정신의 집도 있고 육신의 집도 있습니다. 그중 영혼의 집은 하나님의 형상대로 지음받은 인간이 하나님 나라로 입성하는 것을 의미합니다. 그런데 집으로 돌아오는 사람의 심리는 두려움의 문제와 밀접한 연관이 있다고 합니다.

이 두려움에는 육신적인 두려움이 있고 영적인 두려움이 있습니다. 영적인 두려움도 여러 가지로 나뉩니다. 먼저 예수 믿고 얼마 안 되어 영적 초입에서 느끼는 두려움이 있고, 중간지점에서의 두려움이 있으며, 마지막 골인 단계에서도 두려움이 있다고 합니다. 되었다 함이 없는 우리에게는 끊임없는 두려움이 있습니다.

성경에는 두려움이라는 단어가 365번이나 나옵니다. 우리는 이렇게 날마다 두렵습니다. 이 두려움은 피할 수 없는 성도의 연약함인 것 같습니다. 다윗도 두려웠습니다. 지금까지 다윗은 죽이려고 쫓아오는 사울 앞에서도 날마다 지혜롭고 심히 지혜로웠습니다. 그래서 그 이름이 심히 귀하게 되었습니다. 그런데 결국 사울을 떠나 광야에 내동댕이쳐졌습니다. 거기에는 요나단도, 미갈도, 사무엘도 없습니다. 그 외로움의 길에서 다윗은 다시 천상의 집, 그 집으로 돌아가야 했습니다. 그렇게 다윗의 처음 광야생활이 시작됩니다. 앞으로 그 여행길이 15개나 남았습니다. 지금 다윗이 집으로 가는 여정이 시작된 것입니다.

그러나 처음 광야생활을 하면서, 사울의 살해 위협에 시달리면서 다윗이 무너집니다. 하나님께서 왜 그렇게 다윗의 기도에 응답해 주시지 않는지, 해도 너무하신 것 같아 보입니다. 결국 인간의 방법이 등장합니다. 다윗이 자기 자신을 의지하기 시작하면서 두려움에 압도당하는 모습을 보여 줍니다. 집으로 오기 위해서는 이 두려움의 문제를 극복해야 합니다. 다윗이 당했던 두려움을 우리도 똑같이 당할 것이기에 그 두려움의 문제를 살펴보고자 합니다.

다윗은 처음부터 거짓말을 했습니다

1 다윗이 놉에 가서 제사장 아히멜렉에게 이르니 아히멜렉이 떨며 다윗을 영접하여 그에게 이르되 어찌하여 네가 홀로 있고 함께하는 자가 아무도 없느냐 하니 2 다윗이 제사장 아히멜렉에게 이르되 왕이 내게 일을 명령하고 이르시기를 내가 너를 보내는 것과 네게 명령한 일은 아무것도 사람에게 알리지 말라 하시기로 내가 나의 소년들을 이러이러한 곳으로 오

라고 말하였나이다 **삼상 21:1-2**

갈 곳이 없었던 다윗은 이번에는 놉 땅의 제사장 아히멜렉에게 도움을 구하러 갑니다. 지난번 라마 나욧 공동체에서 살아난 적이 있기에 이번에도 이런 선택을 한 것 같습니다. 게다가 그곳에는 골리앗의 칼이 있는 것으로 보아서 다윗을 용사로 인정해 줄 수 있는 곳으로 여겨집니다. 다윗은 아히멜렉과 친분도 있었고, 이번에도 하나님께 물으려고 했습니다.

그런데 아히멜렉이 다윗을 딱 알아봅니다. 왜 이리 초췌하냐는 것입니다. 왜 함께하는 사람도 없이 혼자 왔느냐고 합니다. 그러자 다윗이 거짓말을 합니다. 지금 자기가 왕의 명령을 받고 왔는데, 그 일을 아무에게도 알리지 말라 했다고 합니다. 그래서 자기 소년들을 두고 왔다고 합니다. 만약 자신이 왕을 배반하고 도망 나온 것을 들키면 아히멜렉이 자기를 고발할지도 모른다고 생각해 적당히 둘러댄 것입니다. 광야생활 첫 번째 관문에서 거짓말을 해 버립니다.

만약 이때 다윗이 사실대로 말하고 아히멜렉의 도움을 받았다면 얼마나 좋았을까요? 왜냐하면 다윗의 이 거짓말로 85명의 제사장이 사울에게 죽임당하는 너무나도 참혹한 살상이 일어나기 때문입니다. 다윗은 피해를 입힐 생각으로 거짓말한 것이 전혀 아닙니다. 그리고 그 거짓말도 아히멜렉이 아니라 자기가 했으니 나중에 사울에게 들켜도 자기만 벌을 받으면 된다고 생각했을지도 모릅니다.

그러나 다윗은 원치 않았지만 부지중에 참혹한 살인을 하게 됩니다.

아히멜렉은 아무것도 모르고 있다가 나중에 큰 화를 당합니다. 이처럼 그럴 의도가 전혀 없었더라도 거짓말 한 번으로 크나큰 살인을 초래할 수 있습니다.

또한 이 거짓말은 엘리 가문에 대한 하나님의 심판 예언을 이루시는 것이기도 했습니다. 하나님은 앞서 엘리 가문에게 노인이 없게 하시겠다 하지 않았습니까(삼상 2:31)? 하나님의 예언의 말씀은 놀랍기만 합니다. 언젠가 모든 것이 다 이루어집니다. 예전에 여리고 기생 라합도 정탐꾼들과 가족들을 위해 선의의 거짓말을 했습니다. 선의의 거짓말이라 해서 다 정당한 것은 아니지만, 라합의 거짓말과 다윗의 거짓말은 그 종류가 다릅니다. 다윗의 거짓말은 두려움에서 나온 것이기 때문입니다. 오늘 본문에는 두렵다는 이야기가 몇 번이나 나옵니다.

다윗은 사울이 적어도 제사장은 죽이지 않을 거라고 생각했을 것입니다. 끝까지 사울을 믿고 싶었던 것입니다. 그러나 그런 다윗의 생각은 큰 오산이었습니다. 그렇다고 다윗이 사울더러 '당신은 나쁜 사람이야' 하면서 가는 것이 옳습니까? 그것도 아닙니다. 하나님께서는 다윗이 끝까지 사울을 믿고 싶어 하는 것을 아시고 그런 다윗을 이끌어 가십니다. 그리고 그의 실수를 통해 제사장 85명을 죽이십니다. 사람이 믿음의 대상이 아니라는 것을 깨달으라는 것입니다. 이런 일을 당해 보기 전까지 사람들은 다 착하기만 합니다. 그래서 하나님은 우리에게 산전수전 다 겪어 보게 하십니다. 그러고 나서 말씀을 보니 사람은 사랑의 대상이지 믿음의 대상이 아니라는 말씀을 귀 기울여 듣게 됩니다.

이처럼 하나님은 다윗이 예수님의 조상이 될 사람이기 때문에 인간의 연약함을 하나하나 다 겪게 하십니다.

디모데후서 1장 7절에서 "하나님이 우리에게 주신 것은 두려워하는 마음이 아니요 오직 능력과 사랑과 절제하는 마음이니"라고 했습니다. 두려움은 하나님에게서 나온 것이 아니라 죄의 결과입니다. 사탄이 주는 것입니다. 로마서 14장 17절에도 "하나님의 나라는 먹는 것과 마시는 것이 아니요 오직 성령 안에 있는 의와 평강과 희락이라"고 합니다. 두려움은 철저히 죄의 결과입니다. 그러나 주께서 십자가에서 죽으심으로 이 죄의 문제를 해결해 주셨기 때문에 다윗이 이렇게 부지중에 거짓말을 하고, 이것으로 85명의 제사장이 죽었다고 할지라도 주님이 도피성 되시는 줄 믿습니다. 나는 전혀 사람을 죽일 생각이 없었다 하여도 죄는 죄입니다. 그러나 주님은 우리를 받아 주십니다.

저는 예수님을 믿고 너무 좋아 주님을 위해 살기로 했습니다. 말씀만 보면 너무 기뻐서 곳곳에 가서 전도를 했습니다. 그러나 그토록 날마다 주를 위해 살겠다 마음먹고 말씀 묵상하며 곳곳에서 전도하면서 살았지만, 남편이 나가는 것을 너무 싫어하니 교회 갔다 와서도 "어디 갔다 왔느냐" 물으면 "장 보러 다녀왔다"고 했습니다. 종일 목장예배, 구역예배를 갔다가도 남편이 집에 오기 5분 전에 들어와서 마치 온종일 집에 있었던 것처럼 거짓말을 했습니다.

그런데 점점 신앙이 깊어지면서 남편에게 거짓말하고 있다는 것에 마음이 찔리기 시작했습니다. 앞뒤가 하나도 안 맞는 것을 알면서도 기어이 거짓말하는 자신이 스스로 비참했습니다. 골리앗을 물리쳤던 다윗이 두려움 때문에 아히멜렉 앞에서 거짓말을 하는 것처럼 저도 그런 시절이 있었습니다.

남편에게 거짓말을 하고 나면 그다음 날 말씀 보며 회개의 눈물이 흘렸습니다. 누구를 위해 거짓말을 하는 것인지, 누구를 위해 전도하는 것인지, 사람이 왜 이렇게 비굴하기 짝이 없는지 나 자신이 싫어 울며 회개했습니다. 하나님은 그런 내게 훈련이 필요하다는 것을 아시고 13년 동안 문밖출입을 못하게 하시면서 도피성에 있도록 하셨습니다.

하나님은 우리의 연약함을 아십니다. 그렇다고 거짓말을 허락하시는 것은 아닙니다. 선의의 거짓말도 해서는 안 됩니다. 그런데 우리는 가책도 없이 선의의 거짓말을 해 댑니다. 그렇다고 다윗이 지금 이 자리에 주저앉아 있을 수 있습니까? 우리는 그러면서도 또 한 걸음 나가야 합니다. 그래서 부지중 살인을 하고 잘못된 말로 수없는 손해를 끼쳤다 할지라도 주님의 도피성으로 나가야 합니다. 우리가 어떤 죄를 짓고 손해를 끼쳤을지라도 예수 그리스도는 우리의 도피성이 되십니다. 하나님은 우리에게 맞는 훈련으로 인도하심으로 하나님의 작품에 걸맞게 빚어 가실 것입니다.

+ 혹시 두려움 때문에 거짓말한 적이 있습니까?
+ 내가 무심코 던진 말에 사람들이 죽겠다고 피를 철철 흘리고 있지는 않습니까?

배고픔의 문제가 있었습니다

3 이제 당신의 수중에 무엇이 있나이까 떡 다섯 덩이나 무엇이나 있는 대로 내 손에 주소서 하니 4 제사장이 다윗에게 대답하여 이르되 보통 떡은 내 수중에 없으나 거룩한 떡은 있나니 그 소년들이 여자를 가까이만 하지 아니하였으면 주리라 하는지라 5 다윗이 제사장에게 대답하여 이르되 우리가 참으로 삼 일 동안이나 여자를 가까이 하지 아니하였나이다 내가 떠난 길이 보통 여행이라도 소년들의 그릇이 성결하겠거든 하물며 오늘 그들의 그릇이 성결하지 아니하겠나이까 하매 6 제사장이 그 거룩한 떡을 주었으니 거기는 진설병 곧 여호와 앞에서 물려 낸 떡밖에 없었음이라 이 떡은 더운 떡을 드리는 날에 물려 낸 것이더라 삼상 21:3-6

우리가 오늘 영혼의 집, 교회에 왔는데 돈도 없고 떡도 없을 수 있습니다. 당장 낼 헌금이 없을 수도 있습니다. 허기가 져서 내 주린 배를 먼저 채워야 한다고 생각할 수도 있습니다. 하나님은 그럼에도 필요한 것을 채워 주십니다. 다윗에게도 떡을 주십니다.

제사장이 다른 떡은 없고 성소에 바친 진설병은 있다고 합니다. 진설병은 제사장밖에 못 먹는 거룩한 떡입니다. 열두 지파를 대표하여 열두 개의 떡을 진설하고 한 주간 후에 새것을 헌 것과 교체할 때 그 헌 것을 제사장들이 거룩한 곳에서 먹을 수 있습니다. 그렇다고 당장 주린 사람을 앞에 두고 율법을 운운할 수 있습니까? 이 세상에 생명보다 더 귀중한 것은 없습니다. 그래서 아히멜렉도 다윗을 긍휼히 여겨 제사장만 먹을 수 있는 떡을 먹도록 배려해 주었습니다. 다윗이 먹지 않아야 할 떡을 하나님의 은혜로 먹은 것입니다. 아히멜렉은 이 일로 인해서 징벌을 받지 않았습니다. 도리어 예수님의 칭찬을 받았습니다. 마태복음 12장 3-7절에 "다윗이 자기와 그 함께한 자들이 시장할 때에 한 일을 읽지 못하였느냐 그가 하나님의 전에 들어가서 제사장 외에는 자기나 그 함께한 자들이 먹어서는 안 되는 진설병을 먹지 아니하였느냐 … 나는 자비를 원하고 제사를 원하지 아니하노라 하신 뜻을 너희가 알았더라면 무죄한 자를 정죄하지 아니하였으리라" 말씀하셨습니다. 사랑하는 자는 율법을 다 이루었다고 하십니다. 즉 사랑은 율법의 완성입니다. 우리는 말씀 한 구절 한 구절을 따지면서 평가하는 자가 아니라 사랑을 행하는 자가 되어야 합니다.

세상에 무엇을 생명과 바꿀 수 있겠습니까? 우리는 생명을 담보로 권리를 주장해도 안 되고, 장기를 팔아도 안 되고, 돈놀이를 해서도 안 됩니다. 우리에게 정말 중요한 것은 사람의 생명입니다. 그 어떤 사상도, 이념도, 법도, 종교도 생명보다 중요한 것은 없습니다. 정부도 백성을 위하여 존재해야 하는 것이고 종교도 사람, 즉 성도를 위해서 존재해야 하는 것입니다. 인간의 생명은 천하보다도 귀한 것입니다.

그렇기 때문에 우리가 오늘 하나님의 집으로 오려고 마음만 먹어도 하나님은 우리의 배고픔의 문제를 해결해 주십니다. 다윗의 배고픔을 아시고 먹여 주셨던 것처럼, 하나님은 거룩한 상에서 물려 낸 그 떡까지도 우리를 위해 주시려고 준비하고 계십니다. 이 떡은 생명의 떡입니다. 우리는 떡을 원하고 빛을 원하고 물을 원하지만 주님은 그 자체로 생명의 떡이라는 사실을 깨닫기 바랍니다. 주님은 도피성이자 생명의 떡입니다. 길이요 진리요 모든 것의 근원, 생명이십니다.

+ 배고팠던 적이 있습니까? 지금도 배고픕니까? 주님께서 떡을 주실 줄 믿고 이것을 바라며 나아가고 있습니까?

칼과 무기의 문제가 있습니다

그 날에 사울의 신하 한 사람이 여호와 앞에 머물러 있었는데 그는 도엑 이라 이름하는 에돔 사람이요 사울의 목자장이었더라 삼상 21:7

내가 광야 길을 가는데 그 한복판에 사울의 목자장 도엑이 딱 버티고 있습니다. 지긋지긋한 사울을 피해 광야 길을 가는데 거기에 사울이 껌 딱지처럼 붙어 다니는 것입니다. 그는 에돔 사람이라고 합니다. 하나님 과 완전히 반대되는 자입니다. 그야말로 사탄과 같습니다. 이렇게 언제 나 사탄이 불꽃 같은 눈으로 나를 감시하고 하나님께로 가지 못하도록 막습니다.

이 에돔 사람, 사울의 신하가 이때 등장한 것은 다윗이 거짓말하면서 먹어서는 안 될 떡을 먹기까지 모든 사건이 수월하게 지나갈 일이 아니 라는 것을 암시하고 있습니다. 예수 믿는 사람은 똑같이 거짓말해도 다 걸립니다. 베테랑들은 절대로 안 걸립니다. 이상하게 예수 믿는 사람만 어떤 것도 수월하게 지나가는 법이 없습니다. 그런데 그것이 축복입니다. '재수 없이 왜 나만 걸리나' 하지 말고 걸리는 것이 축복이니 감사하기 바랍니다.

> 8 다윗이 아히멜렉에게 이르되 여기 당신의 수중에 창이나 칼이 없나이까 왕의 일이 급하므로 내가 내 칼과 무기를 가지지 못하였나이다 하니 9 제사장이 이르되 네가 엘라 골짜기에서 죽인 블레셋 사람 골리앗의 칼이 보자기에 싸여 에봇 뒤에 있으니 네가 그것을 가지려거든 가지라 여기는 그것밖에 다른 것이 없느니라 하는지라 다윗이 이르되 그 같은 것이 또 없나니 내게 주소서 하더라 삼상 21:8-9

다윗은 배가 부르니 이제 떠나려고 합니다. 그 전에 아히멜렉에게 혹시 이곳에 무기가 없는지 묻습니다. 그러면서 여전히 거짓말로 둘러댑니다. 급하게 나오는 바람에 무기를 못 챙겼다고 합니다. 때마침 그곳에 골리앗의 칼이 있었습니다. 다윗은 "그만한 것이 없다"며 그것을 청합니다.

다윗도 다윗인데, 여기에서 결정적으로 실수한 사람은 제사장입니다. 지금 다윗이 그 칼을 달라고 하는데, 제사장으로서 주는 것이 맞습니까? 다윗이 달라고 하면 줘야 합니까? 떡이야 당장 굶주려 있는 사람이 있으니 줄 수 있습니다. 그런데 골리앗의 칼은 다릅니다. 그것은 골리앗과 싸워 이김으로 예루살렘에 이미 바쳐진 것입니다. 비록 그 일등공신이 다윗이었다 할지라도, 그런 다윗이 그 칼을 다시 달라고 할지라도 주어서는 안 되는 것입니다. 한 번 드려진 헌금을 내 삶이 궁핍해졌다고 다시 달라 하면 교회가 주어야 합니까? 교회가 돈 달라면 돈 주고 직장 달라면 직장 주는 곳입니까? 교회가 잘못 도와주려고 하다가 다 망하는 수가 있습니다.

아히멜렉이 다윗에게 칼을 내주는 것은 완전히 그를 망하게 하는 길입니다. 분별을 잘해야 합니다. 그런데 아히멜렉은 라마 나욧 공동체 같지 않아서 다윗의 두려움을 해석할 줄 몰랐습니다. 다윗이 아무리 섭섭하게 생각해도 이 칼을 주면 안 되는 것이었습니다. 칼을 줄 수 없다고 따끔하게 말하는 것이 제사장의 옳은 처방이었습니다. 그러나 아히멜렉은 제대로 처방해 주지 못하고 칼을 내주고 말았습니다.

떡 준 것과 칼 준 것은 아주 다릅니다. 왜 그렇습니까? 오해하기 좋은 일을 한 것이기 때문입니다. 안 그래도 사울이 다윗을 시기하고 있지 않습니까? 나라를 가져갈까 봐 두려워 떨고 있는데, 그래서 다윗을 죽이고자 하고 있는데 아히멜렉이 골리앗의 칼을 다윗에게 준 것입니다. 역모를 꾀한다는 빌미를 제공한 것입니다. 게다가 그 장면을 옆에서 도엑이 보고 있었습니다. 결국 이 일이 계기가 되어서 제사장 85명이 몰살당했습니다. 제사장이 칼만 주지 않았어도 그 살인은 일어나지 않았습니다.

우리는 예수 믿는데 사람을 그렇게 의심하느냐고 하지만, 그렇지 않습니다. 사업을 해도 치밀하고 구체적이어야 합니다. 매사에 상황을 정확히 들여다보고 분별할 줄 아는 눈이 있어야 합니다. 망할 것에 대비해 조심하고 또 조심해야 합니다. 아무에게나 돈 빌려주는 것이 사랑이 아닙니다. 아무리 빌려주고 싶어도 참는 것이 사랑입니다. 설령 그 사람이 섭섭해하면서 원수처럼 여기며 두 번 다시 나를 보지 않겠다고 해도 그것이 그를 살리고 나를 살리는 길입니다. 목장에서도 사랑을 담아서 하나님께 묻고 또 물을 때 한마디 처방하는 것에 어떻게 그렇게 말할 수 있느냐고, 내 고통을 몰라서 그런 말을 하느냐고 서운해할 필요가 없습니다. 아픈 처방일지라도 몸에 좋은 약이 쓰다는 것을 아시기 바랍니다. 기쁘고 감사하게 들어야 합니다.

지금 어쩌면 이렇게 다윗 바보와 아히멜렉 바보가 같이 모여 죽을 일을 하고 있는지 모르겠습니다. 제사장은 좋은 일 하다가 일가족이 참사를 당했습니다. 굉장히 열린 마음을 가진 아히멜렉이기에 다윗에게 칼을 주었지만 엄청난 실수를 한 것입니다. 다윗은 다윗대로 이 사건으로 10년간 방랑자 생활을 하게 됩니다. 열린 마음이 좋은 것만은 아닙니다. 복음의 마음을 가져야 합니다.

어느 집사님이 목장예배에서 오픈을 했는데 목자부터 그 자리에 계시던 더 높은 리더들까지 모두 한입으로 같은 처방을 내려 주었다고 합니다. 그런데 그 처방이 마음에 안 들어 모두를 미워했다고 합니다. 모두가 똑같은 결론을 내린다면 그 처방을 좀 들어야 하는데, 이렇게 미움으로 가득 찼다는 것입니다. 그래도 하나님의 은혜로 그 일을 잘 극복하고 회복되었다는 이야기를 들었습니다.

우리는 거짓말을 하고도 은혜로 먹지 말아야 할 떡을 먹는데, 그러고도 정신을 못차리고 골리앗표 칼을 가져 광야에서 이겨 보고자 합니다. 그래서는 사울을 이길 수 없습니다. 집으로 돌아오기 위해서는 말씀의 검으로만 이길 수 있다는 사실을 기억하기 바랍니다. 히브리서 4장 12-13절, "하나님의 말씀은 살아 있고 활력이 있어 좌우에 날선 어떤 검보다도 예리하여 혼과 영과 및 관절과 골수를 찔러 쪼개기까지 하며 또 마음의 생각과 뜻을 판단하나니 지으신 것이 하나도 그 앞에 나타나지 않음이 없고 우리의 결산을 받으실 이의 눈앞에 만물이 벌거벗은 것 같이 드러나느니라" 하신 말씀처럼 우리가 가지고 나가야 할 검은 말씀의 검입니다. 골리앗표 칼을 가지고 나간다고 해서 영혼의 집으로 올 수 있는 것이 아닙니다.

최고의 직장, 최고의 인맥, 최고의 학벌이 있다고 그것이 나를 살리는 것이 아닙니다. 인생 최고의 선택은 말씀 묵상의 힘으로 순간순간 결정하는 것입니다. 한 치 앞이 보이지 않아서 너무 무섭지만, 아침에 말씀을 묵상하면서 "오늘 무슨 일이 생길지 잘 모르지만 하나님의 말씀을 묵상했으니 올바로 결정하게 도와주옵소서" 하고 한마디 기도만 해도 사탄이 다 물러갑니다. 나는 너무나도 연약하여 아무것도 모르지만 하나님이 도우십니다. 우리가 잘못 가는 것 같아도, 손해 보는 것 같아도 "주님, 나에게 어떻게 이런 일을 허락하실 수가 있어요? 내가 어떻게 이런 일을 겪을 수가 있어요?" 하고 기도하면서도 하나님을 신뢰하고 하나님 앞에 나오는 자를 사탄은 두려워합니다.

구시렁거리면서도, 욕을 하면서도 오늘 예배의 자리에 나와 앉아 있고, 다 꼴 보기 싫다 하면서도 목장에 가서 앉아 있으면 사탄이 한길로 왔다가 일곱 길로 도망갈 것입니다. 교양 있게 아무 말도 안 하면서 예배도 빼먹고 목장에도 안 나가는 사람은 사탄의 밥이 될 것입니다. 말씀의 검으로만 두려움을 이길 수 있습니다. 그냥 칼이 아니라 말씀의 검이 무기가 될 것입니다. 그래서 항상 큐티하는 사람은 굉장한 실력가입니다.

너무나 무서운 사람입니다. 말씀이 있는 사람 앞에서는 누구도 함부로 입을 놀릴 수가 없습니다.

+ 자녀들이 원하는 대로 쥐어 준 칼과 무기는 무엇입니까?
+ 먹이지 말아야 할 떡을 마구잡이로 먹이고 있지는 않습니까?

두려움이 결정적인 판단 실수를 하게 합니다

그 날에 다윗이 사울을 두려워하여 일어나 도망하여 가드 왕 아기스에게
로 가니 삼상 21:10

지금 다윗이 도엑을 보고 놀라 가드 왕 아기스에게로 갔다고 합니다. 여기가 어디입니까? 골리앗의 고향, 사울의 철천지원수인 블레셋의 5대 도시 중 하나입니다. '나도 사울의 철천지원수이기는 마찬가지니 나와 아기스는 하나가 되지 않을까?' 생각하여 피난을 간 것입니다. 우리나라로 치면 나랏일 하던 사람이 대통령에게 괴롭힘을 당하자 북한으로 피신을 가서는 그곳 수장과 남한의 대통령을 물리치자고 결탁한 것과 다름없습니다. 천하의 다윗이 이런 결정을 한 것입니다. 두려움은 이렇게 사람을 어리석게 만듭니다. 그래서 두려움에 빠졌을 때는 어떤 결정도 함부로 내려서는 안 됩니다. 그럴수록 공동체에 묻고 가야 합니다. 평강이 없을 때는 어떤 행동도 자제하고 잠잠히 기다려야 합니다.

아기스의 신하들이 아기스에게 말하되 이는 그 땅의 왕 다윗이 아니니이
까 무리가 춤추며 이 사람의 일을 노래하여 이르되 사울이 죽인 자는 천
천이요 다윗은 만만이로다 하지 아니하였나이까 한지라 삼상 21:11

아기스의 사람들은 다윗을 알아보았습니다. "사울은 천천이고 다윗은
만만이라" 하면서, 이스라엘의 왕은 사울이 아니라 다윗이라고 합니다.
다윗도 지금 자기가 얼마나 유명한지 모릅니다. 어디로 가든 예수 믿는
사람은 이렇게 숨을 곳이 하나도 없습니다. 그런데 아기스는 사울의 적
이니 또한 이스라엘의 적, 다윗의 적 아닙니까? 시편 146편 3절에는 "귀
인들을 의지하지 말며 도울 힘이 없는 인생도 의지하지 말지니"라고 했
고, 예레미야애가 4장 17절에서도 "우리가 헛되이 도움을 바라므로 우리
의 눈이 상함이여 우리를 구원하지 못할 나라를 바라보고 바라보았도다"
했습니다. 사람은 결코 두려움의 문제를 해결할 수 없는데, 지금 다윗이
판단력을 완전히 상실했습니다.

다윗이 이 말을 그의 마음에 두고 가드 왕 아기스를 심히 두려워하여
삼상 21:12

두려움 속에서 판단력이 마비되면 더 심히 두려운 결정을 하게 됩니
다. 사울의 눈에서 자꾸 피하고자 하니까 매사가 심히 두렵습니다. 언제
는 심히 지혜로웠던 다윗이 지금은 심히 두려운 마음으로 광야생활을 하
는 것입니다. 거짓말을 하고, 먹어서는 안 되는 떡을 먹고, 한 번 하나님

께 드렸던 무기를 가지고 원수 나라로 가더니 이제는 어떻게 합니까? 두려움에 미친 척을 합니다.

> 13 그들 앞에서 그의 행동을 변하여 미친 체하고 대문짝에 그적거리며 침을 수염에 흘리매 14 아기스가 그의 신하에게 이르되 너희도 보거니와 이 사람이 미치광이로다 어찌하여 그를 내게로 데려왔느냐 15 내게 미치광이가 부족하여서 너희가 이 자를 데려다가 내 앞에서 미친 짓을 하게 하느냐 이 자가 어찌 내 집에 들어오겠느냐 하니라 삼상 21:13-15

다윗이 가드 왕 앞에서 완전히 광대가 되었습니다. 대문을 그적거리며 침을 흘리고 미친 척을 합니다. 살겠다고 원수의 땅으로 가더니 이제 완전히 독 안에 든 쥐 꼴이 되었습니다. 죽을 수밖에 없는 상황에 처했습니다. 그리고 그 두려움은 마침내 다윗이 수치당하는 지경까지 끌어내립니다. 한 나라의 칭송을 받던 다윗이 지금은 적군 앞에서 미친 척을 하면서까지 목숨을 구걸하고 있습니다. 얼마나 비굴합니까? 두려움에 압도되어서 실수를 연발하고 있습니다.

그렇지만 일곱 번 넘어져도 여덟 번 일어나는 것이 바로 의인입니다. 베드로도 세 번이나 주님을 부인했지만 다시 주님이 찾아오시지 않습니까? 다윗은 이후에도 밧세바와의 간음과 살인죄를 지었습니다. 시키지도 않은 인구조사를 하면서 교만죄도 지었습니다. 그러나 악인은 한 번 넘어지면 그것으로 끝이지만 다윗은 그때마다 회개하여 다시 일어났습니다. 한 번 넘어졌다고 유다처럼 자살하거나 사울처럼 회개하지 않으면 다시 일어서지 못합니다. 그러나 오늘 회개하고 일어나면 하나님은 의인의 반열에 나를 끼워 주십니다.

+ 지금 심히 두려운 것은 무엇입니까?
+ 심히 두려운 상황을 해결하고자 심히 두려운 결정을 한 적이 있습니까? 그 결과는 어떻게 되었습니까?

하나님은 두려움에서 건지시는 분입니다
시편 34편 4절에 다윗은 이렇게 노래합니다.

내가 여호와께 간구하매 내게 응답하시고 내 모든 두려움에서 나를 건지셨도다

두려움에서 다윗을 건지신 하나님의 방법은 그의 곁에 사울의 위협과 아기스를 없애시고 블레셋을 없애신 것이 아닙니다. 단지 이 모든 두려움에서 건지는 것으로 응답하십니다.

다윗은 일평생 두려움으로 고통스러워했습니다. 형들의 질시와 아버지의 무시, 사울의 살해 위협, 광야 길에서 가난과 배고픔에 대한 두려움, 사람에 대한 두려움, 질병에 대한 두려움 등 끊임없는 두려움이 있었습니다. 두려움에 사로잡혀 있으면 사탄은 삶을 포기하도록 "네가 어떻게 이렇게 살 수 있느냐"고 유혹합니다. 자살하도록 유혹합니다. 그러나 하

나님은 우리를 살리십니다. 다윗을 건지십니다. 지금 목숨이 경각에 달린 위기 앞에서 하나님이 다윗과 함께해 주시지 않았다면 아기스가 어떻게 다윗의 말에 속아 넘어갈 수가 있겠습니까? 아기스가 신하에게 "다윗에 대해서 조사해 봐라" 한마디만 했으면 지금 이 거짓된 상황이 금세 드러날 것 아닙니까? 그렇지만 아기스가 속아 넘어간 것이 하나님의 은혜입니다.

저 역시 지금까지 살아온 모든 것이 하나님의 은혜입니다. 아무리 생각해도 하나님의 은혜가 아니면 이 자리에 서 있을 수가 없습니다. 우리 인생에는 종류별, 장르별로 두려운 일이 많습니다. 배우자의 바람, 질병과 죽음, 자녀의 가출 같은 사건들이 날마다 일어납니다. 이 일들을 어떻게 해결해야 합니까? 기다리면서 해답을 찾아야 합니다. 두려움의 사건 앞에서 평강이 올 때까지 기다리며 배우자가, 자녀가 집으로 돌아올 때까지 기다려야 합니다. 집으로 돌아오는 것이 하나님의 은혜이니 그 은혜의 때까지 기다려야 합니다.

어떤 집사님은 자기는 너무 '재수 없는 여자'가 되고 싶었다고 합니다. 하는 일마다 다 잘되어 남들이 '에잇, 재수 없어!' 하는 사람이 되고 싶었다는 것입니다. 그런데 남편에게 다른 여자가 생기더니 아들에게는 뇌전증이 생겼다고 합니다. 하루는 그 남편이 회사에서 실수하는 바람에 큰 손해를 끼치는 일이 생겼습니다. 남편이 너무 미운데 혹시나 회사를 그만둘까 봐 두려워서 남편의 비위를 맞추느라 너무 급급한 자기 모습을 봤다고 합니다. 전도축제 때 남편에게 교회에 가자 하니 "내 발로 가게 내버려 둬!" 했답니다. 남편 때문에, 자식 때문에 두렵다가 이제는 먹고 사는 문제가 두렵고 남편이 교회 안 다니는 것도 두렵고, 영육이 전부 두려운 일에 싸여 있다는 이야기를 했습니다.

또 한 집사님은 첫 목장에 참석했는데 자기더러 "정신과에 가서 치료를 받아 보라"고 하더랍니다. 그 집사님은 인생이 힘들고 짜증이 너무 많은 데다가, 일부터 열까지 규칙을 정해서 남편을 들들 볶는다고 합니다. 규칙에서 한 가지만 빼먹어도 전화를 해서 화를 내며 분이 풀릴 때까지 난리를 친답니다. 그러다가 목장에 가서 다른 남편들 이야기를 들으면서 자기 남편이 착하다는 것과 자신이 아프다는 사실을 알았다고 합니다. 어린 시절 엄마가 바람을 피우느라 자식을 돌보지 않았는데, 그때 자신이 얼마나 보살핌을 받지 못하고 자랐는지, 그리고 그런 부모님의 화풀이 대상이 되어서 얼마나 엄마의 눈치를 보며 살았는지, 그 결과 늘 자신감 없이 낮은 자존감으로 살아왔는지를 알았습니다. 그리고 엄마가 아빠에게 하듯이 남편에게 똑같이 하고 있는 자신을 보았다고 합니다. 비로소 내 죄를 본 것입니다. 내 안의 상처가 너무 많고 아프다는 것이 인정이 되었고, 그래서 병원도 다니기 시작했답니다. 남편에게 죄를 고백하면서 처음으로 미안하다고 하니 그 착해 보이는 남편이 이렇게 이야기했답니다.

"밤마다 당신이 난리 칠 때마다 아들과 어떻게 하면 고통 없이 죽을까 생각했어."

또 한 두려움을 소개하겠습니다. 청소와 사진 봉사도 하고, 유아부, 초등부 교사를 다 맡아서 하는 분입니다. 너무나 훌륭한 대학을 나왔고 박사학위도 있으며 직장에서는 팀장 자리에까지 올랐습니다. 그런데 자기가 팀장이 되고 2주 만에 팀이 해체가 되었습니다. 자존심이 상해 견딜 수 없었답니다. 모든 길이 다 막혔는데, 한 가지 유일한 길이 너무 가기 싫은 팀의 팀원으로 가는 것이었답니다. 이 훌륭한 박사님으로서는 그 자리로 도저히 못 갈 것 같았지만, 아무도 편을 들어주지 않으니 결국 팀원으로 가기로 결정했습니다. 그런데 6개월을 죽은 듯이 팀원으로 일하니 다시 팀장으로 불러 주었습니다. 올라갈 힘도 없어서 그저 공동체에서 처방받은 대로 말씀을 따라 질서에 순종했더니 다시 팀장이 되었다는 것입니다.

지금 어디에 있습니까? 아직도 두려움 속에서 광야를 떠돌고 있다면 이제 그만 집으로 돌아오기를 바랍니다. 집으로 오기 위해서는 잘날 필요가 없습니다. 두려움 없는 사람이 어디 있겠습니까? 천하의 다윗도 두려움 때문에 판단력을 상실했습니다. 거짓말을 늘어놓고, 먹지 말아야 할 것을 먹더니, 이제는 가지 말아야 할 곳으로 가서 어떻게든 살아 보겠다고 침을 흘리며 미친 척을 합니다. 그 모습을 보면서 하나님이 얼마나 가슴이 찢어지셨겠습니까? 그런데 그때마다 주님은 다윗의 도피성이 되어 주십니다. 생명의 떡이 되어 주시고 말씀의 검으로 살아나게 하십니다. 다윗을 그분의 집으로 한 걸음씩 데리고 가십니다. 우리도 그렇습니다. 어떤 죄를 지었을지라도 아무것도 두려워하지 말고 주님의 품으로 돌아오기 바랍니다. 집으로 돌아오기만 하면, 일곱 번 넘어졌어도 오늘 다시 일어나면 주님 나라의 일원이 될 줄 믿습니다. 예수님의 조상 다윗이 이처럼 기가 막힌 길을 걸어갔다는 것 때문에 우리가 너무 위로를 받습니다. 내 삶의 항해의 끝이 예수님이 되기 위하여서 우리에게도 이런 환경을 허락하신 줄 믿습니다.

+ 두려움 때문에 거짓말을 늘어놓고, 먹지 말아야 할 것을 먹고, 가지 말아야 할
  곳에 간 적은 없습니까?
+ 두렵기 짝이 없는 지금의 고난이 나의 구원을 위한 하나님의 역사라는 것을
  인정합니까?

다윗이 자신을 죽이려는 사울을 피해 놉 땅으로 돌아간 것처럼(삼상 21:1) 저에게도 사울 같은 아버지를 피해 집을 나와 떠돌던 시절이 있었습니다. 고등학교 1학년 무렵, 엄마는 7년간의 암 투병 끝에 돌아가셨습니다. 그러자 아버지의 알코올중독과 폭력은 더욱 심해졌고 가세는 급격히 기울었습니다. 대학에 가서는 돈을 일절 주지 않았기에 학비와 용돈을 내 힘으로 벌어서 해결해야 하는 고단한 광야생활이 이어졌습니다. 지인으로부터 사기를 당해 재산을 모두 날리게 된 아버지의 스트레스와 분은 고스란히 저희 세 자매에게 향했고, 저희는 매일 밤마다 새벽녘까지 말도 안 되는 술주정을 받아 내고 멍이 들 때까지 매질을 당해야 했습니다.

날마다 눈물로 '하나님은 너를 지키시는 자'라는 찬양을 부르며 하루하루 힘겹게 견디던 그때, 저의 라마 나욧 공동체였던 선교 단체의 동기들과 선배들에게 어렵게 삶을 오픈하게 되었습니다. 이후 아히멜렉과 같았던 그들의 배려 덕분에 선교 단체의 간사님 집에서 지내게 된 것을 시작으로 동기와 선배의 집을 전전하며 살았습니다. 아버지를 피할 수만 있다면 어디든 상관없었습니다. 그런 저를 하나님은 세상으로 빗나가지 않게 공동체의 테두리 안에서 보호하셨습니다. 처음에는 하나님이 나에게 안식처를 주셨다고 감사하며 숨을 수 있었지만 언젠가 돌아가야 할 집과 아버지에 대해서는 외면하고 싶었습니다. 남의 집에 얹혀사는 입장이다 보니 늘 육적으로 허기가 지고 배가 고파 스트레스성 폭식과 거식증으로 만성 위염을 달고 살았습니다.

졸업 이후 마땅히 갈 곳이 없어 꼼짝없이 집에 있게 되자, 다윗이 블레셋 가드 왕 아기스에게로 가는 큰 실수를 범했던 된 것처럼(삼상 21:10) 저도 제 소견에 옳은 대로 나만의 도피처를 찾기 위해 궁리하던 중 한 직장을 다니게 되었습니다. 그 상사는 저를 전폭적으로 신뢰하였고, 친분이 생겨 이야기를 나누던 중 그가 이단의 지도층에 있다는 사실을 알게 되었습니다. 순간 놀라서 멈칫했지만 저의 상황을 알게 된 그가 너무도 친절하게 대해 주고 자기 집에 들어와서 한 식구처럼 지내자고, 시집갈 때까지 보살펴 주겠다고 하는 말이 너무도 달콤한 유혹이라 단번에 끊기가 힘들었습니다. 내 욕심에서 비롯된 갈등으로 무엇이 옳은 선택인지 결정하기 어려웠지만 하나님은 결국 그 직장에서 저를 나오게 하셨습니다. 그것은 이단의 유혹에 분별을 잃고 판단력을 상실할 뻔했던 저를 건져 주신 하나님의 은혜였습니다.

십 수 년이 흘러 결혼을 하고 두 아이를 낳고 키우는 지금까지 또 다른 형태의 육의 고난은 현재진행형이지만 이제는 진정한 도피성이신 주님을 바라보기 원합니다. 나를 다윗 되게 하기 위해 일평생을 수고하신 아버지는 여전히 강팍하게 복음을 거부하고 계시지만, 아버지가 부디 마음을 열고 안식을 누리실 수 있기를 오늘도 간절히 기도합니다.

말씀으로 기도하기

골리앗을 물리치고 사울도 두려워하지 않던 다윗이 광야에서 두려움에 휩싸입니다. 그 두려움 때문에 실수를 연발합니다. 지금 그가 가야 할 곳은 영혼의 집, 하나님의 곁이라는 사실을 깨달아야 두려움을 극복할 수 있습니다.

다윗은 처음부터 거짓말을 했습니다(1-2절)

매 순간 어디서든 우리는 두려움에 사로잡힐 수 있습니다. 골리앗 앞에서도 두려워하지 않던 다윗이 어찌된 일인지 광야의 막막함 앞에서 두려웠습니다. 그래서 거짓말을 했고, 그 거짓말은 제사장 85명을 죽이는 참사로 이어졌습니다. 다윗도 자신의 거짓말로 그런 비극을 초래하게 될 줄 몰랐습니다. 그러나 주님, 두려울 때는 거짓말로 위기를 모면할 것이 아니라 주님만 의지해야 한다는 사실을 다시금 깨닫습니다. 예수 그리스도의 도피성으로 나를 인도하여 주옵소서.

배고픔의 문제가 있었습니다(3-6절)

이 땅에서 살아간다는 것이, 내일이 막연하다는 사실이 우리를 두렵게 합니다. 당장 먹을 것이 없고 입을 것이 없을 때 '믿음이 다 무슨 소용이고 예배가 무슨 소용인가' 생각하게 되지 않겠습니까? 그러나 하나님은 우리가 영혼의 집으로 가고자 마음먹기만 한다면 어떻게든 은혜를 베푸시는 분입니다. 먹어선 안 되는 진설병을 다윗에게 내주신 것처럼, 고단하고 배고픈 우리에게 은혜를 베풀어 주옵소서. 생명의 떡으로 오늘을 풍요롭게 살아가게 하옵소서.

칼과 무기의 문제가 있습니다 (7-9절)

아히멜렉이 다윗에게 떡은 주었어도 골리앗의 칼은 주지 말아야 했습니다. 우리는 이것을 분별하지 못해 내가 힘들고 고단할 때 그 필요를 채워주지 않았다고 교회를 미워하고 하나님을 원망합니다. 그런데 이때에 우리에게 필요한 것은 골리앗의 칼이 아니라 말씀의 검입니다. 한치 앞이 보이지 않아 두려울 때 말씀을 묵상하고 나아가야 사탄이 물러갑니다. 주님, 제가 어떤 순간에도 말씀의 검을 들고 나아가기를 원합니다.

두려움이 결정적인 판단 실수를 하게 합니다 (10-15절)

두려울 때는 어떤 판단도 해서는 안 되는데, 다윗은 지금 판단력이 완전히 상실되어서 적군 앞으로 갑니다. 결국 비참하게 목숨을 부지하는 지경에 이릅니다. 그럼에도 여전히 다윗은 예수 그리스도의 조상입니다. 일곱 번 넘어져도 여덟 번 일어나면 하나님께서 그의 걸음을 인도하십니다. 의인의 반열에 끼워 주십니다. 살면서 어떤 죄에 빠지더라도 쉬지 않고 일어나 하나님 앞으로 나아가는 제가 되게 하여 주옵소서. 영혼의 집으로 가도록 인도하여 주옵소서.

하나님은 두려움에서 건지시는 분입니다

하나님은 우리를 도우실 때 두려움의 요소들을 없애시지 않습니다. 다만 그 두려움을 이기도록 하십니다. 우리는 배우자 때문에 두렵고 자식 때문에 두렵습니다. 회사 때문에 두렵고 미래 때문에 두렵습니다. 죄 짓기를 반복하고 어리석은 선택을 하기도 합니다. 그러나 다윗 또한 그 길을 걸어가는 것을 봅니다. 그의 걸음을 영혼의 집, 하나님의 집으로 조금씩 인도하시는 은혜를 경험합니다. 우리 인생의 끝이 예수 그리스도 되기를 기도합니다. 두려움을 이기고 영혼의 집으로 가기를 기도합니다.

영혼의 기도

하나님 아버지, 그렇게도 용맹하던 다윗이 하루아침에 무너지는 것을 봤습니다. 두려움에 휩싸여 판단력이 흐려지더니 급기야 가지 말아야 할 땅, 블레셋 가드 왕에게로 피신을 가는 기가 막힌 모습을 보았습니다. 거기에서 살아남겠다고 침을 흘리며 미친 척하는 다윗을 보면서 얼마나 마음이 아프셨습니까? 하나님 마음에 합한 자 다윗, 하나님과 동행하던 다윗인데, 그런 그를 그럼에도 참고 인내하시며 한 걸음 한 걸음 인도하시느라 얼마나 마음이 아프셨습니까?

주님, 우리 가운데 이런 두려움이 있습니다. 그런데 이해할 수 없는 상황에서 다윗의 두려움을 이해하신 주님이십니다. 우리 가운데에 오는 여러 두려움도 주님께서 다 받아 주실 줄 믿습니다. 부지중에 살인을 했고 거짓말을 했으며 배가 고파 먹지 말아야 할 것을 먹었습니다. 이기려고 복수의 칼을 가지고 있습니다. 회사에서 살아남겠다고 너무나도 비굴하게 미친 척을 하고 침을 흘리는 모습이 있습니다. 그러나 일곱 번 넘어졌어도 여덟 번 일으켜 주시는 우리 주님이 이것을 다 이해해 주십니다. 어떤 상황에서도 우리 주님이 동행해 주시고, 도피성이 되어 주시고, 말씀의 검이 되어 주시고, 생명의 떡이 되어 주실 줄 믿습니다. 우리를 한 걸음 한 걸음 붙잡고 가시는 주님을 의지하며 나아가기를 원합니다. 내 항해의 끝이 주님이 되기를 원합니다.

예수님 이름으로 기도합니다. 아멘.

10

'내 탓이로다' 한마디면 됩니다

삼상 22:1-23

어떤 두려운 인생길을 걷더라도 그 종착지는 영혼의 집이어야 합니다. 집으로 돌아가려면 '내 탓이로다' 한마디면 되는데, 그게 참 안 됩니다. 인생이 너무 억울해서 그렇습니다. 억울하니 용서가 안 되어서 그렇습니다. 그래서 '모든 것이 네 탓이지 어떻게 내 탓이 될 수 있는가!' 합니다.

다윗도 그렇지 않았겠습니까? 지금 이 지경이 된 데에 그의 잘못이 뭡니까? 사울이 다윗을 죽이려고 쫓아오는데 이것이 다윗의 잘못입니까? 자다가도 벌떡 일어날 일 아닙니까? 억울하고 가슴이 꽉 막혔을 것입니다. 사울 때문에 쫓겨나 적진까지 와서 미친 척까지 해야 하는 이 상황이 기가 막혔을 것입니다. 그런데 다윗이 '내 탓이로다' 합니다. 사울 탓이라고 하지 않습니다. 어떻게 그럴 수 있는지 놀랍기만 합니다.

공동체를 꾸려 나가다 보면 이 '네 탓', '내 탓'이 정말 큰 영향을 끼칩니다. 그래서 좋은 공동체와 나쁜 공동체의 특징을 살펴보려고 합니다.

다윗은 좋은 공동체를 만났습니다

좋은 공동체란 곧 건강한 공동체입니다. 어떤 공동체를 좋은 공동체라고 할까요?

> 첫째, 환난당하고 빚지고 원통한 자가 모인 아둘람 공동체입니다.

> 그러므로 다윗이 그곳을 떠나 아둘람 굴로 도망하매 그의 형제와 아버지
> 의 온 집이 듣고 그리로 내려가서 그에게 이르렀고 삼상 22:1

다윗이 아둘람 굴로 도망쳤습니다. '아둘람'이란 피난처라는 뜻입니다. 그 깜깜한 아둘람 굴이 어떻게 피난처가 될 수 있겠습니까? 그러나 지금 다윗은 마음이 가난해졌습니다. 오갈 데가 없습니다. 자기 나라도 이방 땅도 아무 데도 숨을 곳이 없습니다. 지금은 사랑하는 요나단도, 아내 미갈도, 아무도 도움이 안 됩니다. 처음에는 인맥을 동원해서 대제사장 아히멜렉에게 갔는데, 도리어 그의 식구들을 모두 죽이는 결과를 가져왔습니다. 그리고 일국의 왕인 가드 왕 아기스를 찾아갔다가 수치를 당하고 쫓겨났습니다. 한평생 자기를 무시하던 아버지와 형들도 다윗의 이야기를 듣고 아둘람 굴로 왔습니다. 이들도 다윗 때문에 목숨이 위험해졌습니다. 되는 일이 없습니다.

지금 다윗의 심정이 어떨 것 같습니까? 자기는 나름대로 머리를 써서 원수 나라로 갔는데, 그곳에서 정말 비참한 일을 행했다는 것을 깨달았습니다. 거기에서 다윗이 두려워하고 심히 두려워했다는 얘기가 나옵니다.

가드를 떠나고 자기 자신을 돌아보니 얼마나 비참했겠습니까? '내가 지금 무슨 짓을 한 것인가. 어떻게 이 지경이 되었나' 하지 않았겠습니까?

하나님은 다윗이 만만이기 때문에 그의 힘을 빼기를 원하셨습니다. 이 만만이던 다윗을 계속 비참한 인생으로 끌어가십니다. 이제는 골리앗을 물리칠 때의 다윗이 아닙니다. 그때만 해도 다윗은 열등감이 하나도 없었습니다. 그런데 사울에게 미움을 너무 오래 받다 보니 상처가 되었습니다. 두려움이 생겼습니다. 그러다가 마지막으로 찾아간 곳이 바로 아둘람 굴이었습니다.

어쩌면 다윗은 이런 일을 겪으면서 믿는 사람에 대한 회의가 생겼을 것입니다. 자기를 그렇게 괴롭히던 사울이야말로 이스라엘 공동체의 우두머리 아닙니까? 그러니 '정말 믿는 게 싫다' 하지 않았겠습니까? 우리 주변에도 장로, 목사한테 당해서 교회를 안 나가겠다고 하는 사람이 많습니다. 그러나 사람은 믿음의 대상이 아닙니다. 다윗 또한 위기 가운데 아무리 손꼽아 봐도 자신을 도와줄 사람이 한 명도 없다는 사실을 알았을 것입니다. 그래서 정말 사람을 내려놓을 수밖에 없는 입장이 되었습니다. 내려놓고 싶어서가 아니라 내려놓을 수밖에 없어서였습니다. 그런데 전혀 도움이 되지 않는 사람들이 다윗을 찾아왔습니다.

> 환난당한 모든 자와 빚진 모든 자와 마음이 원통한 자가 다 그에게로 모였고 그는 그들의 우두머리가 되었는데 그와 함께 한 자가 사백 명 가량 이었더라 삼상 22:2

이상한 일이 생기기 시작했습니다. 모든 환난당한 자, 빚진 자, 마음이 원통한 자들이 아둘람 굴로 모여들기 시작한 것입니다. 그들은 내적, 외적인 모든 어려움을 가진 사람들이었습니다. 다윗이 모집한 게 아닙니다. 그저 사람들이 "다윗에게 가면 살길이 있다더라" 하고 모여들기 시작한 것입니다. 그렇게 모인 사람이 400여 명이라고 기록하고 있습니다. 부인과 아이까지 합치면 천 명이 넘는 숫자입니다.

이들은 과연 다윗의 무엇을 보고 모여들었을까요? 다윗의 돈과 권력을 보고 온 것이 아니었습니다. 다윗에게는 지금 아무것도 없지 않습니까? 하지만 단 한 가지 그들과 같은 환난이 있었습니다. 피차 서로의 고난을 보고 듣기만 해도 공감되는 것이 있었습니다. 당시 환난당한 자들은 사울의 학정 밑에 살았기에 다윗을 좋아한다고만 해도 사울의 미움을 받았습니다. 사울이 마음대로 권세를 휘둘러서 집을 강탈해 가는 바람에 노예가 된 사람들도 있었고, 너무나 원통해서 새끼 빼앗긴 어미 곰처럼 격분하는 이들도 있었습니다. 원통한 자들은 매우 분노한 상태에 있고 마음이 아팠습니다. 그러나 사울의 학정으로 다윗도 힘들었기 때문에 이런 사람들의 마음이 체휼된 것입니다. 그래서 다윗이 왕궁에 있을 때보다 동굴에 있을 때 사람들이 다윗에게 더 많이 몰려든 것입니다. 그들을 보면서 다윗도 그 억울함을 다 겪어 봤기에 공감되었을 것입니다. 사람들 또한 다윗의 이야기만 들어도 공감이 되었을 것입니다. 이 공감은 상대에게 굉장히 큰 힘이 됩니다.

히브리서 4장 15절에 "우리에게 있는 대제사장은 우리의 연약함을 동정하지 못하실 이가 아니요 모든 일에 우리와 똑같이 시험을 받으신 이로되 죄는 없으시니라"라고 했는데, 이게 바로 체휼입니다. 주님은 죄가 없는 분이심에도 우리와 같은 시험과 고난을 받으시고 100퍼센트 죄인인 우리의 연약함을 체휼해 주십니다. 히브리서 5장 8-9절에 "그가 아들이시면서도 받으신 고난으로 순종함을 배워서 순종하는 모든 자에게 영원한 구원의 근원이 되었다"고 합니다. 이처럼 공감이 굉장히 중요합니다. 공감해 주는 것만으로도 힘을 주고 사람을 살립니다. 그러니 목장에서 누가 오픈하면 "그까짓 게 고난이야?" 하면 안 됩니다. 고난 없는 사람이 어디 있겠습니까? 우리는 절대치의 고난을 다 갖고 있고 그것 때문에 다 괴로워합니다.

고난당한 이들에게 다윗의 경험은 최고의 약재료가 되었습니다. 그런데 다윗의 경험만 가지고 되겠습니까? 갑자기 다윗에게 이상한 세계가 펼쳐졌습니다. 밤으로 낮으로 찾아오는 이 어려운 사람들을 살리기 위해 다윗이 할 수 있는 게 뭐가 있겠습니까? 말씀밖에 볼 게 없었을 것입니다. 말씀은 하나님께로 나아가는 통로입니다. 말씀을 보고 또 보면서 다윗은 "하나님, 제가 이것은 겪어 보지 못했는데요?" 하면서 하나님의 뜻을 물었습니다. 다윗이 일류로 살기 위해 왕궁을 좀 기웃거렸지만, 하나님이 다 막으셨습니다. 지금은 힘든 사람들과 같이 갈 수밖에 없는 삶을 허락하셨습니다.

지금 다윗이 있는 아둘람 굴은 사울의 통치가 미치지 못하는 곳입니다. 비록 블레셋 통치령 아래 있었지만 유다 땅인 것입니다. '이런 곳에서 지금 내가 뭘 하고 있는 건가' 하면서도 다윗은 사람들을 살려 내기 시작했습니다. 다윗의 일평생 사명이 시작된 것입니다. 다윗은 자신을 찾아오는 사람들에게 이렇게 처방했을 것입니다.

"고난이 보석이에요. 인생의 목적은 행복이 아니고 거룩이에요. 질서에 순종하세요."

질서에 순종하기로는 다윗이 최고 아닙니까? 그러니 입에서 단내가 날 정도로 그들에게 말씀을 전했을 것입니다.

오늘만 알려 주면 내일은 또 무너지기에, 그들을 위해 다윗이 먼저 말씀을 깨달아야만 했을 것입니다. 그래서 묵상하고 묵상하다가 드디어 이 세상이 줄 수 없는 보석을 캐내게 되었습니다. 상상할 수 없는 말씀의 깊은 보석을 캐내게 된 것입니다. 그야말로 "심봤다!"고 외칠 정도가 되었습니다. 말로 표현이 안 됩니다. 다이아몬드보다 더 귀한 깨달음입니다. 보석 하나가 아닙니다. 광산 자체를 발견한 것입니다. 깊고 깊은 곳에서 말씀을 길어 올리다 보니 어느 날 말씀이 딱 꿰진 것입니다. 이것은 굉장한 일입니다. 고난과 비교가 안 되는 더 좋은 것을 알게 된 것입니다. 21장의 다윗과 아주 달라졌습니다. 이제는 이런 고백도 합니다.

> 1 내가 산을 향하여 눈을 들리라 나의 도움이 어디서 올까 2 나의 도움은
> 천지를 지으신 여호와에게서로다 시 121:1-2

다윗은 하나님께 도움을 바라면서 말씀을 묵상하고 읊조렸으며 사람들을 말씀으로 인도했습니다. 아마도 너무 바빠서 다른 생각을 할 겨를도 없었을 것입니다.

아둘람 굴에 홀로 있는데 만약 아무도 그를 찾아오지 않았다면 어땠

겠습니까? 사울에게 당한 것을 곱씹고 곱씹다가 병원에 입원하지 않았겠습니까? 우리도 그렇습니다. '내가 왜 이런 일을 당해야 하는가?' 하는 것이 인생의 주제가입니다. 할 일이 없어서 주변에서 들은 말만 곱씹고 곱씹다가 병원에 가는 사람들이 한둘이 아닙니다. '몇 월 며칠에 네가 이런 말을 했지' 하며 별것을 다 곱씹습니다. 그런 걸 묵상하느라 너무 힘들어 합니다.

저도 은혜 받기 위해서가 아니라, 죽지 않고 살려고 성경을 읽었습니다. 그날그날 죽을 일이 생기면 말씀을 깊이 캐고 또 캤습니다. 그랬더니 그날 십자가 복음이 깨달아졌습니다. 저는 하루하루 말씀을 붙잡고 하나님께 매달렸습니다. 다윗도 생명이 경각에 달렸으니 얼마나 하나님께 매달렸겠습니까? 게다가 자신처럼 힘든 사람들까지 옆에 있어서 이들을 살리겠다고 말씀을 봤을 테니 결국 이 공동체가 다윗을 살려 낸 것입니다. 다윗이 살아나니 힘든 공동체도 살아났습니다. 말씀의 보석을 캐며 말씀에서 인생이 해석되니 온전히는 아니더라도 세상 부러운 게 많이 없어졌을 것입니다.

우리가 세상을 살면서 힘든 것은 세상 사람들과 나를 비교하면서 부러워해서 그렇습니다. 그래서 다들 너무 속상해합니다. 하지만 그게 아닙니다. 말씀이 깨달아지는 것은 창조주 하나님과 연애를 하고 있는 것입니다. 창조주 하나님이 날마다 말씀으로 열어 주시는데 이 세상에 부러운 것이 뭐가 있겠습니까? 결국 그들이 다윗에게 온 것은 살아 있는 말씀이 있었기 때문입니다. 말씀이 자신들을 살려 주었기에 다윗에게 모여든 것입니다. 다윗은 정말 말씀의 사람이었습니다. 그래서 주옥 같은 시편을 우리에게 남겼습니다.

이 땅에 아둘람 공동체 같은 곳이 있을까요? 저는 우리들교회가 마치 아둘람 공동체 같다고 생각합니다. 냉난방도 안 되는 학교 체육관에서 간이용 플라스틱 의자에 앉아 예배드려도 많은 분들이 모였습니다. 교회 성전이 으리으리하게 버티고 있었으면 힘든 분들이 안 오셨을 수도 있을 것 같은데, 동굴 같으니 편해서 많이 오시지 않았나 싶습니다.

2012년 10월 21일 교회 개척 준비 기도회를 우리 집에서 하면서 "환난 당하고 빚지고 원통한 자만 오라", "배부른 사람까지 올 자리가 없다"고 했습니다. 이것은 우리들교회의 주제입니다. 우리들교회가 부르짖는 핵심 가치가 이런 배경에서 나왔습니다. 그래서 이곳에 아무런 가진 것 없고 아픈 분들이 계속 모여들었습니다. 우리가 같이 돕느라고 정말 정신 없는 세월을 보냈습니다. 환난당하고 빚지고 원통한 자들이 모여들었기 때문에 아무것도 없는데 하나님께서는 예배 때마다 기름을 부어 주셔서 살아나게 하셨습니다. 그러니 또 힘든 분들이 몰려왔습니다. 우리들교회의 축복은 이런 분들이 살아나서 또 다른 성도들을 돕고, 온 교회가 난리가 난 것처럼 복닥거리며 돕고, 지금도 돕고 있다는 것입니다.

저는 천 명의 아둘람 공동체 지체들이 어떻게 먹고살았을까 궁금할 때가 있습니다. 그런데 그런 생각을 하다 보면 또 우리들교회의 수많은 성도들도 지난 세월 동안 어떻게 먹고살았을까 싶습니다. 교인이 몇 명 되지 않았을 때 교회가 개인 파산 신청자들을 돕겠다고 했더니 40명이나 회생 신청을 했습니다. 변호사비 200만 원씩 40명이었으니 총 8,000만 원이 필요했습니다. 추수감사헌금을 온통 그들을 돕는 데 썼습니다. 그때만 해도 이게 얼마나 대단한 일이었는지 모릅니다. 다른 교회 같으면 부끄러워서 신청도 안 했을 것입니다. 그때부터 성도가 많이 늘어난 지금도 추수감사헌금은 우리들교회 성도들을 위해 쓰고 있습니다. 얼마나 당당하게 도움을 받으시는지 모릅니다.

또한 우리들교회에 상상할 수 없는 축복과 기적을 보여 주신 것은 빚진 분들이 많이 오셨음에도 빚 없이 교회를 헌당한 것입니다. "있으면 먹고 없으면 금식하고 죽으면 천국 가라" 하니 적어도 우리들교회에 와서는 빚을 안 집니다. 그뿐입니까? 잘나가는 사장님도 부도나면 경비로 취직하고, 명문대학 출신도 도우미로 나갑니다. 아무도 놀지 않습니다. 가치관이 확 달라졌기 때문에 누구든지 어디서든 기쁘게 일합니다. 이게 참 무서운 가치관인 것 같습니다. 특별한 부자가 헌금한 것이 하나도 없습니다. 개미군단이 복닥거리면서 최선을 다하고 자원해서 영육으로 서로 돕고 도왔기에 아둘람 공동체가 되었습니다.

그런데 사무엘상 30장에 보니 이 아둘람 공동체 사람들이 얼마나 거친지, 뭐가 조금 안 되니까 다윗을 돌로 쳐 죽이자고 합니다. 이렇게 환난당하고 빚지고 원통한 사람들이 어떻게 불만이 없겠습니까? 사회의 불만 세력이 될 수도 있습니다. 그야말로 거칠고 상처 많은 오합지졸들입니다. 그런데 후에 이들이 어떻게 되었습니까? 다 말씀으로 달라졌습니다. 양육을 받고 완전히 달라져서 다윗 왕국의 엄청난 요직을 차지합니다. 다윗이 압살롬에 의해 반역을 당해 맨발로 도망갈 때 모두가 등을 돌려도 이 400명은 끝까지 다윗 곁에 섰습니다. 의리가 있습니다. 비록 거칠고 원한을 품고 온 자들이었지만, 이들은 자신의 원한을 갚기보다

이 세상의 환난당한 자들의 친구가 되어 그들에게 도움을 주었습니다. 이들이 불의를 행했다는 기사는 그 이후에 찾아볼 수 없습니다.

저는 이런 사실을 알고 교회를 시작한 것은 아니었지만 정말 힘든 사람들을 돕고자 했을 때 부흥은 따라오는 부산물임을 알게 되었습니다. 개척할 때부터 "환난당한 자들만 오라. 피난처가 여기 있으니 이리 오라"고 외쳤습니다. 다윗이 힘들었기에 그들과 마음이 하나로 뭉쳐진 것처럼 저도 힘들었기에 성도들이 오면 마음이 하나로 뭉쳐졌습니다. 상처 많은 사람들을 하나로 묶기가 얼마나 어려운지 아십니까? 그러나 묶고 나니까 진짜 건강한 공동체가 되었습니다. 그러니 자원함이 생기는 것입니다. 그래서 우리들교회가 힘든 분들이 오시면 살아나는 교회로 자리매김을 하게 되었습니다. 아둘람 공동체인 우리들교회 슬로건인 "말씀대로 믿고 살고 누리는" 핵심 가치에는 환난당하고 빚지고 원통한 자들을 초청하는 것이 저변에 깔려 있습니다. 이것은 계속되어야 할 우리들교회의 핵심 가치입니다. 최고로 좋은 교회, 건강한 교회는 환난당하고 빚지고 원통한 자들이 모여드는 교회입니다.

그런데 환난당하고 빚지고 원통한 사람들이 어떻게 살아납니까? 말씀을 통해 자기 죄를 보고 '내 탓이오'를 고백하면서 서로 때를 밀어 주기 때문입니다. 서로 '내 탓이오'를 부르짖는 것이 천국입니다. 말씀이 왕 노릇 하면 부부간에도 서로 '내 탓이오', 부모 자식 간에도 서로 '내 탓이오' 할 수 있습니다. 말씀이 있는 사람들은 일곱 번 넘어져도 여덟 번 일어나지만, 악인은 하나님을 잊은 자이고 하나님의 영이 없는 자이기에 한방에 무너진다고 했습니다. 지금은 배부르고 등 따뜻한 것 같아도 위기가 닥치면 바닥이 드러납니다.

둘째, 부모에게 효도하는 공동체입니다.

> 3 다윗이 거기서 모압 미스베로 가서 모압 왕에게 이르되 하나님이 나를
> 위하여 어떻게 하실지를 내가 알기까지 나의 부모가 나와서 당신들과 함
> 께 있게 하기를 청하나이다 하고 4 부모를 인도하여 모압 왕 앞에 나아갔
> 더니 그들은 다윗이 요새에 있을 동안에 모압 왕과 함께 있었더라
>
> 삼상 22:3-4

다윗이 모압 미스베로 갔습니다. 다윗이 가족들에게 상처가 얼마나
많았겠습니까? 아버지 이새부터 다윗을 무시했습니다. 형 엘리압은 다
윗에게 골리앗보다 더 무서운 사람이었습니다. 그런데 그런 부모 형제에
대해 다윗이 책임감이 생겼습니다. 이렇게 좋은 공동체에 있으면 나쁜
부모, 좋은 부모 상관없이 다 효도하게 되는 줄 믿습니다. 그래서 부모들
이 우리들교회에 많이 오는 것이 아닌가 생각합니다. 이것 또한 좋은 공
동체의 특징입니다.

모압으로 온 다윗이 "하나님이 나를 위하여 어떻게 하실지를 내가 알
기까지 나의 부모가 이곳에 있기를 원한다"고 합니다. 이렇게 어디로 피
신할지 하나님께 구체적으로 묻는 모습이 사울과 대조됩니다. 구속사를
잘 알게 된 다윗이 가드 왕에게 쫓겨난 후 모압 왕에게 부모를 맡기러 온
것입니다. 모압은 외증조모 룻의 고향입니다. 이것을 보니 오래 전에 나

오미가 왜 피난을 가서 룻을 며느리로 삼은 것인지 말씀이 구슬처럼 꿰어집니다. 다 그날을 위해 이런 일들이 생기는 것입니다. 결론적으로 말하면 모든 것이 합력해서 선을 이룬다는 로마서의 말씀이 여기에서도 또 통합니다. 내가 지금 한 일이 나중에 합력해서 선을 이룰 것을 믿으시기 바랍니다.

셋째, 좋은 공동체는 주의 종에게 순종을 잘합니다.

> 선지자 갓이 다윗에게 이르되 너는 이 요새에 있지 말고 떠나 유다 땅으로 들어가라 다윗이 떠나 헤렛 수풀에 이르니라 삼상 22:5

너무 우습지 않습니까? 다윗이 좋은 길을 생각하고 또 생각해서 유다를 떠났는데, 선지자 갓이 "다시 유다 땅으로 들어가라"고 합니다. 그런데 그곳은 죽음의 길입니다. 그러나 선지자 갓이 얘기하니 다윗은 주의 종에게 절대 순종합니다. 예배 중독자 사울은 세계적인 선지자 사무엘이 기름을 붓고 평생 옆에서 얘기해 줘도 그의 말을 듣지 않았습니다. 반면 다윗은 평생 선지자들과 관계가 좋았습니다. 사무엘 말도 잘 듣고, 갓 얘기도 잘 듣고, 나단 선지자 얘기도 잘 들었습니다. 주의 종에게 순종하는 공동체가 좋은 곳이기에 이런 공동체에 있어야 '내 탓이로다'가 잘됩니다.

다윗은 아둘람 공동체에서 말씀의 비밀을 맛보았기에 전과는 다르게 갈등 없이 돌아가기로 결정합니다. 다윗은 자기보다 나이가 어린 갓에게 잘 묻고 그의 처방에도 잘 순종했습니다. 다윗은 정말 질서, 순종이 일순

위인 사람이었습니다. 이런 순종의 마음을 하나님이 축복하십니다. 튼튼한 요새가 아닌 허술한 수풀을 피난처로 삼는 것을 이해할 수 없었지만 다윗은 금세 순종했습니다. 금세 왔다 갔다 하는 것처럼 보여도 그는 말씀에 즉시 순종했습니다.

제가 다윗이 유다를 떠나던 본문 설교를 하면서 때로는 떠나는 것이 좋을 수도 있다고 이야기하니 많은 사람들이 이혼을 결심했다고 합니다. 그런데 지금 다윗의 상황이 어떻습니까? 모진 수치를 다 당하다가 아둘람 공동체로 와서야 살아났습니다. 그러고 나니 다시 유다 땅으로 돌아가라는 것입니다. 그때 이혼을 결심했던 집사님이 이 말씀을 듣고 다시 마음을 고쳤다고 합니다. 남편의 모진 매가 기다리고 있고 시댁의 온갖 욕설이 기다리고 있고 상사의 무시가 기다리고 있지만 '내가 죽으면 죽으리라' 하는 마음으로 유다 땅으로 돌아가겠다고 합니다. 다윗도 그랬습니다. 처음에는 두려움 때문에 실수를 연발했지만 아둘람 공동체에서 힘든 사람들과 같이 구속사를 깨닫게 되니 이제는 유다 땅으로 들어가는 것이 하나도 두렵지 않게 된 것입니다. 말씀의 비밀이 이토록 대단한 것입니다.

저도 집을 떠났습니다. 집을 나와 기도원에서 열흘 있으면서 주님을 만나고 나니 다시 집으로 들어갈 수 있었습니다. 제가 잘 먹고 잘살려고 나온 게 아니지 않습니까? 주님을 만났기에 말씀을 깨달았습니다. 사랑받는 아내와 며느리가 되기 위해서 '내 탓이요' 하고 돌아올 수 있었습니다. 그러니 이혼을 결심한 분들이 있다면 다시 유다 땅으로 돌아오십시오. 금세 왔다 갔다 해도 말씀에 의한 순종은 모두 값진 것입니다. 오늘은 가라고 하고 내일은 오라고 해도 그때그때 순종하는 것은 다 값진 것입니다. 이것이 좋은 공동체의 특징입니다.

+ 내가 돌아가야 할 유다 땅 헤렛 수풀은 어디입니까?
+ 오늘은 가라고 하고 내일은 오라고 해도 순종해야 할 일은 무엇입니까?

사울 공동체는 나쁜 공동체입니다

좋은 공동체가 있다면 그렇지 않은 공동체도 있겠지요. 나쁜 공동체란 건강하지 못한 공동체이고, 사울 공동체가 대표적입니다. 그렇다면 나쁜 공동체에는 어떤 특징이 있을까요?

<u>첫째, 권위적인 지도자가 있습니다.</u>

사울이 다윗과 그와 함께 있는 사람들이 나타났다 함을 들으니라 그때에
사울이 기브아 높은 곳에서 손에 단창을 들고 에셀 나무 아래에 앉았고
모든 신하들은 그의 곁에 섰더니 삼상 22:6

사울도 다윗처럼 곤고한 환경이었다면 다윗이 사모하는 본질의 음성이 들렸을까요? 그런데 지금 사울은 기브아 높은 곳에서 손에는 권세를 보여 주는 단창을 들고 있습니다. 거기다 영생하는 나무인 에셀 나무 아래에 앉았습니다. 그 옆에서 신하들은 부복을 하고 있습니다. 보는 것만

으로도 사람을 두렵게 합니다. 그러니 지금 그는 본질의 음성이 들릴 리가 없습니다. '나보다 인기 많은 다윗만 없으면 이런 복을 계속 누릴 텐데' 합니다. 이런 지도자가 있는 공동체는 나쁜 공동체입니다.

반면에 다윗 공동체는 어땠습니까? 힘든 사람들이 모여서 서로 공감하고 말씀으로 위로합니다. 그러니 자원해서 사람들이 모입니다. 지금 헤렛 수풀에 있는 환난당한 자들에게 다윗은 피난처가 되었습니다. 그런데 왕좌에 앉아 있는 사울은 도리어 환난당한 자들을 죽이려고 합니다. 이 세상 모든 공동체는 힘없는 자들을 무시합니다. 인간 취급도 하지 않습니다. 세상은 사울처럼 그들을 무시하다 못해 죽이고 싶도록 미워합니다. 그래서 모두가 무시당하지 않으려고 어떻게 해서든 돈을 벌어 힘을 키우려고 합니다. 나쁜 공동체의 지도자는 이런 생각을 합니다.

둘째, 지역감정을 부추깁니다.

> 사울이 곁에 선 신하들에게 이르되 너희 베냐민 사람들아 들으라 이새의
> 아들이 너희에게 각기 밭과 포도원을 주며 너희를 천부장, 백부장을 삼겠
> 느냐 삼상 22:7

사울은 베냐민 출신입니다. 베냐민 지파는 예전에 굉장한 악을 행했기에 피해의식이 많았습니다. 점점 자신이 없어지는 사울은 베냐민만 끼고돌면서 베냐민 사람들에게만 요직을 주었습니다. 이처럼 나쁜 공동체의 지도자는 편 가르기를 하면서 자기 편을 만듭니다. "베냐민 사람들아"

부르면서 "다윗이 왕이 되면 너희들에게 천부장 백부장 자리 하나 있을 것 같으냐? 국물도 없다. 밭과 포도원을 줄 것 같으냐?" 이러면서 지역감정을 부추깁니다. 어리석은 사람들은 거기에 다 휩쓸려 갑니다.

셋째, 나쁜 공동체에는 피해의식이 지나친 지도자가 있습니다.

> 너희가 다 공모하여 나를 대적하며 내 아들이 이새의 아들과 맹약하였으되 내게 고발하는 자가 하나도 없고 나를 위하여 슬퍼하거나 내 아들이 내 신하를 선동하여 오늘이라도 매복하였다가 나를 치려 하는 것을 내게 알리는 자가 하나도 없도다 하니 삼상 22:8

이런 피해의식이 또 어디 있겠습니까? 사울은 극심한 피해의식으로 부하도, 아들도 못 믿고 다 공모해서 자기를 대적한다고 합니다. 이 공동체에는 고발, 선동, 매복 등의 단어가 난무하는 곳입니다.

요즘에 교회마다 웬 고소가 그렇게 많은지 모릅니다. 밤낮 법정에 가서 싸우기에 바쁩니다. 그러면서 입만 열면 "다 나를 따돌리고 있어!" 하지 않습니까? 지금 사울이 자기가 왕이 되어 다 자기를 따돌린답니다. 혹시 "이 교회도 다 틀렸어. 다 나만 미워하고 따돌려" 하고 생각한 적은 없습니까? 이게 사실입니까? 정말 교회가 나만 따돌립니까? 그건 지나친 피해의식입니다. 나한테 문제가 있는 것입니다. 어떻게 온 교회가 나 하나를 따돌린다고 생각할 수 있습니까? 그런 일은 결코 없는데 혼자서 그렇게 생각하는 것입니다. 이렇게 맨날 피해의식에 사로잡힌 사람들에게는 제대로 말을 해 줄 수가 없습니다. 무슨 말만 하면 단창 들고 죽이려고 하니 바른말을 해 줄 수 없는 것입니다. 그래서 거기에는 간신배가 득세합니다.

넷째, 간신배가 득세합니다.

9 그 때에 에돔 사람 도엑이 사울의 신하 중에 섰더니 대답하여 이르되 이새의 아들이 놉에 와서 아히둡의 아들 아히멜렉에게 이른 것을 내가 보았는데 10 아히멜렉이 그를 위하여 여호와께 묻고 그에게 음식도 주고 블레셋 사람 골리앗의 칼도 주더이다 삼상 22:9-10

간신배가 등장합니다. 바로 다윗이 아히멜렉에게 갔을 때 거기에 있던 에돔 사람 도엑입니다. 그런데 이 사람이 정확하게 이야기를 안 합니다. 아히멜렉에게 다윗이 거짓말을 했는데, 그 이야기는 쏙 빼고 사울이 좋아할 이야기만 일러줍니다.

사울의 부하들도 베냐민 지파이기는 했지만 사실은 다 다윗을 좋아했습니다. 그들도 사울이 해도 너무하다고 생각하고 있었습니다. 그러나 사울에게 녹을 먹고 있기에 아무도 밀고를 안 했습니다. 누가 단창 들고 서 있는 사울에게 바른말을 하겠습니까? 진짜 환난당한 자들은 다윗에게로 갔지만 이 사람들은 목구멍이 포도청이라 떠나지 못하는 것일 뿐입니다. 그래서 아첨꾼이 득세합니다.

다른 사람이 나에게 "네 탓이다" 하는데 "왜 내 탓이냐" 하면서 두 번 다시 그 사람이 내게 그런 말을 못하도록 화를 내지는 않습니까? 그런 사람에게는 주변에 간신 같은 사람밖에 없습니다. 무슨 말만 하면 화를 내니 바른말을 할 수 없습니다. 이렇게 사울처럼 대화가 안 되는 사람들이 얼마나 많은지 모릅니다. 바른말을 들을 수 있어야 하는데, 화를 내는 사람은 인간관계에서 그만큼 손해를 보는 것입니다.

다섯째, 순교자가 나옵니다.
순교자는 좋은 공동체가 아닌 나쁜 공동체에서 나옵니다.

> 11 왕이 사람을 보내어 아히둡의 아들 제사장 아히멜렉과 그의 아버지의 온 집 곧 놉에 있는 제사장들을 부르매 그들이 다 왕께 이른지라 12 사울이 이르되 너 아히둡의 아들아 들으라 대답하되 내 주여 내가 여기 있나이다 13 사울이 그에게 이르되 네가 어찌하여 이새의 아들과 공모하여 나를 대적하여 그에게 떡과 칼을 주고 그를 위하여 하나님께 물어서 그에게 오늘이라도 매복하였다가 나를 치게 하려 하였느냐 하니 삼상 22:11-13

왕이 사람을 보내서 아히멜렉과 대제사장들을 소환합니다. 그러면서 아히멜렉에게 말하기를 "네가 어찌하여 이새의 아들과 공모하여 나를 대적해서 치려 했느냐?" 하면서 애매한 소리를 합니다. 그때 아히멜렉이 엄청나게 다윗을 변호합니다.

> 14 아히멜렉이 왕에게 대답하여 이르되 왕의 모든 신하 중에 다윗같이 충

실한 자가 누구인지요 그는 왕의 사위도 되고 왕의 호위대장도 되고 왕
실에서 존귀한 자가 아니니이까 15 내가 그를 위하여 하나님께 물은 것이
오늘이 처음이니이까 결단코 아니니이다 원하건대 왕은 종과 종의 아비
의 온 집에 아무것도 돌리지 마옵소서 왕의 종은 이 모든 크고 작은 일에
관하여 아는 것이 없나이다 하니라 삼상 22:14-15

아히멜렉이 "나는 아는 것이 아무것도 없다"고 말합니다. 사실 아히멜
렉은 다윗이 자신에게 거짓말한 것을 알았습니다. 그렇지만 "다윗이 나
한테 거짓말했다"고 말하지 않았습니다. 아히멜렉은 순교자적인 태도로
다윗을 변호했고 정확히 평가했습니다. 이것은 물론 엘리의 후손이 멸망
해 가는 과정에 있기에 벌어진 일입니다. 저는 '하나님이 엘리의 집을 왜
그렇게 엄하게 다루시는가?' 생각했는데, 주의 말씀을 받은 제사장들을
하나님이 엄히 다루신다는 것을 교훈하시는 것 같습니다.

16 왕이 이르되 아히멜렉아 네가 반드시 죽을 것이요 너와 네 아비의 온
집도 그러하리라 하고 17 왕이 좌우의 호위병에게 이르되 돌아가서 여호
와의 제사장들을 죽이라 그들도 다윗과 합력하였고 또 그들이 다윗이 도
망한 것을 알고도 내게 알리지 아니하였음이니라 하나 왕의 신하들이 손
을 들어 여호와의 제사장들 죽이기를 싫어한지라 삼상 22:16-17

아히멜렉이 다윗을 변호했더니 사울이 "뭐라고? 아히멜렉아 네가 반
드시 죽을 거다" 합니다. 그러면서 호위병들에게 "여호와의 제사장들을

다 죽여라! 그들이 다윗과 한편이다!" 합니다. 그런데 사울의 신하들이 여호와의 제사장 죽이기를 싫어했습니다. 베냐민 지파들도 사울의 결정을 싫어했습니다. 이스라엘 백성조차도 지역감정이, 사울의 피해의식이 다 싫은 것입니다. 사실 이 사람들은 소극적인 순교자라고 할 수 있습니다. 사울이 단창까지 들고 있는 서 있는 상황 아닙니까? 그렇지만 사울이 베냐민 사람까지 다 죽이면 자기편이 하나도 없기에 차마 그들을 죽이지 못합니다.

> 18 왕이 도엑에게 이르되 너는 돌아가서 제사장들을 죽이라 하매 에돔 사람 도엑이 돌아가서 제사장들을 쳐서 그 날에 세마포 에봇 입은 자 팔십오 명을 죽였고 19 제사장들의 성읍 놉의 남녀와 아이들과 젖 먹는 자들과 소와 나귀와 양을 칼로 쳤더라 삼상 22:18-19

사울이 자기 신복들이 움직이지 않으니 도엑에게 "네가 죽여라" 하고 명령합니다. 그랬더니 이 에돔 사람 도엑이 제사장들을 칩니다. 그 숫자가 85명입니다. 굉장한 참상입니다. 그뿐만이 아닙니다. 제사장들의 성읍 놉의 남녀와 아이들과 젖 먹는 자들과 소와 나귀와 양을 칼로 쳤습니다. 도엑은 이스라엘 사람이 아니었습니다. 믿음의 '믿'자도 모르는 미치광이였습니다. 그러니 양심의 가책 없이 85명의 제사장들과 사람들을 죽일 수 있었습니다. 이 살인은 오직 자기의 유익을 위한 것이었습니다. 이에 대해 장 칼뱅은 "이 악인은 더할 나위없는 완전한 악인"이라고 평가했습니다. 결국 이 무차별 살인 사건은 악인 한 사람의 증거 때문에 벌어진 일입니다.

그런데 지금 이 나쁜 공동체에서 순교자가 나왔습니다. 우리는 이것이 굉장히 공정하지 못하다고 생각할지 모르겠습니다. 그러나 진리를 위한 죽음은 그 자체가 복된 것이고, 악인에게는 삶 자체가 형벌입니다.

+ 지역감정과 피해의식, 진영 논리로 지체를 따돌리거나 따돌림 당하고 있지는 않습니까?

+ 내 유익을 위해 남에게 피해를 입힌 적은 없습니까?

'내 탓이로다' 할 때 모두가 주님의 집으로 돌아옵니다

20 아히둡의 아들 아히멜렉의 아들 중 하나가 피하였으니 그의 이름은 아비아달이라 그가 도망하여 다윗에게로 가서 21 사울이 여호와의 제사장들 죽인 일을 다윗에게 알리매 22 다윗이 아비아달에게 이르되 그 날에 에돔 사람 도엑이 거기 있기로 그가 반드시 사울에게 말할 줄 내가 알았노라 네 아버지 집의 모든 사람 죽은 것이 나의 탓이로다 23 두려워하지 말고 내게 있으라 내 생명을 찾는 자가 네 생명도 찾는 자니 네가 나와 함께 있으면 안전하리라 하니라 삼상 22:20-23

다윗이 이 비극의 소식을 들었습니다. 그렇다면 "그 사울 놈이… 그 도엑 놈이 드디어 일을 벌였구나!" 하면서 분노할 것 같은데, 다윗은 그러지 않았습니다. 도리어 "내 탓이로다" 합니다. 저는 다윗이 이렇게 반응할 수 있는 것이 아둘람 공동체의 힘, 말씀의 힘이라고 생각합니다.

항상 회개하는 것이 모든 두려움에서 건짐 받는 비결입니다. 다윗은 두려움이 많은 사람이었습니다. 그러나 요한1서 4장 18절에 "사랑 안에 두려움이 없고 온전한 사랑이 두려움을 내쫓나니"라고 했습니다. 저도 두려움이 많았지만 실수할수록 말씀에서 제 욕심을 보게 되니 어느 순간 두려움이 사라졌습니다. 게다가 다른 사람을 살리는 경지까지 가게 되니 무슨 사건이 생겨도 나를 겸손하게 하시려는 하나님의 일이라는 생각이 들었습니다. 이스라엘 백성도 그들이 구하지 말아야 할 왕을 구했기에 사울의 악랄함을 처절하게 겪어야 했습니다. 그것을 안 겪었더라면 계속 세상 왕을 구하지 않았겠습니까? 불신결혼, 불신동업이 아무렇지 않아 보이지만 직접 겪어야 아는 것이 있습니다. 그래서 지금의 고난이 내 삶의 결론이라고 하는 것입니다.

어떤 분이 불신결혼을 하고 믿지 않는 남편이 너무 좋아서 10년 동안 설렘 가운데 살았다고 합니다. 하지만 10년이 지나니 실상이 다 드러났다고 합니다. 남편이 맨날 경찰서를 들락거리고 바람까지 피우니 이분은 "지금은 남편이 내 눈앞에서 없어지면 좋겠다"는 나눔을 했습니다. 이런 상황에서 남편이 나를 괴롭게 하는 것을 어떻게 내 탓이라고 할 수 있겠습니까? 그러나 결국 내 삶의 결론입니다. 누구도 예외가 없어서 이런 인생을 삽니다. 나를 훈련시키기로 작정하신 하나님의 뜻을 깨닫기 바랍니다.

그런데 진짜 하나님의 뜻을 살피게 되면 내 탓이라고 고백하는 것이 그야말로 다이아몬드보다 더 값진 깨달음이라는 것을 알게 됩니다. 내 탓이라고 고백하는 것은 말로만 되는 것이 아닙니다. 아비아달을 거두어 주는 책임이 수반되는 것이어야 합니다. 이것이야말로 천국을 사는 비결입니다. 다윗이 드디어 한 계단 올라갔습니다. 완전히 업그레이드된 것입니다. 뒤에 가서 죄를 또 짓긴 하지만, 여기서만큼은 '내 탓이로다' 하면서 진짜 천국을 삽니다.

투르크메니스탄에서 한 목장보고서가 올라왔습니다. 중앙아시아에 위치한 이 나라는 무슬림 국가입니다. 폐쇄적이고 강압적인 사회주의적 정치 구조를 가진 이 나라는 서방 국가와의 교류를 국가적으로 막고 있어 인터넷조차 통제를 받는 열악한 환경 가운데 있습니다. 그런데 그곳에서 H공사 프로젝트 차 파견된 우리들교회 목자가 현장 숙소에서 주일 설교로 목장 나눔을 인도한 것입니다. 우리들교회 청년 한 사람도 그곳에 있었는데, 그 청년이 목장보고서를 올렸습니다. 이 청년은 우리들교회 개척 때부터 출석했지만 10년 동안 교회를 안 나오다가 거기 가서 부목자가 되었습니다. 엄청 출세했습니다. 목장보고서도 어찌나 잘 썼는지 모릅니다.

그 청년이 "저는 부모님 눈을 속이면서 교회를 가지 않았던 적도 많았는데, 투르크메니스탄까지 와서 하나님이 같은 교회 집사님을 부장님으로 보내 주셔서 예배가 완전히 회복되었습니다. 감사합니다"라고 나눔을 했습니다. 총 세 명이 예배를 드렸는데, 다른 한 사람은 그동안 교회를 안 나가다가 한국에 계신 부모님이 좋아하실 것 같아서 이 예배에 참석하게 되었다고 합니다. 거기는 여자도 없고 술도 못 마시는 데다 예배를 드리면 안 되는 아주 무서운 나라입니다. 여기가 바로 아둘람이지 않겠습니까?

그곳에 목자로 간 집사님은 또 어떤 분인지 아십니까? 그분은 늘 "저는 모태신앙인으로 결혼하기 전까지 30년 동안 개념 없이 교회에 다녔고, 결혼하고도 30년은 선데이 크리스천이었습니다" 하고 고백합니다. 이분도 개척 때부터 오셨는데, 오래 신앙생활을 해 온 가락으로 목자가 되었습니다. 제가 목자 모임에서 "우리들교회에 와서 한 번도 울어보지 않은 사람 손들어 보세요" 하면 이분이 항상 손을 들었습니다. 그래도 하나님이 사랑하셔서 이분에게 '고난 3종 세트'를 주셨습니다. 자녀 고난, 주식 투자 실패 고난을 주셨는데, 그럼에도 이분이 안 우셨습니다. 그런데 대장암 3기에 걸리니 눈물을 보이셨습니다. 예순이 넘은 나이에 항암 치료까지 하고, 그래도 마지막까지 돈을 벌어야 한다고 생각해서 자원해서 그곳에 갔습니다. 그러더니 이 집사님이 "이런 열악한 환경에 놓이게 되니 하나님을 찾게 된다"면서 "지금까지 나도 모르게 훈련시켜 주신 것들을 이제 행함으로 좀 보여야 할 것 같다"는 결단을 하셨습니다. 또한 "투르크메니스탄 목장 예배의 감동을 우리 모두 잊지 않기를 바란다. 하나님은 우리 신앙의 새로운 첫 발걸음과 이 첫 예배의 주인공들인 우리를 반드시 기억하실 것이며, 비록 2년 동안의 일시적이고 미약한 모임이지만 이 땅에서 계속해서 많은 믿음의 열매가 풍성히 맺힐 수 있도록 우리들교회 성도 여러분의 기도를 부탁한다"고 목장보고서를 통해 나눠 주었습니다.

이 기가 막힌 나라에서 하나님을 경배하는 예배와 찬송과 기도가 울려 퍼졌습니다. 이런 곳에서 예배드리고자 하는 집사님의 헌신이 제게 가슴 뭉클하게 다가왔습니다. 우리들교회에 와서 한 번도 안 울었다고 나누던 집사님이 지금 몸도 약해진 상황에서, 그 척박한 곳에서 진짜 예배를 인도하고 있습니다. 저는 그곳이 아둘람이기에 이 모든 일이 가능했다고 봅니다. 그렇게 속 썩이던 청년도 어머니의 십 년 기도제목의 응답으로 그곳에서 예배를 회복하고 목장보고서까지 올리게 되었습니다. 제가 눈물이 다 났습니다. 사람들이 얼마나 놀랐는지, 하루 만에 댓글이 수십 개가 달렸습니다. 얼마나 감격이 되면 그렇게 댓글이 달렸겠습니까? 마음이 가난해져서 그곳에 갔기에 다 '내 탓이로다'를 부르짖으며 좋은 공동체를 이룰 수 있었다고 생각합니다. 그곳에서 기독교의 씨앗이 열매 맺기를 바랍니다.

'내 탓이로다' 하려면 좋은 공동체가 필요합니다. 환난당하고 빚지고 원통한 자들이 모인 공동체가 가장 건강한 공동체입니다. 이런 것을 지질하다고 생각하면 안 됩니다. 가장 좋은 공동체는 말씀의 보석을 캐는 곳입니다. 부모에게 책임을 다하게 하는 공동체입니다. 주의 종에게 순종을 가르치는 공동체입니다. 그러나 '네 탓이로다' 하는 나쁜 공동체는 지도자가 높은 곳, 단창 들고 에셀 나무 아래에서 혼자 권력을 누립니다. 지역감정을 부추기고 간신배가 판을 칩니다. 너무 힘들어서 순교자가 나올 수밖에 없는 공동체입니다. 우리 중에 이것은 네 탓이 아니고 내 탓이라고 할 사람이 누가 있겠습니까? 그러나 우리가 어떤 환경에 있든지 '내 탓이로다'를 부르짖기 바랍니다. 그래서 다윗처럼 모든 사람들의 피난처가 되기를 바랍니다.

+ 지금 가정, 직장, 공동체에서 '네 탓이로다' 하고 원망하고 있는 것은 무엇입니까?

+ 이제 비로소 모든 사건이 '내 탓이로다'가 인정됩니까?

우리들 묵상과 적용

대학 시절부터 신앙생활을 시작한 저는 졸업 후 들어간 직장에서 두 명의 어린 자녀를 둔 별거 중의 유부남과 불륜에 빠졌습니다. 급기야는 운명적 사랑이라며 주위의 반대를 뿌리치고 결혼까지 했습니다.

그러나 모태신앙인이었던 남편은 전처에게 자녀를 두고 온 것에 대한 죄책감을 잊고자 해외 근무를 자청하며 밤낮 일에만 매달렸습니다. 어릴 때부터 열등감과 수치심으로 절대 아이를 낳지 않겠다고 다짐했던 저는 본능적으로 너무 아이가 갖고 싶었는데도 남편은 아이를 원치 않았습니다. 모두 반대하는 결혼을 했기에 무조건 행복해야 한다며 하던 공부까지 포기하고 남편 곁을 지키고 있었지만 실상은 마음 둘 곳 없어 고독했고, 결혼과 인생 모두 실패한 것 같아 절망했습니다.

그러다 늦은 나이에 시험관 아기 시술을 받으며 설교 방송을 보다가 우리들교회 설교를 듣게 되었습니다. 인생의 목적은 거룩이요 고난이 축복이라는 목사님 말씀과 이혼 위기 속에서 자신의 죄를 말씀으로 깨닫고 가정을 지켜 낸 성도들의 간증에 충격을 받았습니다. 교만하게 하나님 자리에 앉아 남편의 가정은 이미 깨어졌다며 사랑을 빙자해 그 가정을 완전히 파괴한 제 죄가 깨달아지니 통곡하며 회개하게 되었습니다. 어디서도 들을수 없는 주옥 같은 구속사 말씀으로 실패한 듯 보이는 내 인생이 해석되기 시작하니 살 것 같았습니다. 어떤 비천한 인생도 말씀 붙들고 가면 자신도 남도 살리는 인생이 됨을 아둘람 공동체가 보여 주니 제 삶도 달라지기 시작했습니다(삼상 22:1-2).

매일 말씀을 묵상하며 안 믿는 가족들을 전도하고 야학에서 가르치면서 고아와 장애아를 향한 하나님의 마음을 알게 되어 그들을 위한 봉사를 시작했습니다. 거기서 만난 무뇌수두증의 중증장애아를 약속의 말씀을 받고 입양하여 사랑과 기쁨으로 돌보았습니다. 그리고 자연스런 기회에 그토록 사모하던 말씀 공동체에 속하게 되었는데, 그 무렵 특수초등학교에 입학한 아들이 심하게 아프기 시작했습니다. 아이를 간호하며 제 심신이 지쳐 가니 '이렇게 힘든 아이를 돌보는 자'라는 높은 왕좌에 앉아 가까운 사람들에게 정죄의 단창을 휘두르고 특히 남편의 어떤 지적에도 분을 냈습니다(삼상 22:6).

공동체에서 양육받으며 제 안에는 선한 것이 하나도 없고 남편과 가족을 위해 많은 것을 포기하고 희생했다는 피해의식만 가득한 것을 깨달았습니다. 그제야 아들이 그토록 여러 수술로 순교하듯 피 흘린 이유가 '내 탓이로다' 고백되었습니다(삼상 22:22). 좋은 공동체에 속하여 제 안의 남 탓이 그치게 하심으로 천국을 누리며 사명의 길을 가게 하시는 하나님, 감사합니다.

말씀으로 기도하기

좋은 공동체가 있는가 하면 나쁜 공동체가 있습니다. 좋은 공동체는 말씀의 보석을 캐며 서로를 살리지만, 나쁜 공동체는 지역감정을 부추기고 간신배가 득세합니다. 내가 속한 공동체가 좋은 공동체인지 나쁜 공동체인지 분별하기 원합니다.

다윗은 좋은 공동체를 만났습니다(1-5절)

우리는 '내가 왜 이런 일을 당하는가?' 하는 것이 인생의 주제가여서 날마다 남 탓을 합니다. 그러나 다윗은 달랐습니다. 그가 '내 탓이로다' 했을 때 빚진 자, 아픈 자, 환난당한 자들이 모여 아둘람 공동체를 이뤘습니다. 그들은 서로 말씀을 깊이 캐고 캤습니다. 그랬더니 십자가 복음이 깨달아졌고 인생이 해석되기 시작했습니다. 사울에 대한 두려움도 사라졌습니다. 나도 다윗의 아둘람 공동체 같은 좋은 공동체에서 영혼이 살아나기를 기도합니다.

사울 공동체는 나쁜 공동체입니다(6-19절)

사울은 모두가 두려워하는 권위적 지도자입니다. 이 땅에도 이런 공동체 리더가 얼마나 많은지 모릅니다. 조금만 옳은 소리를 해 주어도 화를 내고 권력을 휘두릅니다. 지나친 피해의식에 빠져서 말씀이 들리지 않습니다. 지역감정을 부추깁니다. 이런 교회와 공동체를 불쌍히 여겨 주옵소서.

지금 내가 어떤 공동체에 있든 '내 탓이로다'를 외칠 수 있게 하여 주옵소서. 나쁜 공동체에서 순교자가 나온다고 하는데, 이런 곳에서 내가 주님의 마음에 합당한 다윗과 같은 자가 되어서 모두를 살릴 수 있기를 기도합니다.

'내 탓이로다' 할 때 모두가 주님의 집으로 돌아옵니다(20-23절)

사울이 아히멜렉과 제사장들을 몰살했다는 소식을 듣고도 다윗은 '내 탓이로다' 합니다. 이것이 좋은 공동체, 아둘람 공동체의 능력입니다. 우리 인생에 이런 환난이 옵니다. 세상 왕을 구해서 그렇습니다. 불신결혼을 하고 불신동업을 해서 그렇습니다. 이 고난은 내 삶의 결론인 것입니다. 인정하기 어렵지만, 그럴 때 '내 탓이로다' 할 수 있는 것이 다이아몬드보다 더 값진 깨달음이라고 합니다. 이 고난을 당하게 하심으로 나를 훈련시켜 가시는 하나님께 감사합니다. 내가 어떤 상황, 어떤 공동체에서든 '내 탓이로다' 고백함으로 천국을 살게 하옵소서. 많은 이들에게 피난처가 되게 하시고, 주님의 집으로 돌아가게 하옵소서.

영혼의 기도

하나님 아버지, 다윗의 인생 가운데 환난당하고 빚지고 원통한 자들이 모인 아둘람 공동체를 만난 것은 일생의 축복이었습니다. 다윗은 거기에서 그들을 돕다가 사명을 발견했습니다. 다윗이 말씀의 보석을 캐내게 된 것은 이 땅의 고난과는 비교가 안 되는 기쁨이었을 것입니다. 이것을 우리도 맛보길 원합니다.

저 또한 죽지 않고 살려고 말씀을 보다가 사명을 깨달았습니다. 제가 힘든 사람들을 살린 것이 아니라 그들 때문에 제가 살아났습니다. 이 세상이 알지 못하는 말씀을 하나님이 제게 열어 주셔서 천국 가는 그날까지 갚고 갚아도 부족함이 없는 하나님의 사랑을 맛보게 하셨습니다. 제가 무엇이관데 하나님이 제게 말씀을 열어 주셨는지요. 하나님이 어떤 일을 제게 행하신다고 해도 저는 할 말이 없는 인생입니다.

혹시라도 제가 사울처럼 높은 곳에 앉아서 간신배들의 말을 들을까 두렵습니다. 힘든 사람들이 모여 있는 우리들 공동체에서 제가 먼저 '내 탓이로다'를 외치기 원합니다. 그럴 때 모두가 영혼의 집으로 돌아오게 될 줄 믿습니다. 주님, 어떤 것도 내 탓이 아닌 것이 없습니다. 우리의 아픔이 내 탓인데 어떻게 책임을 져야 할지 모르겠습니다. 주님, 우리를 불쌍히 여겨 주옵소서. 서로 내 탓이라고 부르짖게 하옵소서.

예수님 이름으로 기도합니다. 아멘.